# ANALYSIS FOR CONSTRUCTION BUSINESS MANAGEMENT

# 建筑企业管理分析

*Ji Shengping*

季生平　著

中国原子能出版社
China Atomic Energy Press

**图书在版编目（CIP）数据**

建筑企业管理分析 / 季生平著 .--北京：中国原子
能出版社，2021.3
　　ISBN 978-7-5221-1210-7

Ⅰ.①建… Ⅱ.①季… Ⅲ.①建筑企业-工业企业
管理 Ⅳ.① F407.96

中国版本图书馆 CIP 数据核字（2021）第 027384 号

**建筑企业管理分析**

| | | |
|---|---|---|
| 出　　版 | 中国原子能出版社（北京市海淀区阜成路 43 号　100048） | |
| 责任编辑 | 蒋焱兰　邮箱：ylj44@126.com　QQ：419148731 | |
| 特约编辑 | 瞿明康　蒋泽迅 | |
| 印　　刷 | 河南承创印务有限公司 | |
| 经　　销 | 全国新华书店 | |
| 开　　本 | 710mm×1010mm　1/16 | |
| 印　　张 | 18.5 | |
| 字　　数 | 280 千字 | |
| 版　　次 | 2021 年 3 月第 1 版　2021 年 3 月第 1 次印刷 | |
| 书　　号 | ISBN 978-7-5221-1210-7 | |
| 定　　价 | 58.00 元 | |

出版社网址：http://www.aep.com.cn　E-mail：atomep123@126.com
发行电话：010-68452845　　　　　　**版权所有　侵权必究**

风之积也不厚，则其负大翼也无力。故九万里，则风斯在下矣，而后乃今培风；背负青天而莫之夭阏者，而后乃今将图南。

——庄周

# 前　言

　　建筑企业管理是个非常复杂的管理活动。每一个在建筑企业中从事管理活动的人，都是企业管理的直接参与者。对于什么是企业管理，可谓仁者见仁、智者见智。不同的人，在不同的企业、从不同的角度，有着不一样的见解。建筑企业的境遇本就千差万别，身处其中的员工就更有不同的体验了。在企业低层的，拼的是苦力，赚养家糊口的钱。他们对于企业管理知之甚少。在企业中层的，拼的是精力加智力。他们是企业管理的直接参与者，对于企业管理的体会相当丰富。如果他们熟悉企业管理的基本内容，就可以在团队中起到非常重要的支撑作用。在企业高层的，拼的是脑力和智慧。他们对于企业管理的前瞻性、丰富性、复杂性等方面是有着深刻认识的，对于企业竞争的残酷性有切肤之痛。他们深谙企业管理之道，能够带领整个团队把企业引向更高的阶段。

　　为了清楚地了解建筑企业管理的内涵，可以深入建筑企业管理活动的背后来展开分析。通俗地说，建筑企业生存靠什么，企业管理就管什么，这就是建筑企业管理的内涵。一般来说，建筑企业要生存所依赖的要素是最质朴的，主要有市场、人才、资金和利润、产品和服务品质、技术、企业文化、风险控制等七大类。对于上述要素的有效管控，是建筑企业管理的重要内容。

　　第一，市场。任何一个建筑企业要把自己的产品和服务销售出去，就必须要有市场，没有市场，企业必亡。对于市场的管理，实质上是提高消费者对一个企业的认可度。因此，一个建筑企业的经营能力是取悦消费者、获取信赖、占领市场的能力。绝大多数的企业是在本已存在的市场上去分得一杯羹，而只有极少数的企业能够深入蓝海，甚至能够创造出市场。创造市场需要企业有非常强大的研发能力和推出新产品、新服务的迭代能力。在企业中从事市场经营管理的员工劳苦功高，他们直面市场和业主，要经得起智力、精力等各种折腾。在企业市场经营工作的背后则体现的是企业的综合实力。对于建筑施工企业来说，企业市场经营工作主要反映了四种能力：低价竞标及生存能力，也是企业的低成本消化能力；高品质生产能力，包括设计能力和施工生产能力；社会综合协调能力，包括与客户、政府部门、相关行业、高等院校等的关系处理；各类资源的运用能力，包括项目人员对材料、分包、资金等资源的管控能力等。任何一个项目的中标，都离不开这四种能力的综合体现。

第二，人才。人才是建筑企业管理中最重要的资源。人具有复杂思维，既能够团队合作，开展创新工作，也能够不断提升自己的价值，并不断创造新的价值。有人形象地说，把"企业"中的"人"字拿掉，就变成了"止业"。的确如此，每个企业的生存质量好坏，与人才的质量及其组合有直接关系。对于人才的管理，实质上就是提高各类人才对企业的认可度。一个企业在人力资源开发与管理上的活动，是培养员工、提升员工能力和素质的重要途径。企业人力资源开发与管理的背后反映的是企业的用人观。企业中的每个员工都是人才，要人尽其才，知人善任。不要因为一个人有某方面缺点，就把他全盘否定掉。须知，在一个人某方面不足的背后，恰恰隐藏着他的某种优势。当然也要清醒地认识到，一个非常优秀的人才也存在着一定的短板。因此，应做好人才组合工作，使他们在工作中扬长避短，这是极其重要也是颇费思量的。通过人才组合工作，力争达到人才之间的互补，打造紧密联系、有效合作的团队。五个手指头有长有短，单独一根手指头几乎做不了什么大事情，但组合在一起就可以创造出丰富的世界。为了留住人才，各个企业想尽办法，比如：付出高薪酬，提供高福利；尽量提供员工各种培训机会，提升员工的综合能力；保持行业发展的稳定性和企业发展的持续性，通过行业和企业的发展愿景来留住人才。

第三，资金和利润。资金之于企业，好比血液之于人体，其重要性不言而喻。资金在企业各单元、各部门、项目部等流动的过程中，保证了企业正常的运营，并通过劳动价值的创造为获取新的资金打好基础。企业的利润则是企业生存和发展的重要基础，正常利润的产生既反映了企业的整体运营情况，也是对员工、团队创造劳动价值的认可。如果企业产生不了利润且没有附加值和增值的产出，那么这个企业实际上只是在消耗着社会的资源，成为社会和行业的累赘。对于资金和盈利的管理，实质上是各管理环节对于财务运行的认可度。对于一个建筑企业，其资金、利润管理的背后是它的经济运行质量。经济运行管控包括的内容是很多的，比如要抓好预结算工作、产值资金成本的同步管理，还有对材料、人工的采购管理等。在结算工作上，要重视过程资料积累、阶段结算、必要的签证索赔等工作。在成本控制管理上，要推行低成本与高品质并存的策略，尽量提升工程项目的一次成优率，减少重复施工和浪费。要投入必要的预算，抓好安全生产、员工职业健康、环境保护等工作，这是一种看似增加成本、实则会使企业和员工都受益的高明投入。在资金管理上，要切实抓好资金收取工作，做好竣工项目的销项工作，为财务的健康运行提供保障。在利润积累的基础上，企业要提高资本运作能力，比如参与证券交易、推行 BOT 项目、控股收购具有发展前景的企业等，以获取更大的收益。

第四，品质。对建筑施工企业来说，品质主要是指产品和服务的质量。建筑施工中，历来有"百年大计，质量第一"的优良传统。对任何一个企业来说，产品和服务的质量是其生命线，否则，是难以在竞争激烈的市场上立足的。一个企业的产品质量实质上是客户对施工过程管理的认可度，而服务质量则是对整个企业管理流程、规范和理念的认可度。这里提出"品质"的理念来代替"质量"，是考虑到"品质"相当于"人品"加"质量"，从生产和服务的角度，参与者有较高的人品是保障质量的重要因素。在品质的背后是企业全面质量管理的能力和水平，其中最基本的保障手段是贯彻质量管理体系标准，即 GB/T 19001 idt ISO 9001 标准，并认真实施。客观地说，贯彻 GB/T 19001 idt ISO 9001 标准是质量管理中的最低标准。而在现实管理中，建筑企业还要消除贯标活动与实际操作不相符的现象。有着广泛群众基础的质量管理小组活动，是建筑企业提升质量、降低成本、创造效益的基础性工作。各项管理之间是紧密联系的，从这个角度看，建筑企业认真做好环境管理体系、职业健康和安全管理体系的贯标工作，对于质量的提升和保证同样起到很重要的作用。对自身有更高质量要求的企业，在执行各管理体系贯标工作的同时，还应当建立更高层次的管理模式，比如推行"卓越绩效管理模式"等，从企业的全局来追求高质量发展，以保证整个企业运营结果的高品质。

第五，技术。技术是帮助建筑企业建立自己的核心竞争力、占领高端市场、赢得客户信赖、保证产品品质、提高工作效率、引领企业快速发展的重要保证。建筑企业如果离开了技术的支持，那么肯定是毫无市场竞争力的。技术创新与管理的实质是能高效进行生产与服务，并提高对行业前瞻性发展的认可度。特别是在技术创新上，当别人还没有醒悟过来的时候，你就能够洞察到技术发展的趋势，开展相应的研发工作。技术创新与管理的背后是企业科研与开发、多技术集成、技术成果的实质性应用等能力的体现。多技术集成不仅仅是技术层面的集成，还有智力层面的集成。比如通过设置各类专业委员会，可以统筹一个单位乃至行业内的智力，进行相关的研发、应用工作。信息技术、数字化管理技术等新技术助推建筑企业发展，比如 2010 年开始进入我国的 BIM 技术，如今已经像 CAD 绘图软件一样进入所有的设计和施工企业，并受到各界的广泛认可。信息化管理系统的完善与应用，为建筑企业的发展插上了翅膀。当众多建筑企业在重点研究超大、超高、超深技术时，不妨关注一下超轻、超薄、超细、绿色施工技术的发展。在技术创新上要有足够的投入与耐心，现在拿出十年磨一剑的精神，将来引领市场何止十年。

第六，企业文化。任何一个企业、一个员工都要受到社会的影响，企业文化从某种程度上说也是社会文化的一个缩影。企业文化是企业内所有员工追求企业核心价值观的一种精神文化。企业文化的实质是社会各界对企业核心价值观的认可度。文化具有很强的辐射力、持久的影响力。不同的企业有着不同的企业文化，比如有的建筑企业有着"铁军"基因，有的建筑企业秉持"精细"理念。从一个企业身上能够一定程度地反映出社会形象，整个社会也在影响着每一个企业。企业文化的背后是管理的运行及结果，我们从中能够看到或体会到管理的严密性、科学性、员工的习惯、企业的社会责任等。企业文化是企业管理的魂。企业是否严谨、慎重办事，是否弘扬积极向上的精神，每个员工以及每个与企业打交道的社会人都有切身体会。企业文化肯定是要建设的，纵然企业的管理者不去主动建设，只要企业存在，企业文化也是同步存在的。在企业文化建设中，领导层的率先垂范非常重要。要建设积极向上、令社会和员工高度认可的企业文化，各级管理者就要言行一致，自觉遵从企业的核心价值观。建设一个优秀的企业文化，让企业的核心价值观具有生命力，是需要全体员工长期努力和坚持的。

第七，风险控制。建筑企业的风险控制是对企业管理成果的有效保障手段。当企业能够对市场、人才、资金和利润、品质、企业文化等进行管控时，若没有有效的风险管控能力，那么，一旦遭遇各类风险，很多管理成果可能会遭到破坏甚至是毁灭性的打击。风险控制实质上是对企业生存的认可度。企业如果能有效防范各类可能发生的风险，那么，企业的各项管理就能处于健康的运行状态，管理成果就能得到保障。在风险控制的背后，是企业对各种困难、危险源的预判能力，以及提出相应解决方案及其执行能力。一般来说，可以从风险的前瞻预防、过程管控、事后处理、事件评估四个方面来开展风险控制管理工作。在风险的类别上，大致可以分为合同风险、资金风险、材料与设备风险、人力资源风险、技术风险、设计风险、施工过程风险、环境风险、外部风险、不可抗力风险等。境外工程还会遇到境外风险，如汇率变化、政局动荡、语言理解不同、当地法律法规政策变动等风险。风险并不可怕，怕的是思想上的轻视和管理上的疏漏。特别是当企业处于顺风顺水的时候，最容易出现麻痹思想。因此，风险控制在建筑企业管理中占有重要地位。

建筑企业管理的内涵是广博而丰富的，作者限于自己的能力与水平，对于以上管理内容只是浅尝而已。作者根据自己在建筑企业中的实践与思考，结合多种岗位经历，尝试对建筑企业管理进行深入分析，共分为五个章节，分别是：战略之道、运营管控、总承包总集成、服务支持、人才发展。

第一章"战略之道"，介绍了建筑企业的知识管理、数字化管理、企业文化管理、战略管理、建筑企业发展、在线管理等内容。知识管理是指建筑企业在发展过程中，把各类知识成果用标准化的形式固定下来，是建筑企业战略制定的重要基石。数字化管理和在线管理是建筑企业面向数字经济、布局未来的战略思考和应对措施。企业文化建设对于建筑企业现在和未来的发展影响深远，必须将其提升到企业战略的高度。在战略管理和企业发展的相关小节内容中，对于建筑企业如何做大做强和今后的发展进行了深入分析。

第二章"运营管控"，介绍了建筑企业的不确定性事件管理、协同管理、危机管理、质量管理小组活动、劳务管理、基础管理等内容。现在的建筑企业所处的环境变化万千，各种不确定性事件频频发生，企业必须建立相应管理机制来应对。在运营过程中，企业必须强调各方的协同管理，确保各项工作的顺利开展。建筑企业还要加强危机管理意识，消除当前和未来的各种危机，成功地化危为机。质量管理小组活动是建筑企业运营中的重要管理手段，良好的过程质量管控是企业运营的重点工作。劳务管理是运营中的重要一环，建筑企业的所有产品都离不开劳务作业队伍的功劳。基础管理是企业运营管理的根基，是建筑企业基业长青的基石。

第三章"总承包总集成"，介绍了建筑企业的总承包管理、总集成管理、融合管理、内部交互管理等内容。"总承包""总集成"是建筑企业特有的项目管理模式，是建筑企业做大做强的必由之路。建筑企业实施总承包管理，可以合理组织各类资源，协调各种分包单位一起完成业主托付的项目。建筑企业实施总集成管理，可以把非本企业所擅长的各类管理、技术、产品等集合在一起，拓展了建筑施工的外延。"融合管理"是总承包总集成管理向外部的延伸；"内部交互管理"是建筑企业为了搞好总承包总集成管理，面向企业内部的管理深化。

第四章"服务支持"，介绍了建筑企业的客户关系管理、品牌建设、服务管理、信用管理、软实力管理、标准化管理等内容。服务在企业管理中起到了重要的支持作用，是建筑企业在市场竞争激烈的背景下，突破自我，寻求进一步发展的重要管理手段。提升客户价值已成为每个企业的共识，做好客户关系管理是建筑企业的不懈追求。建筑企业通过品牌定位、品牌聚焦、品牌传播等方式来抓好品牌建设，赢得客户信任。构建信用体系，让信用支持建筑企业的发展。同时，重视企业的软实力建设和标准化管理，推动建筑企业的发展再上一个台阶。

第五章"人才发展"，介绍了建筑企业的人员配置管理、人力资源管理、员工能力管理、人才价值管理、时间价值管理等内容。本章突显了以人为本、让企业与员工共同发展的理念。各节介绍了人力资源管理中的一些实务操作，包括人力资源配置、职位说明书编制、培训、绩效管理等内容。针对员工能力管理，着重从提升员工的综合能力、学习力等方面进行了分析。本章提出了人才价值管理的理念，让市场和企业认可员工的价值。在时间价值管理中，从时间管理入手提出了人力资源管理的新维度，致力于推动每一位员工的发展，实现员工的价值。

上述五个章节的内容远远不能涵盖建筑企业管理的全部方面。这些内容只是一位来自建筑企业基层的员工，从自己的角度提出了对于建筑企业管理分析的一些观点。这些内容既为建筑企业内的各级管理者、从事建筑企业管理研究的专家学者等，提供了一种思考的维度和基本资料，也为建筑企业管理者在管理实践中解决面临的问题、挑战等提供借鉴，更方便建筑企业各层级的管理人员对于建筑企业的生产、经营等工作进行基本的了解，还为有意研究建筑企业管理的各界人士提供来自建筑企业一线管理的基本资料。

# 目

CONTENTS

# 录

**001　第一章　战略之道**

002　　第一节　知识管理分析

010　　第二节　数字化管理分析

018　　第三节　企业文化管理分析

027　　第四节　战略管理分析

045　　第五节　建筑企业发展分析

052　　第六节　在线管理分析


**065　第二章　运营管控**

066　　第一节　不确定性事件管理分析

076　　第二节　协同管理分析

087　　第三节　危机管理分析

095　　第四节　质量管理小组活动分析

104　　第五节　劳务管理分析

113　　第六节　基础管理分析


**125　第三章　总承包总集成**

126　　第一节　总承包管理分析

142    第二节   总集成管理分析

149    第三节   融合管理分析

157    第四节   内部交互管理分析


**167    第四章   服务支持**

168    第一节   客户关系管理分析

178    第二节   品牌建设分析

187    第三节   服务管理分析

195    第四节   信用管理分析

205    第五节   软实力管理分析

214    第六节   标准化管理分析


**221    第五章   人才发展**

222    第一节   人员配置管理分析

232    第二节   人力资源管理分析

247    第三节   员工能力管理分析

255    第四节   人才价值管理分析

265    第五节   时间价值管理分析


**279    后 记**

# 第一章  战略之道

# 第一节　知识管理分析

在建筑企业发展的过程中，大量的知识得到了沉淀和积累，比如技术创新、施工规范、管理标准、各类成果等。企业怎样形成知识库，并管理、利用好这些知识成果，为企业的持续发展打好基础，这是需要企业管理层上下共同思考、一起努力的。把企业的知识库开发好、管理好、利用好，是企业管理中的重要内容。

## 一、知识管理的内涵

### 1. 知识管理的定义

知识管理是企业利用一定的方法，把企业内部产生的各种知识成果，按照不同的类别进行分类、整理、补充、完善、提炼、推敲，然后用标准化的形式固定下来，用于企业内部知识检索、应用、推广的管理活动。开展知识管理的企业，可以有序地开发并形成自己的知识库，有利于企业构建以知识为基础的核心竞争力，形成以各类知识成果为基础的管理标准与制度，使企业拥有足够的智力资本，并以此来超越自己、击败竞争对手，促使企业在激烈的市场竞争中保持快速反应、灵活应变的态势。企业内部各管理层在处理客户、员工、企业文化、技术、竞争等关系时，能够有据可寻或者有创新的底蕴。知识管理是对企业由小到大的发展过程中不断积累的知识成果的管理。知识库是企业的重要资源，也是企业发展的重要基石。

### 2. 建筑企业知识管理的现状

传统的建筑企业，有一定的知识管理基础或是具备知识管理雏形。建筑企业在不断发展的过程中，积累了很多的管理制度、技术标准、规范等，比如用于施工的各类作业指导书、工法、施工组织设计、图纸、工艺流程等，并以文件的形式固定下来。但大量的建筑企业对于如何科学使用这些固化的文件均缺少系统的思考。有的文件是以档案的形式保存下来的，有的文件是保存在各个部门中的，有的甚至只是保存在某个员工个人的电脑中或是资料柜里的。相对来说，这些文件是封闭的，使用频率偏少。这些已经成形的文件，或者说是知识，没能很好地在企业发展过程中发挥作用，为企业的腾飞插上翅膀。

## 二、建筑企业知识管理的内容

### 1. 建筑企业知识管理的构成

建筑企业知识管理的内容主要分为六大类：一是技术创新与技术管理知识，比如企业的各级工法、各类专利、各类设计作品、创意作品、技术集成成果等。这些是企业核心竞争力的重要构成部分。二是施工管理与施工规范知识，比如各类施工方案、施工组织设计、作业指导书、企业级施工管理标准、主编或参编的施工标准与规范等。这些是企业保证生产运行、推动经营工作开展的重要基础。三是内部管理体系知识，比如质量、环境、职业健康安全的管理体系及相关管理手册、管理程序，各职能部门的内部管理制度、风险管理制度等。这些是企业整体正常运行、防范风险、不断发展的重要保证。四是人力资源库知识，是企业对于本企业人力资产的管理结果，具体反映为不同管理层级、不同管理部门与岗位人力资源的储备情况，每个员工的学习、教育、培训，取得执业资格或职业资格、职称，以及社会兼职、企业认可与社会认可程度、企业影响力与同行影响力、带教员工、取得业绩等的综合评价。这些是企业最宝贵的人力资产的集合，是各级管理层获取人才、培养人才的重要资源库。五是各类知识成果，是企业及其员工在长期生产经营过程中积累下来的成果，比如技术成果、设计成果、管理成果、创新成果等，这些是企业与员工厚积薄发、经营市场、做好项目、持续发展的底子。六是文件资料类知识，主要是指企业发展的脉络痕迹，在管理过程中产生的大量书面与电子信息资料。这些是企业检索自身发展路径、反思发展中的得与失、面向未来发展的重要依据。

## 2. 建筑企业的知识管理体系

建筑企业的知识管理体系是企业对各类知识进行系统归类、管理、评价、开发、应用的重要组织架构。首先要设立企业知识管理的行政职能部门或者是跨部门的知识管理机构，如知识管理委员会，明确其主要职责就是对企业的知识库予以规范化命名、收集、整理、管理、应用等。然后是明确企业知识管理的各管理层级，搭建企业知识管理的体系，从总部到各子公司，从本部到各分公司、项目部等，设立专职或兼职的知识管理岗位，使知识管理的理念固化为所有员工的工作习惯。接下来，要明确各知识管理岗位人员的职责，收集、整理、甄别企业内部的各知识管理内容，做到实时更新各类知识，并且对于知识的应用有清晰规范。此外，还要建立企业知识管理应用的评价制度，重点评价对企业生产、经营、科技、人才培养、效益等有直接和间接作用的各类知识，评价知识的影响持续度、影响广度和深度。企业还要做好知识库的开发工作，拓展知识管理的界面，增强与高校、同行之间的知识交流，保持本企业知识库涵盖内容的广泛性和先进性，为企业发展服务。

## 3. 建筑企业知识管理的着重点

建筑企业的知识管理很宽泛，所以一定要抓住着重点，使知识管理更具有生命力和实用性。一般来说，建筑企业的知识管理着重点主要体现在以下几点：一是企业可以随时盘点本企业所拥有的知识资产，以及掌握这些知识资产的具体分布、实际应用、未来发展趋势等情况。二是通过对知识管理的统计分析，能够较好地把握客户对产品、服务的更高的需求，了解产品和服务的未来发展方向，了解当前市场和未来一段时期内的外部建筑定额和企业实际内部定额，掌握客户的投资变动方向，从而对潜在客户有足够的预判力。三是通过对于建筑企业技术变革与创新、技术领先领域的研究，使得本企业站在行业的技术高端，洞悉建筑技术发展趋势，对国内外的最先进技术有足够了解和研究，对技术成果的应用有清晰的时间表和推广路径，能够提前五年以上对建筑技术的发展做出预判并开展研究。四是让知识管理平台成为企业人才资产增值的重要载体，通过平台掌握企业内各类人才的具体分布、各人才对应的知识成果等情况，构建企业人才的成长档案，掌握企业内部的人才流动性和外部流动性，对于不同人才与薪酬福利之间的相关性有良好的统计分析；推动知识管理成为企业吸引、培养人才的重要手段，成为员工个体能力提升的推进剂。

### 4. 建筑企业知识的储存方式

建筑企业各类知识的储存主要有三种方式：第一种是以纸质文件形式来储存，它可以是集结装订的书籍，也可以是活页装订的文件。这是最传统的储存方式，档案室、图书馆是这类存储方式的典型。它们的优点是直观、阅读方便、摘抄简便；缺点是占用空间大，耗用人工多。第二种是以电子文件形式来储存，如 WORD 文档、PDF 文件、EXCEL 数据库、CAD 图纸、BIM 建筑模型等。电脑、互联网、移动存储盘（如 U 盘）、云端等是这类储存方式的典型。它们的优点是搜索数据快、处理数据快、拷贝复制快、不受地域时空等的限制、占用空间小、容易保存等；缺点是容易被盗版、被黑客入侵，若没有备份则存在数据丢失风险等。第三种是以"人"为储存介质，比如是直接储存于某个人大脑里的知识，也可以是口口相传的知识等。这种方式在以前比较多，特别是一些门派的特别知识，几乎不外传。但在现代社会中也有能派大用场的形式，如某企业的口碑、客户认定建筑企业的心智模式等。

## 三、建筑企业知识管理的应用

### 1. 构建建筑企业的知识管理库

建筑企业要构建好一个知识管理库，需要从认识、架构、内容、维护四个方面下功夫。在认识上，需要企业的领导具备大智慧，在企业知识管理库的构建上有卓越的眼光，深知企业知识管理库的建成与不断完善对于企业的发展具有极其重要的作用，所以，企业的高层应当充分支持知识管理库的建设工作。在架构上，需要搭建知识管理库的体系，在企业知识总库的基础上可以分设各职能分库与分公司的分库，使企业的知识管理库不仅出现在总部，而且还在各分部、分公司、子公司、各部门都有相应的积累和应用，体现出"术业有专攻"的价值。在内容上，要体现出技术进步，如工法、专利、各种方案等；要体现出人才进步，如个人学历提升、成长经历、重大项目经历、荣誉、社会兼职、同行价值认可、政府部门认可等；要体现出企业管理的脉络和痕迹，如综合管理、各类贯标体系、第三方认证认可等；要体现企业的品牌效应，如企业的宣传、网站、报刊等。在维护上，要有企业级总库、各分库的维护政策，以即时维护为主，设置固定维护周期，系统地梳理各类知识。在知识库入库内容的鉴定与审核上，要实行标准化、规范化管理，应对收集、编辑、鉴定、审核、入库、应用等各环节进行把关。

### 2. 建筑企业知识管理库的应用途径

建筑企业知识管理库的应用，可以从三个方面来展开：一是在知识管理库应用的思路上，着眼于推动企业的生产经营工作，增强企业的核心竞争力，提高员工的综合素质，降低企业的单位消耗和单位成本，提高经济效益，提高为社会服务的能力等。二是知识管理库应用到企业管理上，具体表现为：经营工作的推动，如业主投资趋势研判、同类型项目中标条件分析、同区域项目中标条件分析、竞争对手的中标项目分析、客户关系管理（CRM）数据库的维护等；商务工作的推动，如构建企业定额、同类型项目结算分析、结算存在的症结分析、业主的投资额分析、分供方的成本能力分析等；生产运营工作的推动，如怎么解决常规的施工问题、对疑难杂症的解决方案、高端重大项目的推进、有底气迎接从未有过的施工挑战等；人才培养工作的推动，如新手入门的指导、专业工程师的培养、企业级工程师论坛、企业内部人才流动通道与晋升通道的数据分析、有社会及行业影响力人才的培养方案等；企业文化塑造的推动，如企业核心价值观的形成过程与推广过程、企业文化的影响力与辐射力分析、企业文化建设的先进人物与案例等。三是在知识管理库应用的方法上，可以充分利用各类档案资料与管理方法，充分利用互联网、IT等媒介，设立搜索引擎，创办企业内部知识管理有关刊物，让企业员工能便捷使用企业的知识管理库，让客户、社会各界等广泛了解企业的知识管理库内容。

### 3. 对建筑企业知识管理库应用的评价

对建筑企业知识管理库应用进行评价，是为了使知识管理库得到更好的积累、管理、维护、应用，因此，科学地评价知识管理库是一项重要工作。在知识管理委员会下面设置评价工作小组，定期开展评价工作，可以一年为一个评价周期。评价的内容，主要是知识管理库的引用频次、使用范围、影响广度、应用人次、对企业各管理工作的推动作用、生产经营人才培养经济效益等综合产出、对企业品牌的影响、企业价值观的推广、社会影响力及行业效用等。同时，还应当对知识管理库的日常维护、密级管理等进行相应评价。

## 四、知识管理对于建筑企业的发展影响

### 1. 知识管理助推建筑企业迈向高阶管理

知识管理对于建筑企业的发展影响巨大，并助推建筑企业迈向高阶管理。这里的高阶管理，主要指建筑企业在知识管理的推动下，不再是传统的管理人员加农民工的概念，而是形成各个层级的有序管理：管理人员是高素质的，有专业管理能力，知识面是广博的，劳务作业人员也是具备相应专业知识的；企业的科技研发是领先的，在行业标准的制定上有话语权；企业的工程质量是精品的，各管理体系的贯标是企业的基本功；企业勇于承担社会责任，对客户与员工都是高度负责的；企业的发展后劲是充足的，对未来建筑企业的走势、科技的发展趋势等的研判是有足够依据的；企业有能力承担更广泛的社会责任，对于环境保护是认真的；企业的安全管理是有充分保障的，而不是疲于在管理的形式上确保无责；企业的经济效益是稳步增长的，而不是停留在血拼价格、亏本中标的低层阶段；企业员工的精神面貌是阳光的、充满自信的、对未来有无限憧憬的，能充分感受到来自企业知识管理的发展底气；整个企业处于管理的良性循环中，在社会发展中占有重要位置。

### 2. 知识管理将成为建筑企业快速发展的加速器

建筑企业对于各类知识、信息的认知、存储、利用和开发将达到一个新的阶段，进而构建以知识为基础的建筑企业，重视知识资产的积累，对各种专利、市场知识、客户服务知识等进行资产化。因此，原来较为熟悉的资本配置将会把知识的管理及学习纳入重点。知识的收集、吸收、传播、利用，通过平台、云、移动互联网等得到更快捷、更专业的分析、利用。与此同时，知识利用的有效性与便利性，促成管理层次的减少，使扁平化管理得到实现，过于庞大的本部或总部成本管理也会得到改善。自此，建筑企业与供应商、合作者、顾问、代理商、顾客等有了信息交换的途径。知识管理为人才管理打开了知识窗口，企业也将有效构建自

己的知识产权壁垒，甚至是建立心智产权壁垒，进而有效提高自己的竞争力。在知识管理的基础上，规模小的挑战者将实现与规模大但反应慢、特别是知识反应慢一拍的大公司同场竞技，结果甚至会胜出一筹。

### 3. 知识管理对建筑企业发展的影响具有持续性

知识管理的推进是一个渐进的过程，或者说是一个滚雪球的过程，在起始阶段是很难一下子看出大成效的，因此，作为企业的高层要有足够的耐心去扶持这项工作。企业要在内部培育知识管理的文化，找到知识管理的价值认同，树立正确的企业知识管理定位；要找到与其他企业的差距，不满足于现状，又不盲目效仿其他企业的做法，以推动企业发展为大前提。企业要培养自己整体的学习能力，对自身拥有的各类资源有恰当的评估，从而恰当地推进自身的知识管理，而不是在资源过少的情况下，不切实际地动用太多杠杆资源。在知识管理推进中遇到困难时，要正确面对，认真分析，消除抱怨情绪，传递正能量。当企业发展到一定规模以后，企业要利用知识管理自身的价值和应用功能，来及时形成管理目标的设定、管理流程的调整等，从而进一步增强吸储知识的能力，继续反馈于企业的发展。

### 4. 建筑企业知识管理对于企业发展的价值

建筑企业的知识管理对于企业的良性发展具有重要的战略价值和实用价值。其战略价值表现为：企业通过知识管理可以构建良好的发展机制，吸引更多人才，催生前沿成果，以知识获取效益，极大提高企业的竞争力。其实用价值表现为：企业的各类知识可以帮助企业在生产经营活动中优化管理程序，协同各类管理资源，有效解决各类问题，保证项目履约和企业发展。从知识管理价值的表现形式来说，可分为显性价值和隐性价值。第一种是显性价值：一是构建了企业的知识资产完整体系，让企业的无形资产得到充分的肯定和充分的利用，反哺于企业的有形资产并使其增值。二是推动了企业的管理上台阶，比如：有助于外包的成功管理，使外包工作更规范；有助于整合兼并其他企业，在整合兼并前与整合兼并过程中，能很好地评价被合并企业的知识资产，使整合兼并工作顺利推进，并使整合兼并后的新企业快速增值；有助于企业间的战略联盟，在联盟企业间通过知识资产，找到共同的发展点及互补的地方；有助于推动信息化建设，让知识管理流程化、管理流程信息化，使知识资产以数据形式更好地保留下来，并为趋势预测、价值分析等服务。第二种是隐性价值：一是让知识管理平台成为弘扬优秀企业文化的舞台，把企业文化的建设过程和建设成果等以知识成果的形式固化在平台上，让本企业员工、客户、社会各界都深入了解和欣赏本企业文化，助推企业的发展。二是让知识管理成为企业的竞争优势，使企业在市场竞争中多了一种竞争手段，多了一份自信，并能够持之以恒地推进企业发展。

# 第二节　数字化管理分析

随着信息技术的加速发展，信息技术在社会各界也得到了广泛应用。信息化和数字化已经进入建筑企业，数字经济也同样来到了建筑行业，而数字化管理正是数字经济大环境下的产物。面对当今如火如荼的数字经济，建筑企业必须认真思考并实践数字化管理，做好数字化管理的基础性工作，推动共享式服务、云计算及云辅助管理、数字化辅助管理等，在有关部门的支持下，通过建立建筑产业生态链平台和施工生态链平台，来推动整个建筑行业的发展。

## 一、数字经济的到来
### 1. 关于数字经济
目前，大多数企业已经习惯了传统的各种商业模式及其经济运行状态，但毋庸置疑，一种全新的经济模式已经诞生，它就是数字经济。随着信息技术的广泛应用，信息对于经济和社会生活产生了巨大的影响，因信息化和数字化而引发的数字经济已经悄然到来。基于数据分析的商业模式正在不断改变着周围的世界，早先颠覆传统产业的有苹果公司。当众多企业在工业时代中不断探索时，信息爆炸时代已经来临，大家曾经陌生的大数据、云计算、物联网、区块链等概念，不断地冲击着社会的各行各业。数字经济也从最初在互联网行业中的应用，逐步向其他产业延伸。

### 2.数字经济下的建筑行业

数字经济的到来，使建筑行业必须面对数字经济带来的影响。从"＋互联网"的角度分析，建筑行业中的相关企业应当考虑在传统的经营生产模式的基础上，加上互联网、信息管理的翅膀，以迎接新的挑战。从"互联网＋"的角度分析，全新商业模式的现代建筑企业将诞生，业主的个性化需求以及常态的需求变化将及时体现在设计、施工的过程中；而企业内部的管理亦因为"数字"而改变，海量的数据成为工作中新的生产要素，运营趋势分析、风险管控、实时模拟等会引领建筑业进入到新的商业模式。

## 二、关于数字化管理

### 1.数字化管理已经进入建筑企业

如果说数字经济是产业经济的一种形式，那么数字化管理则是实体企业面向数字经济的具体实践。所以说，数字化管理是数字经济大环境下的产物。数字经济基本涵盖所有产业，建筑企业概莫能外，必然因社会的发展、客户的需要、相关方的需求等，而催生出建筑企业的数字化管理。事实上，数字化管理已经进入建筑企业，比如施工现场的人脸识别与人员统计系统、现场岗位移动识别系统、办公自动化信息管理系统等。但现在很多建筑企业的数字化管理是零星的、不成体系的，其更多欠缺的是企业数字化管理的总体设计、面向数字化管理的职能再设计、各类信息系统的集成管理与统计应用、数字化管理辅助决策开发等。

## 2. 数字化管理下的两大平台

数字化管理的到来，使各类信息在传统科层式管理结构中的传递变得更为迅捷、准确，扁平化管理成为可能，平台式管理将会比科层式管理体现出独到的优势。数字化管理在建筑企业的管理实践中，最好的体现方式是构建物联网式的两大平台：一个是纵向平台，是把投资方、设计方、施工方、监理方、运营维保方等紧密结合在一起，形成建筑产业生态链。另一个是横向平台，是由各施工方、材料设备供应商、劳务作业方等构建在一起，形成施工生态链。建筑企业各方通过数字化的建设与管理，不断促成技术创新的实现，提升企业的战略规划、市场经营、生产管控、经济运行、信息处理、品牌拓展、人才培养等能力，从而实现更高质量的发展。

## 3. 建筑企业如何正确面对数字化管理

当数字化管理这一新型管理模式像浪潮一样涌来时，建筑企业应当积极面对，正确梳理各职能部门管理、项目管理等与"数字化"之间的关系，使数字化管理融合于生产经营的过程中。在对待数字化管理上，建筑企业要分三个层面来开展相关工作：一是在战略层面上，除了重视"数字"这一特殊的管理要素、重视"数字化"这一特殊的管理形式外，更应结合信息科技、行业发展、本企业运行的特点，制定数字化管理的中长期规划，让企业的管理发生质的飞跃。二是在商业模式上，把 EPC、绿色施工、装配式施工等整合在一起，有效推动数字化管理在建筑行业中落地生根，并不断求得政府、社会和业主等各方的认可，引领行业的发展。三是在企业内部管理实践上，各个职能部门、项目部等必须把数字化管理纳入平时的管理中，积极拥抱数字化管理带来的变化，加大对数字化管理的投入，促成劳动生产率的极大提高，全面提升企业的经营质量、生产运营质量和经济运行质量。

### 三、建筑产业生态链的构成与运行

#### 1. 建筑产业生态链的构成

建筑产业生态链主要由投资、设计、施工、监理、运营维保等各单元构成。之所以称之为生态链，是因为各单元之间的关系是相互依存、缺一不可的，没有谁是绝对优越于其他单元，谁也不可以凌驾于其他单元之上。从传统的产业链角度看，似乎上下游之间是不平等的，除了智力付出的不同等因素外，上游环节往往赚取更多的利润，体现更高的价值。但在产业生态链中，由于大数据的介入、分析、应用，各单元之间获取信息对称，相互之间的管理障碍渐渐消失，价值流畅通，从而各单元之间达到平等，并形成物联网式的大平台。

#### 2. 建筑产业生态链的运行

随着物联网式大平台的形成，整个生态链上的各方都把主要精力集中在客户身上。这时的客户已不再局限于传统意义上的大业主或投资方，而更多的是小业主，是建筑物、建筑空间、建筑功能的使用方。也就是说，当投资方在初期形成投资意向时，就应当充分考虑物业使用的状态，然后，生态链的各单元都紧紧围绕使用方（真正的用户）的需求来开展工作。在这个大平台上，打破了传统意义上的"上游链是下游链的高阶价值体现"的说法，取而代之的是"上游环节是下游环节的服务方，是生态链中价值传递和增值环节之一"的说法。当建筑产业生态链运行正常后，平台上的大型建筑企业集团将致力于通吃整个生态链上各单元，形成垄断，从而获取大量利润，并弥补整合各单元时的大量投入。中小型建筑企业，特别是专业性强的企业，则致力于把自己的业务做精，使之成为生态链上不可或缺的重要环节。这里要强调的是，此时的建筑企业既可以涵盖投资、设计、施工、监理、运营维保等所有单元，也可以是其中的某一个或若干个单元的集成。

## 四、施工生态链的构成与运行

### 1. 施工生态链的构成

严格来说，施工生态链从属于建筑产业生态链。之所以在这里将其单列出来，是考虑到目前的施工总承包单位可以担负起建筑产业生态链中"施工"单元的重任。施工生态链主要由施工总承包、专业承包、劳务作业、材料与设备供应等单元构成。在这个大平台上，所有的单元之间是战略合作关系，互惠互利，相互依存。需要指出，这里的劳务作业人员应当是建筑行业的产业工人队伍，是接受过良好的劳务职业教育，能够在总承包、专业承包单元的管理下很好完成作业任务，实现高质量建筑产品的人员，否则很难在施工生态链中保持平等并维持自己的利益。

### 2. 施工生态链的运行

在施工生态链平台上运行的施工各单元，包括建筑物构成的材料设备供应单元等，它们的核心目标是完成建筑物的整个施工内容。因此，所有施工信息的实时流动、获取、分析、判断、应用等是施工生态链运行的重点。在施工前期的数字化管理，重点是要求各专业之间密切协同、沟通，消除施工信息的不对称。在施工过程中，通过获取施工现场的信息和各职能部门在管理运行中的状态信息，实现生产经营活动的精细化管理、智能化运行，确保各种个性化需求的实现。在施工完成后，可以针对物业维护与运行进行数字化管理，精确提供需要维护、更换的设备的时间、品名、数量、位置等。生态链上的各单元应建立起由各企业支撑的管理信息统筹运用系统，搭建信息化公共服务平台，进行信息与网络的基础建设，开展信息资源的共享通道，实行信息与数据的储存分析，做好信息服务门户建设。

### 五、面向未来的数字化管理

#### 1. 做好数字化管理的基础性工作

建筑企业要做好数字化管理，需要抓好数字化管理的基础性工作。首先是转变思想观念，从高层管理者到一线员工，不仅要重视数字化管理的到来，更要拥抱数字化管理的到来。商业模式、管理构架、管理人才、管理心智等都要注入新内容，进行重新构建。其次是改变管理模式，迎接新型建造方式的到来，包括装配式建造、绿色建造、智能（机器人）建造、增材制造（Additive Manufacturing，简称AM，俗称 3D 打印）、精益建造等方式将大规模推广，使有限资源、有限时间、有限空间都发挥最大效用，建筑企业焕发新的生机，数字化管理思路、研发与应用人才、建筑技术、工艺流程等都发生深刻变革。再次是切实做好各项管理的标准化管理工作，推动标准流程化、流程信息化，为建筑产业生态链、施工生态链、职能管理、项目管理等与"+数字化"紧密结合提供重要支撑。最后是要切实做好信息基础设施建设，包括网络、云计算及应用、虚拟现实（VR）等设施设备的引进与开发，并做好具备数字分析与应用能力的相关"数字人才"的培养工作。

#### 2. 推动共享式服务

"共享"服务是数字化管理的重要体现，对一个企业来说，可以分为外部共享和内部共享。从外部共享来说，不同的建筑企业可以分别向社会提供设计、咨询、施工等服务内容，形成共享平台；有需求的业主可以从平台上自主选择不同单位进行设计、施工等工作，体验共享服务的便利。甚至生产、设计能力不足的企业，也可以获得共享服务。以装配式施工为例来分析，一家建筑企业即使不具备构件生产能力，它也可以通过共享平台来获取其他构件生产企业的服务，获得采购它所需的梁、板、柱、楼梯等的标准化设计、预制、组装等工业化、数字化服务，再完成现场装配式施工，从而实现杠杆式发展。从内部共享来讲，企业的各类资源、信息、管理、服务等都可以放在一个平台上，让各职能部门、项目部、单体员工等获得所需支撑和服务。比如，一个在外地现场的施工管理人员，他需要解决现场的综合管线设计问题，而解决该问题所需工作量极大。此时他可以通过共享平台，获得企业总部设计的支持以及其他资源的支撑，达到"前方单兵操作、后方总部集团支撑"的效果，企业也可实现集群式发展。提供共享服务的企业或内部单元，关键是要能洞察客户或前端流程的需求，通过大数据分析客户的需求、个性习惯，提升个性化服务能力和解决个案的能力，拓展价值空间，实现"建筑＋服务"的转型升级。

### 3. 推动云计算及"云"辅助管理

云计算及"云"辅助管理在建筑企业管理中的直接体现方式，就是与职能管理、项目管理及生产运营等融合在一起。在职能管理上，有人力资源云、劳务作业云、财务云、供应链云、电商云、移动办公云、档案资料云等可以运行；在项目管理及生产运营上，有设计云、工厂化制造云、技术云等提供支持。它们之所以称为"云"，是因为任何岗位所需的管理信息、数据分析等随时可取。伴随着云计算，将产生新的大数据，在经过分析后又形成新的资源云与管理云。整个过程的管控，随着区块链等数字技术的日趋成熟而更有保证。无人驱动逐步实现，以安全管理为例：在项目现场施工过程中的海量数据，可以借助云计算来实现安全隐患的事先控制、预防；通过现场人脸识别，可精确找到违章作业者；借助穿戴智能设备，由每个现场的人员组成移动互联的监控点，可以随时发现危险源等；所有的实时报警均由数字分析后即时发出，实现安全的无人化管理。其他如运输设备的无人驾驶、塔吊的无人控制、建筑材料的无人运输进入工地，也通过云辅助管理实现。借助于物联网，将材料、仓储、运输、现场服务等职能实行数字化管理，实现采购物质的可追溯管理，实时掌握过程中材料设备进场前、进场后、施工完成后所处的状态，在帮助项目生产运营的同时，让业主也全程参与，了解建筑产品的构成及推进情况。

### 4. 推动数字化辅助管理

建筑企业的各管理层需要认真培养数字化思维。在战略上，把建筑企业发展的战略导向从产能规模驱动转变为数据驱动；在业务流程上，对所有流程进行数字化再造，使管理流程形成清晰数字信息流，实现企业管理全过程、全方位的数据实时流动与共享。推进数字化辅助决策，开发面向管理层决策的信息支持系统，通过信息的综合整理、分析、模拟等手段，为管理层提供全面、直观、科学、实时的信息，使决策过程从依赖经验向"数据支持、智慧决策"方向迈进，提高决策的有效性、科学性、及时性和安全性。实现精细管理，通过 BIM 和技术云的应用，实现专业协调、碰撞分析与空间优化、针对设计意图及工程特点的图纸校核以解决错漏、开展建筑物施工模拟、应用虚拟技术实现施工仿真演示等；通过信息技术协同设计施工，推进数字化材料、数字化加工技术，实现建筑产品的预制加工与组合安装，机房大部件柔性自动对接，机电管道、通风系统定位，开展精确工程算量控制，协同工程审计，有效控制成本，精准开展设施设备的运行维护管理，保证绿色建筑的运行。把最新通信技术（如 5G 技术）与建筑物所用的楼宇设备等联系起来，推动智能家居、智能空调、智能通信的实施，构建惠及所有用户的智能建筑。

### 5. 推动数字化服务管理

当数字化管理时代来临，科层管理、上下家之间管理等传统概念逐步淡化，取而代之的是各管理单元之间的服务。颠覆以往的服务主要有三种：第一种是业主为承包方提供的服务。在整个生态链中业主与承包方平等相待，共同创造价值。业主需要向承包方充分展示自己的发展战略、管理思路，由数字平台提供足够的信息，提供准时足额的资金保证，用大数据及时分析各类矛盾和困难，与承包方共同克服。第二种是承包方为各类供应商、劳务方提供的服务。作为战略合作伙伴，承包方通过数字平台与供应商、劳务方共享信息、资源，提供解决方案，保证资金支付等。第三种是建筑企业总部的协调与控制服务。各管理层通过数据分析达到对分公司、区域、项目部的分级管理，进行总部协调、控制，包括经营引导、资源的集中控制分析；开展商务成本管控；通过海量数据计算，实现精益管理、零库存管理；通过区块链来实现合同谈判、签订、索赔、签证等一系列快捷处理。另外，数据资源的应用与服务管理得到加强，建筑企业通过数据积累和分析、数据资源开发与管理，增强创新能力，形成新的核心竞争力，实现企业业绩、盈利的持续性增长，保证财务安全、稳健，实现客户及员工价值增值。

# 第三节  企业文化管理分析

企业文化是企业的核心价值观在企业各层级中的反映，是企业长期以来面临困难和挑战而不断进取所形成的各种积极向上的精神汇总。企业通过对企业文化的建设与管理，形成自己独特的企业文化，让员工拥有自信。在企业发展过程中，建筑企业可以通过对自身企业文化的建设与再造，对各种不同的外来文化加以融合，形成自己独特的企业精神和核心价值观。在互联网时代，要让企业文化成为企业健康快速发展的灵魂。

## 一、企业文化的内涵

### 1. 企业文化的概念

企业文化是企业的核心价值观在企业各层级中的反映，是价值观深入员工后，在生产与管理过程中的自然流露，是企业向员工、向社会展示自身价值观的具体表现。一个企业的价值观决定了其发展方向。企业文化的真谛是让员工拥有自信。客观地讲，任何一个企业、一个个体都要受到社会的影响，从某种程度上说企业文化也是社会文化的一个缩影。社会上提到法国会想到"浪漫"，说到德国会想到"精密"，讲到美国会想到"休闲"，聊起英国会想到"经典"，谈起日本会想到"标准"。这就是文化的影响力。每一个企业反映了国家、社会整体的形象，社会文化又反哺于每一个企业。

**2. 企业文化是企业管理的灵魂**

企业文化的背后是管理的运行及结果，我们从中能够看到或体会到管理的严密性、科学性、员工的习惯、企业的社会责任等。企业文化是企业管理的灵魂，尤其是引领企业健康、快速发展的灵魂。企业是行事严谨、慎重，还是投机取巧？企业是弘扬积极向上的精神，还是奉行阳奉阴违的策略？对此，每个员工，每个与企业打交道的社会人都有切身体会。企业文化肯定是要建设的，纵然你不去大张旗鼓地建设，只要企业存在，企业文化也同步存在。价值观是企业的信仰。这种信仰来自企业领导人的精神和意志，有赖于全体员工的精心呵护。管理大师彼得·德鲁克说：企业家的世界是一个社会的世界，而不是物质的世界。诚然，企业家放眼于整个社会，构筑企业前行与战胜困难的精神世界。有这么一句话：一只狮子领着一群羊，胜过一只羊领着一群狮子。当企业家高举优秀企业文化的旗帜，并身先士卒、认真实践核心价值观时，由此引发的企业的能动力量是无可比拟的。

## 二、企业需要怎样的企业文化

### 1. 企业文化体现的价值

寻常的企业究竟需要怎样的企业文化呢？企业文化应该是适应企

业当前发展需要的，并能有效凝聚员工，对外宣示自己的核心价值观，而且着眼于长远发展，对企业未来的发展具有导向作用。企业所需要的企业文化应当是这样的：在企业初创时期，能够激励员工不畏艰险、努力前行；在企业遇到重大挑战时，能够激发员工的斗志与勇气，战胜困难与挑战；在企业发展的重要关口，能够帮助员工明辨是非，寻找到健康发展之路；在企业取得一系列成果与成就时，能帮助员工戒骄戒躁，谦虚谨慎，保持旺盛的斗志，继续前行。

### 2. 企业文化有鲜明的导向作用

企业文化对员工有十分鲜明且巨大的导向作用。有什么样的企业文化，就会浸润出什么样的企业员工。一般地，人们以为企业文化是针对本企业的员工而言的，似乎只有本企业的员工才会细细品味企业文化，并努力培育企业文化。实际上，企业文化的导向作用可以分布在不同的维度。对建筑企业来说，其导向作用可以分布在对业主、对员工、对分包队伍、对供应商、对社会等多个维度。建筑企业如果想要生存发展，要在社会上站稳脚跟，要形成竞争优势等，就必须对多维度的企业文化建设做深入思考。比如，企业可以对业主开展客户关系管理；对员工推行职业生涯设计；把各分包单位视作自己的战略合作伙伴；对待项目的各合作方、利益相关方保持服务快一拍；对待各类供应商提倡合作共享双赢；对社会和社区承担必要的社会责任等。

当一个企业的核心价值观逐步积淀下来后，其企业文化建设就有了着力点。当企业文化深入人心后，企业文化的导向作用将发挥得淋漓尽致。到那个时候，管理者就会切实体会到"一个明晰的愿景比管控更重要，一个坚定的信念比指标更重要"的内涵有多么丰富而深刻了。

### 3. 企业领导层对于企业文化影响巨大

虽然说企业文化是企业内部全体员工共同遵守的核心价值观，是大家共同提炼的企业精神，但事实上，企业文化更多地反映了企业领导层的文化，因为企业领导层直接影响着广大员工的思想、行为。企业要建设积极向上、令社会和员工高度认可的企业文化，是需要下苦功夫的，是要经得起各种考验的。其关键是企业核心价值观与企业领导、员工的言行要一致。如果表面一套，背后一套，那么这样的企业文化就被扭曲了。所以，企业领导层一定要注意自己的言行，要做践行企业核心价值观的表率。

### 三、企业文化的建设与再造

企业文化是需要一个建设过程的，当不同的文化交融在一起时，需要融合再造。企业文化的建设与再造，不能停留在开开会、搞个活动、弄个演讲比赛等表面文章上。这些只是企业文化建设的一种表现。企业文化建设应贯穿于整个企业管理和生产经营等活动的各个方面，是需要从领导到员工，大家积极参与、精心呵护、共同维护的一项管理活动。企业文化建设可以分为几个方面：企业文化体系上的建设、企业核心价值观的建设、企业文化的具体实践、企业文化的再造等。

#### 1. 企业文化体系上的建设

企业需要搭设一个企业文化的体系构架。企业文化的体系，在内涵上，应当涵盖理念、行为、形象、制度等方面；包括理念的设计、提炼，行为的策划、评估，形象的设计、推广，制度的制定、执行、评价，等等；在范畴上，应当上自企业最高管理层，下至基层各级员工；在传播上，应当通过培训、讲解、宣传、新媒体等各种方式，把企业的核心价值观传递下去。其中，企业领导人对于核心价值观的演讲与实践起引领作用，员工的培训、活动与实践是关键。

#### 2. 企业核心价值观的建设

企业的核心价值观是企业的灵魂，对广大员工具有极强的号召力，是指导员工搞好企业生产经营各项工作，使员工勇于迎难而上、攻坚克难、创造佳绩的宝贵精神财富。企业的核心价值观建设需要反复强调、多次实践，让社会和客户能快速从企业的员工身上体会到该企业的核心价值观的精髓。在企业文化建设过程中，要重视相关制度的建设，用制度来保障核心价值观在员工中的推行。制度建设要着重两个层面：一是培训层面，用培训的方式来传导核心价值观；二是实践层面，通过员工岗位上的实践来践行核心价值观，使企业的核心价值观转化为员工的日常行为。

### 3. 企业文化的具体实践

企业文化的实践需要从领导层到广大员工的共同参与、自觉行动。特别是领导层，其言行更具影响力与感召力。怎样充分发挥企业领导层的感召力是需要培训的。大多数企业在对领导层的领导力培养和训练中，往往重视学习力、决策力、组织力、教导力和执行力等个人能力的提升，却容易忽视"感召力"这个领导层对团队的吸引力和影响力的重要因素。对领导层来说，建立和培养"人格魅力"，不仅是对企业核心价值观的具体实践，更是对核心价值观的一种弘扬。在企业文化的实践过程中，要学会运用企业文化建设的载体，使企业文化建设成为一件令人愉悦的事情。企业文化建设的载体有很多，有会议、简报、新媒体、体育比赛、各类活动等。通过这些载体，实现企业核心价值观的有效渗透。要树立榜样，通过榜样使企业的价值观"人格化"，方便广大员工效仿。

### 4. 企业文化的再造

当不同的文化交集在一起时，特别是当不同的文化之间有所冲突时，需要对企业文化进行再造。再造的适用情形往往是企业发生了重大变化，如企业重组、业务发生重大变化、生产经营地址发生变更、主要领导人变动等。企业文化的再造，不是简单地对原有企业文化的放弃，而是扬弃：既要继承和发扬原有企业文化中的具有现实意义的优秀内容，又要对落后、阻碍企业发展的文化进行摒弃，还要兼容并蓄地吸收借鉴外来文化的先进之处，让企业文化在重组后发出更具有凝聚力、号召力的影响。在企业文化再造过程中，重点是要构建企业的核心价值观，培育员工的向心力，增强对共同价值观的认可度。核心价值观的重新构建不是一朝一夕能完成的，关键是要确认原有核心价值观中的、经过长期检验有效的价值观内容。它们不会轻易地随时间流逝而降低效用，它们将会长期激励员工共同为一个愿景而奋斗。

良好的企业文化可以加速来自不同地方的员工之间的磨合，提高员工的自我认知能力，提高员工之间合作办事的效率，增强员工对企业的认同感，增强对自己所从事工作的使命感，提高业主、社会各界对企业的认可程度，使企业到处充满正能量，让企业的生产经营工作处于良好运作状态。良好的企业文化可以有效吸纳不同的文化，让负面影响降至最低，让优秀文化得到更多弘扬。特别是当企业面临重大变革、重大事件时，良好的企业文化能起到"压舱石"的作用，使企业尽快摆脱困境，持续发展。

## 四、富有特色的企业文化在不同管理岗位上的反映

企业文化建设，关键在于它的落地生根。因此，要把企业文化的核心价值观与企业的生产经营紧密结合起来，将企业文化的理念贯彻到日常管理行为中，落实到各个岗位上，进而形成富有特色的企业文化建设体系，使各个管理条线都能很好地落实企业核心价值观，体现企业文化形象，反映出企业文化的理念。企业文化在企业内部不同的岗位上必然有着相同的核心价值理念，同时也有不同的具体反映。

### 1. 在经营岗位上的反映

在经营文化上，可以体现出精心服务、诚信合作的理念。企业要

面对不同的业主，要维护和业主的关系，要让业主深深感受到本企业的合作诚意以及长久合作的意向。因此，如何服务好业主，让业主的投资价值有所增值是其中的关键问题。掌握业主的核心发展理念，与业主的长期战略发展方向相吻合，精诚合作，共同创造价值，这才是长久之道。相反，如果企业一味想着如何赚钱，缺少服务与合作双赢的思维，那么，这样的合作就很难持续下去。

### 2. 在生产岗位上的反映

在生产上，要有能体现生产一流品质的、符合当代社会发展趋势的产品理念。在项目文化上，精益生产、经典品质、安全绿色、高效服务、创造价值将日益成为真正的主流文化。企业应当拿出浑身的本领，用自己掌握的核心技术、高超的管理能力、卓越的集成能力，为业主奉献高品质的产品。在这一过程中，要符合安全、绿色、健康的长远发展趋势，不以牺牲环境为代价，以员工的身体健康为重，以促进周围社区的优美环境为重，与社区、员工和谐发展。这样的产品才是有持续生命力的。

### 3. 在内部管理岗位上的反映

管理文化也是一个值得重视的领域。企业要保持良好的运行，就要有优秀的内部管理文化。所谓"管理"，既要"管"，又要"理"。在现代社会，由于信息不对称的现象越来越少，因此，已经不能简单地把员工当作内部固化的对象来看待，而是要倡导服务员工、培育员工、提升员工能力的理念。"管"是必须的，但千万别忽视了"理"。各项关系、流程等理顺了，对于企业的近期和长远发展都是有着积极意义的。在管理文化中，要强调合作精神、团队精神。三个臭皮匠抵个诸葛亮，有着良好合作关系的团队，其迸发出的能量将是惊人的。尤其是当企业遇到困难、遇到发展瓶颈的时候，团队的智慧、团队的协同作用会让企业超越现在，在激烈的竞争中找到胜出的机遇和措施。

### 4. 在领导层岗位上的反映

不能忽视的还有领导层文化。领导层文化的重要程度是压倒很多方面的，因为一个好的领导者，关键不是能力，而是领导者的人格力量。领导层的文化着重有正直、透明、担当、敏锐、坚韧等，具体的表现就是：有较高的道德要求、有很强的可信度、言行一致、有较好的责任承担力和抗压能力、有快速发现问题的能力和宽阔的思维视野、有坚忍不拔的毅力。一个领导者的担当精神将会给予下属员工很大的鼓励，而一个领导者对企业文化的执着信念，无疑将极大地激发员工与企业共同发展的热情。

## 五、互联网时代的企业文化

### 1. 企业文化建设要用好互联网

有一个时髦的词语叫"互联网+"，它的含义就是让互联网与传统企业进行对接。互联网有三大优势，即互联网移动、大数据和云计算。移动通信工具让随时随地接入互联网成为现实；大数据可以把各类数据进行归集，以总结、概括、推算出未来的发展方向；云计算是高速运转的计算，让大数据实现价值，让海量信息可以随时提供服务。"互联网+"并不是神秘莫测的，其内核是把传统行业中效率低、不合理的那部分变得合理而高效。因此，互联网时代的企业文化建设也带有明显的互联网烙印。

作为企业的管理者，对互联网时代人的思维方式要去主动适应。不同于开大会、发简报等形式，互联网思维是快速、迅捷、简洁、直达目的，因此其传播速度极其快捷。同时，受众的眼球注意力可能也是短暂的。这是互联网时代的显著特征。

互联网只是一个工具，它在企业文化的建设中主要扮演一个传播者的角色。在当前，能应用互联网来开展企业文化建设，本身也说明这个企业的思维模式是年轻且富有朝气的，该企业能及时掌握先进技术，对员工特别是青年员工是有巨大号召力的。运用互联网来开展企业文化建设是把双刃剑，若运用得好，可以快速推进企业文化良性、健康发展，凝聚员工，使企业插上发展腾飞的翅膀；若运用不好，或者疏于管理，则会阻碍健康文化的培育和推广，拖了企业发展的后腿。

### 2. 重视年轻人及互联网的作用

在互联网时代，高层管理者不仅是企业文化的传播者，而且是企业文化的研究者、创造者和组织者；员工也不再是简单的企业文化的受众、容器，而是企业文化的思考者、发现者和实践者。在互联网时代，沟通与融合越来越重要。青年人伴随着互联网长大，能够快速融入万物互联的时代。缺少沟通，年长者与年轻人之间会有很大的沟通断层出现；缺少融合，那么团队精神就会大打折扣。培育、传播良好的企业文化，必须充分重视年轻人的能量，充分重视互联网的威力。给年轻人以企业文化建设的大舞台，年轻人必将回报企业和社会更大的价值。

### 3. 重视企业文化新的传播途径

互联网时代的到来，让企业文化的传播途径发生了质的变化，有了更快捷的通道。在这个时代，企业必须重视对每一个员工进行企业文化的熏陶，因为每一个员工都成了企业文化的传播源与受感染体。企业必须重视对企业文化传播途径的再造，当前一些员工普遍使用的即时通信交流工具，更应引起企业重视。企业要善于使用微信、易信等即时交流平台，让健康的信息成为主流，及时得到传播，弘扬正能量，锻造健康的企业主体，为企业发展奠定扎实基础。企业还要特别重视青年人这个群体，他们是吸收、运用新媒体的最大群体。要引导青年人，让青年人承担更多的责任，使企业文化成为引领企业快速健康发展的灵魂。

# 第四节 战略管理分析

怎样的建筑企业才能从弱小成长到强大呢？按照多数人的理解，可能是市场的扩张，但巨人倒塌的事例很多；可能是员工数量的庞大，但群体庞大不等于人才效用度高；可能是盈利能力高，但一毛不拔的铁公鸡未必能赢得大众的认可。而当所有对强大者的标签都集于一身时，这样的建筑企业的确是值得我们去研究和学习的。其实，一家建筑企业要真正成为市场的强者，都有这么几个特点：领导层有卓越的战略洞察力和虚怀若谷的学习能力；管理层有铁军一般的执行力，对困难有足够的忍受力；作业层有精细的工匠能力；整个团队有强大的粘合力，等等。在这一系列管理活动中，就需要有清晰的战略管理来引领和支持。

## 一、建筑企业做大做强的七大成长要素

建筑企业有成千上万个，但真正能做到市场大鳄的少之又少。仔细分析建筑企业的成长道路，其从弱小发展到强盛，基本上有七个成长要素。它们是：优秀的企业文化、卓越的管理团队、领先的管理理论、积极的人才培养机制、高效的资源分配与使用机制、完善的客户管理机制、高度的社会认可程度。

### 1. 优秀的企业文化

建筑企业不论大小，其企业文化是始终存在的。每个企业都有着自己的发展定位，有的做总承包管理，有的做专业管理，其中考虑了很多种管理模式，而真正把企业文化建设当作重要事项的，估计还不多。企业要壮大、要变强大，没有优秀的企业文化是没法站住脚跟的，也是没法实现快速与持续健康发展的。要想在社会上、市场上有足够的影响力，建筑企业就要有先进的、扎根全体员工的企业文化，有引

领行业发展的企业理念，有符合时代要求的企业核心价值观。

## 2. 卓越的管理团队

优秀的管理团队有它自己的表现形式：成员之间犹如十个手指，不是一样的长短，但是能相互补位，组合在一起能够创造足够丰富的世界；有敏锐的洞察能力，对于战略、市场、风险、效益、人才等都能及时感知，并有出色的应对策略；有极强的执行力，目标一旦确定，能迅速行动，不找借口，竭尽全力去完成任务；有强大的学习能力，对于新生事物充满好奇，随着自身学识的不断扩充，学习能力与日俱进，不但学习本专业知识，也积极学习跨专业、跨行业知识；有高度的环境适应能力，熟悉国际、国内和行业的各类环境，并且能迅速适应，调整自己迎接挑战。

## 3. 领先的管理理论

优秀的企业在成长到一定阶段后，会碰到成长瓶颈，出现规模很难继续做大、规模不经济、盈利下降、员工凝聚力不理想等现象。这时，企业需要以先进的管理理论做引导，从而实现管理瓶颈的突破。反映在各管理层面上的管理理论有：针对业主有客户关系管理，针对员工有职业生涯设计，针对分包和供应商有战略合作思维，针对社会有公共责任管理，针对员工家庭有工作生活平衡，针对股东有投资回报，等等。在企业内部管理上，还应当有先进的质量管理理论、企业文化建设理论、团队建设理论、执行力管理理论、人力资源管理理论，甚至还有包括哲学、管理、伦理等方面要具备领先的管理思想，从而在众多的建筑企业中保持领先地位。

## 4. 积极的人才培养机制

小企业看到的只是直接经济效益，甚至为了生存而片面追求看得见的利益，却忽视更多的潜在利益和相关利益；有一定规模的企业，注意到人才培养的重要性，但可能出现众多非正式组织，很多员工也乐意在一定范围内寻求职业的安全感；到企业有了相当大的规模时，要培育员工忠于企业的理念。到了更高阶段，"人才是资本"的理念才会真正被接受。企业培养的对象应当涉及各层级的人才，包括管理人才、执行层人才、领军人才、劳务人才等。培养人才的师资力量，主要是来自企业内部的管理高层和部门主要负责人等，他们根据企业生产经营的需要编制相应教材，并根据企业的发展进行调整。但对于企业高层的培养，还需要借助社会和高校的力量进一步拓宽视野和思维。对于劳务作业层的培养，需要各专业的主管、行业的专家来进行，重在提高劳务队伍的应知应会能力。企业还需要建立一支管理者教导队伍，对企业各中、高层人员进行演讲能力、沟通能力等方面的培训。要培养企业教练来加快人才的成长，教导任务成为企业高层和相关部门的主要任务之一。

### 5. 高效的资源分配与使用机制

企业在成长过程中，它所获取的资源以及消耗的资源是巨大的，当企业成长到一定阶段，其拥有的资源是相当可观的。这些资源包括各类人才、机器、设备、材料等，资源中的重点是人力资源、客户资源、信息资源以及它们之间的整合利用。企业要做大做强，首先要有资源，但拥有足够多的资源并不代表企业一定具有高效的资源分配与使用能力。这里涉及两个方面：一是资源的高效合理配置。这是指配置的效率，即把要素养分送到需要的地方，或者说把好钢用在刀刃上，这是资源配置的精妙之处。二是对配置好的有限资源进行精准使用。这是指使用的效率，这样才能突显企业的竞争力。资源的使用是一门学问，应当把最优质的资源集聚到最能发挥生产经营能力的、有高效盈利能力和市场拓展能力的单位，使企业的优质资源效用最大化。

### 6. 完善的客户管理机制

严格来说，客户也是企业的资源之一。但客户不同于其他资源，它是企业赖以生存的基础，客户资源毫无疑问是企业的宝贵资源。按照二八原理，重要的战略客户的份额大致占企业总客户资源的

70%～80%。因此，大企业必然会对客户资源进行划分，把主要精力花在战略客户和老客户身上。客户管理是一套完善的系统，强大的企业将会清晰明确地告知客户自己能提供怎样的服务和产品，让客户及时了解施工生产过程中的各类重要数据和信息，提供完善的客户手册来指导客户增强对建筑物的了解和使用，通过大数据的应用来及时处理各类难题和问题，化风险为机遇，保障客户的投资安全，让客户的投资价值增值，为社会留下宝贵的建筑财富。

### 7. 高度的社会认可程度

企业是存在于社会中的一分子，社区或社会是企业赖以生存的环境。社会的认可程度对于企业特别是大企业非常重要，社区或社会可以为企业提供必要的生产物资、人力资源、政策支持、行业扶持等。当企业成长到一定阶段后，社区或社会能够给予企业以战略指导，在各类资源供给上给予支持，在防范和化解各类风险上给予支撑，让企业发展有"如鱼得水"之感。相应地，大企业要承担所在地、所在社区的一定社会责任，对于艰、难、险的项目要勇挑重担，要关心员工，关心社区，关心社会，吸纳本地区人员就业，注意保护环境，支持社区和社会的发展，从而赢得社会各方的认可。这是企业发展的重要根基。

## 二、强盛企业必备的十一个能力

企业从小到大，必将经历无数的艰难险阻，遭遇到无情的打压冲击，最终成为市场的强者。企业必须具备十一个能力，方能傲视群雄，成为行业的领先者。这十一个能力主要指战略洞察能力、市场经营与拓展能力、风险预防与控制能力、行业相关标准及政策的执行能力、技术与创新能力、自我修复能力、管理职责的合理分配能力、人才集聚力、稳定而持续的盈利能力、资产增值能力、全球化发展能力。

### 1. 战略洞察能力

具备战略洞察能力的建筑企业能从稀松平常的信息中洞察到企业发展的商机，嗅出存在的风险。建筑企业对于自己生存的环境（包括国际国内政治、经济环境），对于各类资源的拥有状态与开发前景，对于业界的动态（包括竞争对手、各类供应商的即时状况），对于行业科技发展及跨行业的科技创新等均了然于胸。企业有专门的战略咨询委员会与战略情报部门，尽可能多地收集各类情报供研究、决策使用。战略洞察能力决定着建筑企业应当走向何方，以及能走多远。建筑企业要以战略谋全局，为企业发展找到宝贵商机，在逆境来临时能够从红海中找到蓝海。

### 2. 市场经营与拓展能力

市场是建筑企业生存发展的依托，市场经营与拓展能力是建筑企业获得业主信任、取得订单的重要能力。建筑企业对于行业的发展与存在的挑战必须有着非常清晰的理解。企业一方面要继续维护与各方业主的良好关系，与各类主要业主、大客户形成互生共存、共谋发展的联系，保持在既有领域、地域的经营势头；另一方面，企业要时刻关注国际、国内新的经济增长点，对于新领域、新地域的拓展有着足够的敏锐度和坚强的耕耘能力。一时能取得订单不等于能长久取得订单。从现在普遍的低价中标情况看，建筑企业的市场经营与拓展工作必须依托企业技术领先、管理领先、低成本消化的支撑，从而保持自己持久的经营开拓能力。

### 3. 风险预防与控制能力

当建筑企业走在快速发展的轨道上时，决策者往往会被眼前的好景所迷惑，感觉一切资源都能调配过来，市场前景一片看好。其实，风险是时刻相伴的，企业成长越大发展越快，风险肯定成指数级增长。因此，要成长为市场大鳄，建筑企业提升自己对于风险的识别、预防及控制能力是极为重要的。正如一位赛车手所说的：比赛不仅是比车速, 更重要的是能踩刹车、避风险。建筑企业在任何时候都需要洞察风险, 包括市场、行业、竞争、信息、资源等各方面的风险, 并及时采取有效措施予以规避。值得注意的是, 当建筑企业在外部市场上成功规避风险时, 绝不能忽视企业内部管理中存在的风险, 特别是官僚、脱离基层、内部不公平等风险。

### 4. 行业相关标准及政策的执行能力

当建筑企业还处于微小成长时期, 对于行业中标准及政策的理解与执行会存在很多不到位的地方, 有些理解与执行时是模糊的, 甚至有的是故意不执行, 为的是减少成本压力。但当建筑企业走上正规发展、快速发展的道路后, 其对于行业标准、政策的理解与执行质量就显得尤为重要, 因为这是本企业在向社会各界显示自己在行业中是个规范运作的企业标识。而当企业发展到一定的程度, 就不再停留在被动的执行层面, 而是努力使自己成为相关标准及政策的制定者、参与者, 在规范标准的设立上为本企业赢得话语权, 进而直接有利于自己企业的发展, 甚至还能照顾一些相关的利益方, 实现共赢发展。

### 5. 技术与创新能力

技术与创新能力是企业的核心竞争力的体现。建筑企业无论大小, 都会关注技术管理工作。但企业要做大, 关键是大量技术性工作的积累、技术创新以及创新成果的应用。创新的关键是能够突破现有的技术, 引领行业技术的发展。对于建筑企业来说, 创新的范畴包括施工工艺的创新、应用工具产品的创新、材料应用的创新、信息集成管理的创新等。创新成果的应用是紧紧围绕企业的生产经营工作展开的, 能有效保证产品质量, 提高施工工效, 降低成本, 节省人力资源, 吸引客户关注, 等等。

### 6. 自我修复能力

每个建筑企业在任何发展时期, 都会遇到各种各样的困难和挑战, 有时会受到严重伤害与损失。这样的困难包括: 竞争对手的严重挤兑,用超低价把市场垄断，使企业的市场空间严重压缩；主要骨干的集体离职，甚至是主要高层的背离，使企业出现严重的人才荒；政策环境的变化，使行业发展产生困顿、迷离；企业管理出现严重漏洞，各类管理泡沫出现，企业危机的苗头被掩盖，直至危机爆发；资金链几乎断路，银行信贷困难重重，企业融资艰难，发展严重受损；等等。在发展遇到严重损害时，企业的自我修复能力就显得尤为重要。企业要未雨绸缪，早做准备，对各种困难有充分的估计，从人力资源、管理程序、政策研究、环境分析等方面入手，从而使得企业在困难、挑战来临后有足够的资源储备、管理方案来应对。

### 7. 管理职责的合理分配能力

几乎所有的企业领导都会认为自己是职责分配的高手，但事实情况却往往相反。从众多部门及员工忙得不亦乐乎而有些部门及员工却比较悠闲这种现象，就可以得知管理职责的合理分配也是一种能力。当然，这里也要合理区分脑力劳动与体力劳动、创新工作与简单重复工作在表象上的区别。能做大做强的企业，必然具备高超的职责分配能力，尤其是横向的职能分配及因人而异分配的能力，从而确保管理的无缝衔接，并把人的主观能动性充分调动起来。另外，企业对于纵向的各职能部门、分管负责人的职责能清晰地界定。分管领导具有战略思维，能洞察岗位执行前景、可能遭遇的障碍等，是集教练、学者、市场专家于一身的人；而职能部门是执行机构，部门经理的职责是抓好工作的落实，抓住过程管控，反馈执行结果，纠正偏离事项等。

### 8. 人才集聚力

企业的第一资源是人才，在留住人才上面，几乎所有的企业都会提到人才凝聚力。这可能更多地表示企业还在成长过程中，因为处于成长过程中的企业需要去凝聚人才。而人才集聚力就不一样了，很多人才会主动到一个具有人才集聚力的企业那里去。任何企业都可以在人才市场上招聘到各自所需要的人才，或者从各高校中招聘到心仪的应届毕业生。但是，如果一个企业缺乏足够的人才集聚力，那么主动奔向该企业的人才就会减少，企业原本招到的人才就会流失，企业就无法做大做强。而赢得人才、集聚人才的关键因素包括：有优秀的企业文化、工作舞台、培训机制、科学的人才培养和使用机制、激励机制等。企业在成长的过程中，还要鼓励小单位的独立性成长，并做好员工的共同成长，尽可能增加员工在本岗位晋级的可能性，促成人才的集聚。

### 9. 稳定而持续的盈利能力

盈利是企业经济运行管控质量的反映。很多建筑企业可以抓住某一个生产经营过程中的机会，获取利润甚至是巨额的盈利。但如果缺乏科学的管理方法，缺少稳定而持续的盈利能力，那么企业的发展空间是受到限制的。要成为一个强大的建筑企业，就要在这方面下功夫，主要的措施有：保持稳定的关键客户流，拥有强大的科研力量以保持低成本运行能力和创新能力，实施科学的项目过程管控机制，有健康的履约保障机制，确保核心员工的持续学习与成长，有强大的经济运行管控实力，针对管理上的薄弱环节有打歼灭战的勇气和智慧，有可控的外包管理，有高超的材料与设备的价格谈判力，等等。

### 10. 资产增值能力

当建筑企业的盈利持续增加时，企业的资产也会增加。一个运行良好的建筑企业也需要理财，让资产增值。这里的资产包括企业拥有的货币、证券、房产等。一个大而强的企业，除了生产经营所必需的现金流外，更多的应该是拥有增值的资产，因此就涉及各类投资。建筑企业应当为自己的长远考虑，进行必要的投资活动，投资的方向包括基金、证券、不动产收购、项目开发等。建筑企业还需要放眼到企业内部的管理要素上，要把一定的投资放在优秀的、有市场前景的下属公司上，投资到优秀的员工中去。这些资产会让企业拥有更快速的增值机会。好企业也要设法去控股其他优秀的公司，以获得更大的市场空间和资产升值空间。

### 11. 全球化发展能力

要成为一个强大的建筑企业，就要具备全球化的视野和能力。纵观所有位居世界前列的超大型企业，无一不是全球化运作的企业。况且，全球化的确拓展了企业的发展空间，增加了资源配置的来源，使得企业可以充分利用地区间的价格差异来实现低成本运作，寻找全球的价值洼地进行新的生产经营工作。全球化发展主要表现在以下几个方面：企业管理层拥有全球化的战略思维，有全球化的人才配置能力，全球化的各类资源采购与配置能力，市场业务实现全球化，生产运营管控全球化，等等。作为一家有决心全球化的建筑企业，要充分依托国家的发展战略，能够在全球化发展的同时，具有扎根当地、融入当地的决心和能力。

## 三、强大建筑企业要面临的六次洗礼

建筑企业要傲视群雄，真正成为强者，除了上述的七大成长要素和必需的十一大能力外，还要正确面对成长道路上的各类挫折，要有承受重大压力的准备。只有经历了下述六次洗礼，才有可能在王者宝座上坐稳。

### 1. 管理理论的革命性突破

很少有建筑企业认为，自己的成长需要管理理论的指导，特别是符合自己特色的管理理论。事实上，单纯依靠朴素又残酷的市场竞争是难以维持强大的局面的。现在市场上很多企业已经成长为大企业，它们的发展之路或多或少会符合科学的管理理论，管理者也在日日反思如何克服困难，突破困局，成就事业。诚如《国富论》出现于英国，让英国成为几个时代的佼佼者；张瑞敏提出人单合一理论，让海尔集团在互联网时代继续保持家电行业的超级航母的地位。一个企业的确需要有管理理论的革命性突破，来指导企业在发展的道路上实现超越和保持领先。

### 2. 技术的革命性突破

一个企业如果在市场竞争中一味跟随着行业大流亦步亦趋，那是很难成为同时代行业的弄潮儿的。要成长为强大的企业，必然要在技术上有革命性的突破，进而拥有真正的核心技术，且很难被同行所复制。对建筑企业来说，这样的核心技术应当表现为以下理念：建造的速度与效率的提升、建筑产品质量的优质保证、绿色环保理念的推行、轻型优质耐久建筑材料的研发、品质保障下的平价甚至低价成本等。当代符合这些理念的有：装配式建筑、被动式建筑、BIM（成本 + 时间）、管理信息系统与上述理念的集成等。接下来，建筑企业还会在超高层（比如沙特建设 1500 米高的超级建筑）、超深，甚至是深海施工、深空施工等革命性技术上进行探索。

### 3. 卓越人物的出现

纵观所有超强企业，都有至少一个卓越人物或者是卓越人物与他的优秀团队在引领企业的发展，比如：比尔·盖茨之于微软、扎克伯格之于脸书等。建筑企业概莫能外，无论是民企还是国企，要傲视群雄，企业中必然有一个以上业内的卓越人士，其无论在战略洞察力、企业管理，还是在领导亲和力、执行力等方面，都足以率领员工克服困难、砥砺前行，使企业取得傲人业绩，成为行业翘楚。这样的卓越人物有着敏锐的思维、宽广的视野、独立的思考方式、抽丝剥茧寻求管理答案的精神，更重要的是，他能够顺应时代的发展，看得到发展之路，把企业领向巅峰。

### 4. 宽松的交流氛围

客观地说，有着宽松民主气氛的公司，其凝聚力、思维发散力比其他公司更强，更能够在困难的时候鼓舞士气，在稳步发展的时候凝聚人才。去过一些特大型企业的人大多都有这种感受：他们的高层是平易近人的，提意见是随时可以的，不用有什么心理负担；工作氛围是相对宽松的，工作中甚至可以喝喝茶、聊聊天，这样有利于冲撞出火花，理出管理思路，提出设计构思，寻找解决方案等。公司在做大的过程中，管理层级不断增加，而企业如果要做强，高层就需要直接触摸到基层一线，了解真实的第一手资料，而不是仅仅听取下一层级领导的汇报等。能否增加与普通员工宽松的交流机会，捕获重要管理信息，是对高层领导的考验。

### 5. 数字化管理的强力参与

数字经济已经不可避免地进入了现代社会，企业在大数据、云计算、物联网等面前必然有所作为。对建筑企业而言，不是简单地会使用互联网、使用计算机软件或是几个管理软件，就是进入数字化管理了，这只是面子工程而已。在数字化管理上，建筑企业使用互联网，不仅是自己能方便，更重要的是能够让客户方便利用信息，让业主方便地选择项目经理、选择项目管理班子，了解建筑企业的管理人员能力：曾获得多少荣誉，有多少科技进步，有多少实际施工案例，客户分布如何，资源管控及利用能力如何，有怎样的地域分布，有怎样的企业文化，有怎样的社会责任意识，有怎样的创造精品能力，等等。通过互联网，客户还能方便地知晓施工过程中的信息，包括材料、劳务、进度、成本等信息。网络及数字化管理逐渐成为企业与客户及社会各界沟通价值观，以及实现客户投资增值、社区和谐发展的最佳平台。

### 6. 残酷竞争对手的出现

说是残酷，那是因为当企业成长到足够强大时，其竞争对手也变得足够强大，无论从人才配置、资源集聚、市场竞争、生产管控、客户拓展、社会协调等各方面，都不输于本企业。这样的对手，会令企业发展受到各种阻碍、挤压，使企业发展空间和效率受限。但是唯有这样的竞争对手才会逼迫企业去反思、去动脑筋：如何补短板，怎样聚人才？怎样把各类生产要素用低成本集聚起来，通过自身竞争力的加强把失去的市场夺回来？怎样才能把利润提上去，在社会上加大影响力，扩大在行业中的话语权，拓展自己的客户群？只有经历了最残酷竞争的洗礼，企业才能真正成为令人尊重的强者。

## 四、建筑企业强盛的八个标志

当一个建筑企业逐步成长为行业标杆，在各个方面都领先于行业对手时，其卓尔不群的气质是无法掩饰的。这样的气质是令人赞叹、信服、尊重的，并让其他对手在竞争中反思、学习。具体来说，建筑企业在强盛时期有以下八个标志。

### 1. 对于行业标准的制定有话语权

正因为企业在技术、管理等方面的突破，才会有后来企业发展至强大的现实。此时的建筑企业已经在本行业领域中纵横驰骋，对市场、资源、人才、管理等驾驭自如。在这个阶段，建筑企业因在各方面管理上的领先而成为行业标杆，其先进的管理制度、技术标准等逐步演化为本行业的标准。同时，当本行业在制定相应政策、标准时，企业也有足够的话语权，并以此获得相应利益。企业在设置技术壁垒的过程中，通过维护众多其他企业的权益来实现自己更大的抱负，进一步巩固自己的行业地位和收益。

### 2. 创造精品成为企业的寻常事

企业在成长的过程中，质量创优是一种追求的目标，但往往只有少数的工程产品能真正达到优质的水平。而企业成为强者之时，普遍的高品质产品才是其立足市场、吸引客户的根本原因。纵观各行各业，基本都有自己的精品，如汽车行业有劳斯莱斯，时装行业有阿玛尼，化妆品行业有爱马仕，酒店行业有柏悦，等等。这些精品为企业带来了额外的超值利润。目前建筑业还在低价处挣扎，根本原因是建筑企业的创造精品能力不足。虽然在各个不同的时期社会上都有建筑精品留下，但很难保证每个建筑企业的每个工程都是精品。当建筑企业成为市场领先者时，其鲜明的标志必须是每个工程都是精品。只有通过质量精品的保证，企业才能享受价格溢价，并继续在质量精品上保持强大的研发势头。

### 3. 有各种领域的领军人物

建筑企业的发展应当是保持各管理环节均衡发展。企业可以在某个特定时段、某个领域有特长，但要真正成为强大的建筑企业，就绝不能忽视全盘的领先优势。企业要强大，需要有领军人才，但如果只是在某一两个领域有领军人才，那么就可能呈现为偏向式的发展，这是不利于实现企业全面快速发展的。现在很多企业都重视在技术上有领军人才，其实，一个被社会广泛认可的强大企业，必然在战略管理、人力资源管理、财务管理、技术管理、质量管理、生产运营管理、市场经营管理、经济运行管理等各方面都有领军人才出现。这些领军人才在自己的领域有成熟而领先的管理理念，能率领团队很好地执行任务。只有这些领军人才携手共进，才能使企业有足够的资本傲视群雄。

### 4. 有极强的市场号召力

市场号召力主要是指建筑企业能够以我为主，在市场的拓展和开发过程中，团结同行的主要企业，突破市场的束缚，共同维护本行业的利益，并能够抓住时机，创造新的市场机会。一个强大的建筑企业必然能够与业主共同创造建筑产品的价值，当市场利益受到损害时，能向业主提出合理的诉求；当遇到极大的困难时，可以号召同行业一起做出合理的反映，维护建筑企业的稳定性。强大的建筑企业还能创造市场，通过其卓越的市场号召力，来呼唤同行一起参与制定竞争规则，保证自己在竞争中的合理权益，并带动建筑企业群体的发展。

## 5. 有强大的市场价格谈判能力

市场价格谈判能力主要表现在企业能够清晰地知晓自己的生产经营管理成本底线，对于各类税务、造价等有相当强的话语权，甚至能直接参与或影响相关政策的制定。当市场价格出现异常波动时，企业能够从容应对，可以摆脱被市场任意斩价的窘境。这样的能力来自企业长期的管理积累和失败总结，来自企业的科技创新和管理创新，能够消化低成本带来的压力。所以，足够强大的市场价格谈判能力，反过来又促使企业能够保持低成本的竞争优势，形成良好的建筑行业生态环境，有利于满足业主和社会的需要。

## 6. 能承担巨大的社会责任

任何企业都不可能独木成林，作为一个强大的建筑企业，必然与所在的社区、城市甚至是国家的命运息息相关。所以，建筑企业必须要为社区、城市等的发展做出贡献，能够承担巨大的社会责任。其主要包括：合理利用当地的资源，保持行业和社会的稳定，推动技术进步，维护员工权益，维护社区城市的利益等。当有困难出现时，企业要冲在前方，敢挑重担。特别是当经济出现严重困难时，企业能够发挥稳定器的作用，采取投资于社会、果断吸纳用工、保持市场稳定等措施，从而确保一方安定，在各界赢得良好口碑，也为吸纳更优秀的人才、吸引各界业主等创造了机会。

## 7. 树立起行业领头羊的旗帜

作为一个强大的建筑企业，它不再是跟在其他企业后面亦步亦趋，而是能够在多个方面处于行业的领先地位。其表现在以下四个方面：一是企业管理理念的领先，能够悉心体察行业的发展趋势，提出并践行适合行业发展的管理理念，推动企业的健康快速发展；二是科技领先，如在智慧建造、信息集成等方面具有独到的优势，并保持研发劲头；三是人才领先，有充分的人力资源满足发展需要，特别是在综合型人才培养方面处于绝对领先地位，能够把设计施工一体化、施工预算一体化、管理施工一体化等人才集聚起来，提供企业发展的充足后劲；四是企业文化建设领先，有清晰而恒久的企业核心价值观，有持之以恒的实践核心价值观行为等。

### 8. 对于行业的发展具有重要影响力

当建筑企业发展到一定的规模和高度时，其对于行业发展影响巨大，具体表现为：能有效维护中小企业的利益，形成互补机制和利益共同体，让中小企业成为特大型企业的战略伙伴。在进行全球拓展时，能够积极参与国际相关贸易的谈判，维护国内行业利益。建立起行业内相关管理标准和技术标准，有利于推动相关企业的发展。构建与业主的谈判渠道和机制，维持行业稳定，避免超低价恶性竞争或超高价垄断性竞争，形成企业与业主的双赢。推动行业人才辈出机制，向社会输送高素养人才。建立起各类资源的多渠道、合理获取与保障机制，合理规避外来壁垒。延伸行业的发展周期，保持行业的发展持续力。带动行业处于各产业群的高位，推动行业健康向前发展，为社会做出重要贡献。

## 五、建筑企业避免盛极而衰的七个方法

"高处不胜寒"不是一句空话，对企业而言，笑傲市场的鼎盛时期往往也是危机快速增长、积累的时期。当企业上上下下均沾沾自喜于取得的辉煌业绩时，温水煮青蛙的事情就有可能发生。企业管理上稍有不慎，就有可能只是享受最后的余晖，日渐式微。要避免盛极而衰现象的发生，建筑企业可以采取以下七种方法。

### 1. 建立不断反思的机制

建立反思机制是需要企业管理层不断反思自己的战略目标和方向的正确性，反思管理制度的制定是否合身，制度的执行是否有效，员工是否有向心力，企业高层与基层是否能同甘共苦、勠力同心，等等。这样的反思主要体现在两个层面。首先，最主要的是战略层面。此时的反思内容包括：对竞争对手、政策环境、发展机遇、面临挑战、拥有资源等

的分析是否充分、正确，制定的中长期战略规划是否适用，修正战略的时机是否合适，主要的竞争战略与措施是否得当，企业发展速度是否适中，是否要进行战略调整，等等。只要大战略正确，企业基本上就能度过很多危机。其次是战术层面。此时反思的内容主要是：各类决策是否及时，执行力是否强，官僚主义是否严重，形式主义是否盛行，全面预算是否合理，勤俭办企业是否能坚持，等等。只要战术正确，就能保证战略的执行，确保企业在科学发展的正轨上快速健康前行。

**2. 秉承继往开来的传统**

有些建筑企业一旦在发展上达到一定的高度，有的管理层就会将一切归功于自己的劳苦功高，过高地估计了自己在企业发展中的作用，而忽略了前辈们在企业发展中呕心沥血的付出。尤其是一些职业经理人，会忽视上下传承的力量，忽视保持团队合作共赢的局面。因此，对于建筑企业来说，秉承继往开来的传统是规避风险、继续前行的好方法。继往开来，就是要继承企业先辈的事业，开辟企业未来的发展道路。对于企业的员工特别是高管而言，一定要把前辈开创的事业很好地承接下来，保持优良传统和作风，继续提高市场竞争力；接着，就要致力于开辟新的疆域，积极寻找蓝海，提高核心竞争力，把事业进一步做好。继往开来的过程关键在于创新，包括管理的创新、技术的创新，尤其是思维上的创新力、战略上的洞察力，使企业保持基业长青。

**3. 具有割除陋习与扬弃的决心**

建筑企业发展到一定的程度，其正能量在不断积聚，同时负能量也会与日俱增。这些负能量伴随着企业的发展而产生，主要有：官僚主义出现，信息沟通出现障碍，有的高层可能忘记自己是从基层走过来的；管理面太广，管理的触角无法遍及所有生产经营角落；管理层级过多，高层往往接触不到基层；可有可无的管理鸡肋出现，程序繁杂导致管理效率过低；企业的经济运行出现了偏差，即使当前企业的盈利能力充足，却不知道企业已进入"金牛"状态，再运转下去就会困难重重，项目亏损等问题将不期而至；出现众多非正式组织，但缺乏有效的疏导，人际关系复杂，影响企业文化的建设；管理上出现任人唯亲，导致管理能力下降；在人力资源管理上出现障碍，表面上知道招聘各类名校、优势专业的生源，但实际上却不知道究竟派什么用场，如何去培养，更说不清不同学校不同专业的具体区别，对于员工的不同能力缺少真实区分；沉醉于过去的功劳，在新领域的业务拓展进度缓慢等。这时候的企业，最需要高层领导具备凤凰涅槃的勇气与智慧，甚至要有壮士断腕的决心和意志，果断割除各类管理上的陋习，实行扬弃战略，去伪存真，不断提高管理执行力，这样才能保持企业在正确的轨道上运行。

### 4. 及时补充新鲜血液

建筑企业在各个时期都需要补充新鲜血液，特别是思想上的新鲜血液和人才上的新鲜血液。随着企业的不断做大做强，从上到下可能会产生沾沾自喜的感觉，思想上对于创新会有懈怠，对于外界的变化会产生规避。针对这一现象，很重要的一点就是在思想上不断输入新的思维，交汇不同的思想，敢于突破已有的框框，摆脱对现有的盈利模式和发展路径的依赖，探寻新的出路。另外，保持人才的新鲜度是企业长盛不衰的法宝。企业要持续引进、培养新鲜的血液，特别是培育好与时代同步的人才，保持主业人才的领先地位和各专业人才的多样性，形成良好的人才迭代机制，以老带新、以新辅老，让企业始终占据人才高地并大有作为。

### 5. 培育出色的学习能力

这里的学习能力不仅仅是指员工个体的学习能力，更重要的是企业团队的学习能力。一个人的精力毕竟有限，所学专业知识的深度、广度是受限制的，而整个团队的学习则完全不同。当一个个小的团队都努力在各自所属的领域孜孜不倦地学习、感悟、探索、实践时，其产生的能量是巨大的；当整个企业团队都成为真正意义上的学习型组织时，其爆发出的开拓、创新、进取精神和发展潜能是无比强大的。学习能力是需要不断去培育的，就像滚雪球一样，初期是微小的，但随着时间的推移，雪球越滚越大，知识的积累将会呈现几何级数增长。在不断积累知识的基础上，学习能力得到进一步加强，企业也拥有了不竭的前进动力。

### 6. 锤炼对政策环境的适应发展能力

对每个建筑企业来说，政策环境的变化是永远存在的，尤其是在经济全球化背景下，由资源的不平衡、贸易的不平衡、环境的不平衡等所引起的政策环境变化就更大。对于一个强大的建筑企业来说，规避变化所带来的风险是一种策略，而锤炼企业对政策环境变化的适应能力更是一门必修课。这种适应是主动的，包括人才储备、资源储备、技术储备、战略转型、业务调整、区域调整、管理流程调整等各个方面，还包括企业主动对接区域的政府、社区等部门，用自己的真诚与实力去尽量赢得发展空间，同时也为所在地区经济社会发展做出应有的贡献。

### 7. 培养忠诚于企业与事业的人才

如何培养忠诚于企业与事业的人才是对企业高管的终极考验。在传统的思维下，在培育团队的过程中，很多管理者都会不自觉地要求他人服从自己的管理，成为自己的"圈内人"。虽然这样做的出发点是好的，是为了自己所在团队的利益，是为了企业的发展，是为了上通下达的便捷等，但从企业更高的利益来考虑，培养忠诚于企业和事业的人才的重要性要大大高于培养忠诚于管理者个体的重要性。只有企业才能代表所有员工的利益，只有事业才能代表每个员工的追求。很多时候，有的管理者会分不清下一层级的管理者究竟是敬畏自己位置上的权力，还是被自己的个人魅力所折服。因此，企业要真正成为强者，唯有弘扬优秀的企业文化，树立起重用忠诚于企业与事业的人才的大旗，这样才能傲视群雄，迈向强盛，成就大业。

# 第五节 建筑企业发展分析

中国的建筑企业乘着国家经济快速发展的东风，已经同步获得了快速发展的红利。其中，大型的建筑企业更是插上了腾飞的翅膀，产值规模、资金实力、人才积淀等都有了长足的发展。现在，中国的经济发展开始进入新的模式：增长速度上，从高速增长转向中高速增长；经济发展方式上，从规模速度型粗放增长转向质量效率型集约增长；经济结构上，从增量扩能为主转向调整存量、做优增量并存的深度调整；经济发展动力上，从传统增长点转向新的增长点。在这样的新形势下，建筑企业的发展将会出现相应的一系列变化，以下就从十个方面进行相关发展分析。

## 一、企业的战略规划制定更趋科学化

建筑企业将高度重视战略发展规划的制定，从世界经济、宏观经济等多方面分析自身发展的空间和环境，广泛细致地研究竞争对手，深入剖析自身的优势劣势、经验得失，结合自身特点，科学合理地确认发展目标与定位，清晰描述发展路径，引领企业健康、持续发展。企业将设立专家咨询委员会，并真正运作起来。专家咨询委员会将在战略制定、高级人才聘用与培养、重大经营决策等方面帮助企业，并发挥巨大作用。独立董事在各集团公司、独立法人公司中出现，他们将在重大决策中发挥独立参谋作用，发出科学的"不同声音"，制衡各个圈子的力量，保持企业健康运行。企业将会考虑制定 15 ～ 20 年的长期发展战略、5 ～ 10 年的中长期发展规划、2 ～ 3 年的中短期发展规划，并进行滚动调整，以更科学地符合企业实际运行和未来的发展需要。企业对竞争对手的分析更全面，对市场的分析更科学，与国家发展战略的结合更紧密，战略发展规划真正成为引领企业发展的重要纲领。

## 二、企业的资本运用手段愈加成熟规范

企业无论大小，都需要在资本的管理上下功夫。中小企业通过适当的银行信贷筹措资金，用于生产过程、购置先进设备、人才储备与培养等方面，以取得超过同行平均发展速率的扩张。大型建筑企业则能够与金融集团联手，开辟良好的融资渠道，把资金放在有巨大发展潜力的版块上，助推主业快速发展。有战略眼光的企业将会投资海外企业，帮助拓展主业的发展空间，特别是现在由我国倡导的"一带一路"建设，更是为企业提供了莫大的发展机遇。有雄心和远见的企业将在境内发行企业债券，甚至在国家支持下在境外发行企业债券，实现企业和国家的战略利益。在资本的合理运用下，企业可以大显身手：在产业链的拓展上，实施并购大型、有实力的施工企业或设计院；在城市建设、城镇化推进中，直接化身为城市建设的运营者，一举多得；已经上市的企业在证券市场上再融资，在分享中国资本市场大发展盛宴的同时，挪出足够的资金来实现自身的产业现代化；具有相当发展潜力的建筑企业将在上海、深圳的证券交易所上市；有全球化布局的建筑企业还将在境外的证券交易所上市，以更好地服务于企业全球化战略的实施。

## 三、企业文化真正体现出引领作用

企业文化是引领企业健康快速发展的灵魂。建筑企业的各级管理层将更加重视企业文化建设的重要性，企业文化将成为企业吸引人才、开拓市场的利器。在企业文化建设过程中，其核心价值观将会沉淀下来并发扬光大，同时企业将会培育各管理层面的价值观。比如：对业主是客户关系管理，对员工是职业生涯设计，对上游链是满意服务与价值创造，对下游链（如劳务作业分包等）是战略合作伙伴，对各类供应商是合作共享双赢，对社会是同生共存、共同发展，等等。企业将会明白，一个明晰的愿景比管控更重要，一个

坚定的信念比指标更重要，一个优秀的团队比个人更重要。企业文化建设不再停留在肤浅的作秀层面，不停留在口号上，也不停留在事后总结上；事前策划更具号召力，深入人心才是价值所在；从领导到员工，无不对企业文化满怀崇尚之情；换位思考可以推进企业文化建设，领导能从微观角度来思考问题，员工能从大局思考以完成工作，抛弃与本企业核心价值观相背离的理念和做法。

## 四、人力资源管理更注重开发与培养工作

人力资源开发管理中，企业注重每个员工的个性发展与企业发展的结合，员工的职业生涯设计工作不断推广，员工的知识积累、技能提升、综合能力提高等大数据正在生成，并为企业用人提供科学依据。在人力资源培养中，任职资格的取得、绩效管理等愈发重要，企业的薪酬设计更加科学，个人的综合能力、劳动生产率、效益创造能力等将得到充分体现。在人力资源管理过程中，将会引入外包机制，由专业机构（"外脑"）来代为执行大量的具体事务。"外脑"将会发挥巨大作用，从单方面的人力资源管理咨询发展到全方位的管理咨询。猎头方式成为常态，不只是聘请企业外部的专业猎头公司寻找管理人才，企业内部也是主动出击，在市场上寻求契合企业发展的好手。各类注册人员成为真正的管理主体，无职业资格、无岗位证书、无资质的"三无"人员在企业中会深深感到职业危机，必然积极培养自身新的特长。员工培训成为重要一环，内容从注重管理制度的执行到涵盖企业的期望、作风建设、团队打造等。中高层的管理培训成为常态，让企业的各级管理人员的知识储备跟得上时代发展的步伐。大企业与著名高校或专业形成合作联盟，企业成为吸收优秀学生、开发前沿科技的重要平台，校园招聘成为企业展示形象的窗口。有志向的企业将会开设或拥有自己的管理院校，使各级管理者有妥帖的深造平台。

## 五、科技研发成为重要支撑

建筑企业的科研预算经费大幅增加。企业不再是为了获得某些称号或优惠措施而在事后才总结相关科研的投入，而是主动根据行业的发展和企业的需要策划相关课题，进行大量科研的投入，并从科技研发中获得真正的实惠。企业将更多地依赖科研成果的转化应用来谋求生产经营的突破。大大小小的科技成果高度影响着企业的现在和未来。科研最直接的影响力体现在核心竞争力的建立和降本增效上。在争取省部级、国家级科技进步奖的同时，企业还设立内部科技进步奖，以鼓励员工智慧的充分发挥。企业对群众性的科技活动给予更大支持，每个项目部都针对自己的项目特点，来设立自己的专项技术课题。专利、工法、QC等各项成果的取得成为企业科研技术人员的日常工作。企业总部对本行业的发展趋势有深刻理解，对科技未来的走势更具独到见解。企业因为在科技上的前瞻性，从而在同行中拥有重要话语权。不同类型的企业都致力于成为重要行业标准的制定者和积极贯彻执行者。企业利润产生的重要原因是科技的快速进步和相应成果的应用。

## 六、劳务作业人员成为真正的建筑产业工人

建筑企业将发展自己的产业工人队伍，这些建筑工人不再有"农民工"的标签。他们将接受专业培训，持证上岗，成为城镇化建设中的重要一员。"农民工学校"将转化为职业技能学校，培养新型建筑产业工人。大型的建筑企业将自主开展本企业工人的培训考核工作，建筑工人都将拥有自己的技能晋升通道和职业发展前景。建筑工人将成为真正的现场施工作业人员，而不再仅仅是简单听从所谓的管理人员的差遣；他们熟悉图纸、熟悉专业施工，熟悉安全、质量等知识，这既为确保建筑产品的高品质打好了基础，也为杜绝重大安全事故创造了可能。有技能的建筑工人, 特别是中级工、高级工等将成为香饽饽,

他们的薪水可能会超过部分管理人员。建筑工人将有足够的社会保障、医疗保障、失业保障，使他们成为城市的重要组成部分。复合型的建筑工人将逐步出现。随着建筑机械的广泛使用，以及自动化作业、装配式作业的推广，现场的施工环境得到很大改善，高职院校毕业的学生也会有志于从事技能作业岗位。他们将精通多个工种，熟悉管理，成为稀缺人才。部分高技能人才会向知识型、研究型、创新型方向发展，促进建筑行业整体技能水平的提升。

## 七、信息化管理成为管理的必然

随着信息科技的发展，"大平云移"（即大数据、信息化平台、云计算、移动）将正式进入建筑行业。涉及企业管理、工程管理、经济运行的各类大数据日益得到重视，擅长统计分析的人员成为稀缺人才，他们是企业科学发展的高级诊断师。各类大数据经过充分的收集、开发、整理，直接作用于各方面的决策。各种类型的项目应具备何种条件？项目的成本线在哪儿？如何进行员工职业生涯设计的个性化定制与跟踪？如何进行企业管理定额的编制？诸多问题都将迎刃而解。建筑企业纷纷建立自己的信息化管理平台，项目管理系统、成本管理系统、ERP 管理系统、人力资源管理系统、办公自动化管理系统等关节一一打通，数据实现共享。云计算逐步成为可能，传统的工程软件转变成互联网产品和服务，产品型的商业模式转变成平台型的商业模式。工程项目中所涉及的各单位人员可以共享授权下的管理数据，及时解决跨组织的数据信息应用问题。移动办公大规模进入建筑企业，管理人员可以通过手机、电脑等各种终端，随时访问项目、企业的信息与数据并及时处理。BIM 技术加快应用步伐，"互联网 +BIM+3D 打印技术"使智能建造成为可能。高智能信息交流使管理扁平化，前方单个施工管理人员将会得到总部乃至高层的直接指挥，办事的效率与质量实现飞跃。

## 八、总承包、总集成管理能力愈加突出，专业公司更具生命活力

在建筑市场上发展游刃有余的企业基本上都具备总承包、总集成管理能力，或具有突出的专业施工与管理能力。大型的建筑企业将致力于发展总承包管理能力，从施工总承包向工程总承包、项目总承包方向发展，不断拓展产业链，获取高额附加值。项目管理班子将利用在管理、资金、技术、资源等方面的优势，制定管理标准，规范管理程序，通过契约、商务、技术等管理途径，合理组织各类资源，对分包实行统一的指挥、协调、控制和监督，确保项目完成。在社会化大生产、高度分工的背景下，建筑企业将大力发展总集成管理能力，以自己的专业特长为基础，通过设置管理标准，开展技术、资源、智力、工艺流程、信息等集成管理，使社会资源和社会产品发挥更大效用，从而做大企业的规模并增强企业的实力。具有明显专业特色的企业，将明确自己的生存发展定位，不断强化自己的特长，在众多总承包企业的包围下快速成长，并受到市场的欢迎。自我管理能力突出的企业，其资源配置效率提高，通过合理组合有限的生产、管理要素，劳动效率高于同业平均水平。企业的创精品能力提升，企业内部标准将高于行业、国家标准，企业的品牌建设得到高度重视，含金量增加。

## 九、市场布局更趋合理，国际化管理趋向成熟

经过多年的大浪淘沙，各建筑企业在如何获得自己的市场份额方面已形成了自己的风格，其市场布局更趋合理，与自己的战略利益相吻合。企业的属地化经营正常开展，与重要竞争对手成为合作伙伴，在站稳市场的同时，谋求更大的"蛋糕"。大型建筑企业之间、建筑企业与业主之间出现相互参股的情形，甚至有些大型建筑企业参股于某些特定的商业银行，为自身发展插上腾飞的翅膀。中国现在开始的"一带一路"建设所带来的建筑商机，必将成为中国建筑

行业乃至世界的盛事，有眼光的建筑企业，将布局新疆，推进与中亚、西亚的交流合作；将布局陕西、甘肃、宁夏、青海，推进内陆开放型城市建设；将布局黑龙江、吉林、辽宁等地，放眼于俄罗斯、蒙古等市场经营；将布局广西、云南，开拓东盟、南亚等市场。借着"一带一路"建设，建筑企业的国际合作更加频繁，国际化管理将更趋成熟，懂管理、法律、外语的人才成为稀缺人才。企业不但将更多地参与国际重大项目的投标，而且能自主开展发达国家相关项目的建设。"外脑"将进入企业高层，真正全球化管理、跨国经营的大型中国建筑企业呼之欲出。

## 十、企业社会责任成为日常自觉行动

承担社会责任越多的企业将会赢得更多的尊重，特别是当全社会崇尚社会责任的时代到来，舆论导向将引导业主选择承担更多社会责任的企业。建筑企业将在绿色低碳方面开展富有成效的探索实践，绿色施工成为每个项目部的自觉行为，循环水利用、清洁能源利用、再生材料利用、BIM 技术利用、低碳排放等将在绿色施工中唱主角，保护环境成为必然。具有高度社会责任感的企业，将在生态环境保护、生物多样性保护和应对气候变化合作等方面有所建树，使自己在国际上树立良好形象。在各类大型、综合型的国际绿色论坛上，中国的建筑企业将频繁亮相，发出与其身份对应的绿色声音。建筑企业将关注企业周边的社会状况，积极使用属地化员工，提高当地就业人员的用工率；在当地积极上缴税额，开展多种形式的社区服务活动，融入当地，成为受当地政府、社会、居民欢迎的高品质企业。企业不断关爱员工职业健康，关心员工体检、就餐、休息、住宿、娱乐等方面的情况。体育活动也不再是刚毕业几年内大学生的专利，企业员工有更多机会参与各类群体性活动。企业注重员工的工作生活平衡，保持员工的身心健康，塑造优秀的员工群体。

# 第六节 在线管理分析

在线管理是信息化时代的必然趋势，建筑企业越早认识到在线管理的优势，就将早一天从中获益。时代在推着人走，管理必须跟上时代的步伐。建筑企业的在线管理，原本有着一定的基础，但是很多数据信息太零碎，很多企业没有系统地去分析、策划、布局、实施、管理。实际上，在线管理可以从统揽全局的角度去看待，从经营、生产、运营、综合管理等各个角度去实施，从而提高企业的运营效率。

## 一、在线经营管理

### 1. 加大企业经营的广度和深度

建筑企业面对的市场是非常广阔的，从国内到国外，建筑产业几乎渗透到了每一个地方和角落。但是，从建筑企业市场经营的深度和广度来说，大量的企业只能在浩瀚无比的建筑市场上获得一小部分的市场份额，就算是超大型的建筑企业集团，也只是在众多建筑市场蛋糕中分得一块蛋糕，绝不会存在市场通吃的现象。单从经营的广度来分析，通过新生的在线经营，企业可以充分利用网络的优势，几乎无边界地去了解广大客户的投资动向、市场热点、当地的建筑市场环境、各类生产要素资源的供应与配置情况等，可谓经营遍及所有区域。另外，建筑企业可以利用网络的特点，来加大经营的深度，可以有选择地向业主和潜在客户发送本企业的相关信息，加深与业主等有关人员的互相了解，辅之以现场考察等形式，使经营工作更有成效。

### 2. 提高经营情报的细分度

经营情报的细分度可以通过大数据的统计分析而得到。建筑企业可以在企业正常生产经营的过程中，注意收集各类相关数据，主要有:

区域市场的分布情况、国家及当地的宏观经济政策环境、本企业的适应情况、货币的供应情况、重点客户的动态、潜在客户的发展孕育情况、与行业关联的经济金融动态、主要生产要素供需的变动、各类材料的价格变动趋势以及仓储情况、劳务作业人员的从业意愿及供需情况、各地区的土地供需情况、建筑业相关专业技术人员的供需情况、相关专业技术人员综合能力的发展情况、有关部门对于人才发展的战略分析及具体人才落地措施、竞争对手的发展情况与战略分析、竞争对手的报价策略及应对策略、潜在竞争对手的发展情况、相关税务法律法规、行业内重大安全质量环境事故分析及其影响、社会重大公共卫生事件的发生、地区重大事件的发生、国家及国际性重大体育赛事的举办、重大进出口贸易情况的变化、重大工业商业港口机场铁路等项目的布局、各地区人均收入与人均消费对于建筑业的影响、科研院所高校等在建筑业上的学术成果科研成果等发展情况等。大数据的分析应当全天候24小时收集，可以按日、周、月、季度、年等周期进行分析，为企业的经营提供足够分量的重要决策信息。

### 3. 开展精准化经营

精准化经营的核心是建筑企业利用相对有限的经营资源，提高经营的效率，来保证经营工作的正常开展。从在线的角度分析，建筑企业的经营部门需要在各地区布点，利用各种信息的触角和渠道，对各类业主的情况做充分的市场调研，进而利用互联网的优势，随时进行业主信息的相关调整，并实时提供给经营主管领导和企业的高层做出相应决策。这里的"精准"需要突出的内容是要与业主的投资行为紧密相连，内容包括：业主的主要业务范畴、控股其他企业情况、债权债务情况、投资与资本运作情况、土地储备情况、财务情况分析、中长期发展理念和发展情况、在业主所在行业内的影响力、承担社会责任情况、企业主要高管的信息、项目负责人及相关管理人员信息、对于施工设计单位的偏好、其他施工设计单位对该业主的评价、全国化及全球化的进展分析、影响有关决策的能力等。建筑企业根据以上这些信息进行相关统计分析，对所有业主和潜在业主做出精准评价，同时在投标时能提供与业主投资高匹配度的相关资料和相关管理人员，减少资料和管理人员的不匹配性、不适用性和盲目性，使精准化经营落到实处。

### 4. 实现个性化经营

每个业主在做出投资项目的决策时，都希望自己的建筑产品是一件经得起历史检验的高质量产品，甚至是一件艺术精品。在这样的建筑产品里，蕴含着投资者的希冀和对未来良好运营的憧憬，渗透着设计师的匠心，凝聚着广大建设者的心血，集成了当今时代的科技、艺术等在建筑上的运用。所以，正是个性化经营满足了业主内心深处的需求。个性化经营对于企业的经营管理人员提出了很高的要求，它不是经营管理人员简单地理解业主的各项需求，然后进行汇总后去落实相关工作，而是需要企业内部从高层领导到具体从事经营工作的管理人员，在充分理解本企业的核心价值观、充分了解业主投资需求等相关信息的基础上，融合历史、人文、艺术、科学、建筑、美学、园林、城市管理等多学科知识，并且能引导业主在建筑产品上进行深入的布局、改进，提升建筑产品的使用价值和美学价值，从而能够在社区中留下建筑精品。以上这些个性化经营的内容，可以通过在线的方式实时与业主等相关人员沟通，思维不断地碰撞、融合；建筑企业也可以调集各地区的相关人才都参与到个性化的经营中，最终赢得业主的认可。

### 5. 实施客户关系管理

在线实施客户关系管理有着独特的优势。客户关系管理是一个软件系统，建筑企业通过建立客户关系管理系统来完整收集客户的信息，对于客户的经济实力、发展规模、投资意向、以往投资项目、项目特点、与各地区的融洽度等有非常清晰的掌握。建筑企业还可以通过客户关系管理系统来进行项目趋势分析，了解客户的投资偏好、运营特点，做下一步的投资可行性研究，探究建筑施工发展路径与客户的契合度，做客户在行业中的发展趋势分析，等等。建筑企业还可以通过客户关系管理系统，主动向客户推介当前的建筑施工特点、难点，以及本企业的人力资源储备、科技支持储备、重大难项目的管理储备等，还可以向客户推荐当今时代的建筑机电系统和智能化系统的应用、建筑产品完成以后的运营维护保养等工作，让在线的客户关系管理系统成为企业与客户沟通的重要桥梁。

## 二、在线生产运营管理

### 1. 项目管理人员和劳务作业人员管理

通过网络系统对现场执行项目管理任务的各类管理人员、专业技术人员、劳务作业人员进行在线管理，是非常高效而实用的方法。项目管理部只要在现场出入口设置个人上下班网络签到，就可以每天实时掌握人员的进出情况。在线人员管理可以分几个层面：一是每天到达现场的人员与实际施工安排的匹配情况，及时发现关键管理岗位人员或主要劳务作业人员的在岗情况，一旦发现异常及时做出调整措施；二是现场各类人员的流动情况，如哪些专业人员一直在现场，哪些专业人员偶尔到达现场等，通过人员流动情况掌握各专业施工的受控程度；三是现场所有人员的健康状况分析，实时知晓项目人员生病、就医情况，哪些人员需要及时安排休息、休息时间的长短等，以便安排人员临时顶岗；四是临时进出项目部的人员分析，以判断哪些人员是必需、紧要的，哪些人员是一般状态；五是项目部根据现场人员的总数量来控制交叉施工作业，垂直运输控制；六是通过现场总人数来控制就餐人流，安排人员错峰休息，并在人员的住宿、交通等方面做出合理安排。

### 2. 施工过程管理

施工企业可以通过项目管理信息化系统，采用视频、文件数据输入等方式，实现对项目部的施工过程在线管理。其主要的管理内容有：一是工程进度管理，企业的施工管理部门采用现场摄像的方式，了解项目的实时进度状态，与项目计划进度进行比较，随时调整具体的专业施工内容，以符合业主、总承包单位等相关各方的要求。二是在线质量管理，项目部把施工现场的分部分项施工内容、施工状态、隐蔽工程等数据输入项目管理系统，也可以通过摄像、拍照方式把实时施工场景输入系统，企业的职能部门从而可以掌握施工的质量，分析存在的质量问题，及时进行反馈、调整、整改等工作，确保质量受控。三是在线安全管控，通过项目上多点布置的摄像、拍照镜头，实时监控安全生产情况，还可以通过移动摄像方式，把违章的场景传入项目管理系统，及时发出整改指令，杜绝隐患。四是在线环境管理，实时监控"节水、节电、节材、节地、环保"等状态，对扬尘污染、噪声污染、灯光污染、危险废弃物处置等情况同步监控，确保绿色施工。通过在线的系统管理，还可以统计分析问题的出现频率、重点预防内容等，为科学管理提供依据。

### 3. 在线材料管理

在线材料管理可以体现在四个环节。第一个是材料的采购环节。建筑企业的材料管理部门利用网络系统进行材料供应商的资质资格评审，确保供应商符合国家、地方、行业、企业的规定，符合现场施工的要求。同时在施工过程中，对于材料供应商的服务、价格、质量等关键因素进行实时评价，确保供应商的质量。第二个是材料的运输环节。建筑企业可以利用物联网来进行材料的物流监控，从材料出厂开始到中间陆路、海路、航空等运输过程，进行全天候信息采集，使每批次的材料信息全在掌控中。第三个是材料的现场验收环节。由现场材料管理人员对送达现场的材料进行质量等抽样检查，对数量进行核验，标记送达时间，以确保材料符合现场施工要求。第四个是材料的现场临时仓储与使用环节。考虑到现场施工空间的局限性，项目管理部应尽可能减少现场的材料仓储数量与空间，但要确保一定数量的材料应满足当日及后面一定时间内的使用需要。现场的材料可以用二维码等进行登记，使仓储与领用信息一目了然，对于具体哪些材料使用到哪些部位都可以记录下来。以上所有信息需全部录入项目的材料管理系统，进行材料大数据的分析应用。

### 4. 在线设计管理

一方面，在项目现场施工的管理人员可以通过网络设施，很方便地得到设计院出具的各类施工图。如果有图纸需修改，也可以第一时间由设计人员传送到施工人员手上。图纸的审核、盖电子出图章、设计人员的电子签名等工作，从技术上是没有任何障碍的。另一方面，从建筑企业内部来说，施工现场是需要深化设计的。企业可以把一线的项目人员朝设计施工一体化方向培养，让专业工程师能够提升综合能力，把设计与施工充分结合以节省工时，更重要的是能够优化施工方案，降低施工成本。同时，企业的本部可以集合资深的设计施工人员，随时向在一线的专业工程师提供深化设计的支撑，解决疑难问题。另外，当一个项目正在赶工时，企业可以调动其他区域相对空闲的设计施工人员提供深化设计的支持，由本部的相关人员审核后，提供给一线项目使用。在线的设计管理工作，使资深的设计人员完成咨询、审核、攻克疑难问题等工作；使项目一线的管理人员能解决日常的深化设计问题；使企业其他区域的专业工程师提供协同设计服务，从而极大地提高设计的工效和设计质量保证。

### 5. 在线商务管理

首先是预算、结算管理工作的在线管理。在项目一线的专业工程师应当向兼具预算能力方向发展，逐步实现预算施工一体化。当项目部的预算工作在一定时间段内相当繁重时，可以通过在线的方式，由企业相关部门调节其他项目上的专业工程师来一起开展算量工作。项目上的预算员可以做复核清单、定额等工作，商务经济师可以做最终的核算、确认工作。这些工作也都可以通过网络的形式完成，在提高预算工作效率的同时，还可以节省项目上的办公场所等费用。其次是法务在线管理工作。由企业的法务管理相关人员提供法律法规咨询、合同文本合规性审核、项目部的履约过程管理、企业利益的保障性审核等工作。如果项目上发生了有关纠纷、诉讼等问题时，法务管理人员可以先期通过在线的方式，指导项目部有关人员进行相关资料的收集、纠纷处理的简单指导、执行诉讼应对措施等，从而维护好项目部利益和企业利益。

### 6. 运营维护管理

建立建筑物的运营维护信息系统，是确保建筑物使用过程中运营、维护、保养的重要支撑。在线运营维护的信息主要有四个方面：一是建筑物的基本数据，包括用 BIM 技术构建的建筑物结构图、机电系统综合图、装饰装修图、大楼内绿化艺术布置等。从这些基本数据中，能清晰地看到每个楼层、每个部位的具体信息，包括该部位所使用的材料、材料的特性、各系统集成的信息，还包括设计单位和施工单位等的名称、联系人、联系方式。二是信息维护数据，包括各类材料、设备的使用年限与保养须知，所有材料的备品备件的来源、存放，建筑物需要维护的部位，维护使用的设备材料性能与数量，维护的负责人，维护的监督者、验收者，维护日期、下一次维护的日期，等等。三是建筑物使用者数据，包括业主的主要联系人和联系方式、业主变更情况、租赁者的相关信息、紧急联系人的相关信息，使用者的大楼使用习惯、使用者对于建筑物的损害程度评估等。四是建筑物安全保障数据，包括消防、供水、供电、供气、排水、环保、逃生、抗震、抗台风、抗汛期等相关保障内容。通过在线运营维护管理，可以提高大楼的价值和品质，进一步增强大楼业主与建筑企业的合作意愿。

## 三、在线服务管理

### 1. 应用直播视频

很多人以为直播视频的方式是餐饮等企业进行销售使用的方法，

其实，建筑企业也可以利用直播视频的方式来提高服务能力。直播的场景可以分三种：第一个场景是施工现场，这与在线施工过程管理是完全一致的。项目管理部可以利用现场摄像等设施，将施工进度、质量与安全管理、使用的材料、正在施工的区域、施工后的分部分项工程等完整呈现。出于安全考虑，在施工现场不设置主播。第二个场景是建筑企业的本部，可以通过主播来介绍企业本部的办公环境、员工正在办公的情形等。第三个场景是在已经竣工的建筑物内，由主播来介绍该建筑物的特点、亮点，由于建筑企业所付出努力而看得到的特别之处，以及现在用户的直观评价等。直播的作用也是显而易见的：业主可以直接感知到自己的投资在项目现场逐步变为现实，能直观感受到建筑企业正在付出的心血，看到建筑企业的管理氛围，也直接了解到建筑企业在一个项目竣工后，使投资价值体现在哪些地方等。另外，作为建筑企业本身，也能够利用直播的方式来增加对现场、本部办公的了解，从而掌握第一手资料，及时做出管理决策。

## 2. 应用小程序服务

建筑企业可以通过开发项目管控手机应用及小程序的方式，让企业的平台深入到客户等群体中。手机应用小程序需包含一些必要的内容，主要有四个方面：一是企业在建项目的基本情况，要有每个项目的相关信息，包括项目所处的地域、规模、开工竣工日期、建筑面积、建筑结构、主要的机电系统、项目的联系人及联系方式等。二是在建项目的施工过程情况，包括当前的施工进度、已经完成的分部分项工程质量情况、正在施工部位的质量控制情况、现场安全管理状态、绿色施工状况、目前在场的管理人员和劳务作业人员情况等。三是第三方的检查情况，包括地区质量、安全、环保、综合治理等管理部门的检查情况，第三方的质量、环境、职业健康安全管理体系的审核情况，第三方环境监测情况，第三方用户满意度测评情况，等等。四是与企业相关的新闻资讯，包括项目上的热点新闻、企业本部的相关新闻等。

小程序的使用者包含本企业员工、业主，设计、监理等单位和社会各界人士。业主可以在小程序上与企业进行互动、留言，使企业能够快速解决业主所关心的施工问题、运营难点等。设计、监理等单位反馈的信息也敦促企业提高服务质量。企业要安排专门的管理人员来维护小程序的运行，确保界面上所有的问题都能得到及时回复和解决。

### 3. 在线品牌推广

建筑企业建立起在线品牌推广模式，就是要实时告诉业主、各相关方、社会各界：自己企业是个有怎样定位、什么价值观的企业，能够解决各类问题的速度，对于外界的各类投诉、赞誉等做出响应的速度与程度，等等。企业后台可以通过统计分析，得到各类信息的使用效率和使用价值，如：哪些类型的信息是业主、相关方、社会各界最关注的，什么样性质的业主、相关方等会提出哪些要求，企业的快速响应会得到怎样的支持，各种类型的处理情况对应的受欢迎程度，等等。在线的品牌推广形式有很多，包括直播、应用小程序、企业公众号、发布平台等。在线品牌推广是把双刃剑，一方面，它对于各类情况响应迅速，对各类问题处理及时，各种正面的报道、宣传等，都会给企业品牌以很大的加分，使企业的品牌美誉度得到叠加。另一方面，一旦处理不当，反馈速度慢了、处理问题不及时等，负面消息增加了，将会使企业的品牌形象受到很大损失，再加上社会舆论的力量，甚至会导致企业品牌在一定的时期内都很难翻身，直接影响企业生产经营工作的正常开展。

### 4. 快速配置资源

在线管理的一个重要优势就是开展各类资源的快速配置，确保各项管理工作的顺利进行。快速配置资源的特点是五个"知道"：知道资源在哪儿，知道哪儿缺资源，知道资源的适配性，知道资源何时能发出，知道资源何时能到达。以材料管理为例，通过网络系统，企业完整掌握市场上各类材料资源的分布情况。随着项目上施工的不断推进，对于哪些材料将会发生短缺做出预判，并开始在市场上筹集相关材料的采购或补充仓储工作。通过现场专业工程师与材料管理人员的协调，对各类材料的价格、质量、型号、品牌等关键信息进行适配性确认，以符合业主、设计方、施工方的要求。通过物联网系统，对材料的发送时间、运输过程、抵达现场等信息全程掌控，并做好现场临时仓储等准备工作。再以人力资源管理为例，企业有关部门掌握相当数量的专业人才信息，与项目管理部合作预判人才的需求情况。当生产经营发生需要时，及时从人才市场上进行人才专业匹配和招聘工作，确保相关岗位上人力资源充足。针对劳务作业人员相对流动性大的特点，通过在线管理，可以实时掌握各专业作业人员的分布区域和闲置信息，以便于某个项目在施工高峰时进行调度，满足施工需要。

### 5.无边界服务

从传统的服务角度，履行相关服务职能的工作是受到部门或人员限制的。而在线管理的推出，使服务的边界、服务的局限性消失。在建筑企业内部，每个与工作任务相关的人员都可以利用网络来实时参与到服务中，进而部门与部门之间的边界、员工与员工之间的边界变得模糊甚至消失。而无边界服务的主要特点就是，在很短的时间内把来自不同区域、不同部门、有专业服务能力的员工聚合到一起，共同参与完成工作任务。要做好无边界服务，企业需要做好六件事：一是明确工作任务，比如一件设计修改任务，要把任务的标的叙述清晰；二是明确完成时间，通过时间的约束来保证时效性；三是相关人员召集，比如各专业的工程师，这是可以通过平台快速完成人员配置的；四是确定每个参与人员的工作职责，使不同专业的人员做到人尽其能，提高工效；五是服务质量的保证，由企业委派专人实行质量监控；六是在工作任务完成后，及时听取服务对象的意见和反馈。参与无边界服务的人员要有很好的岗位能力和很强的协同意识，这样才能保证服务工作的完成质量。

## 四、在线综合管理

### 1. 办公自动化管理

现在的建筑企业几乎都在使用办公自动化管理系统，但在具体应用上也是分不同层次的。通用层次应用的主要功能是，用来进行文件收发、邮件收发、文档处理、各类通知、简报信息刊登、会议预约、车辆安排等工作，这些功能满足了企业一般信息的传递与基本处理需要。上升一个层次应用的主要功能是，进行企业内部的管理流程处理和视频会议，流程处理使企业各层级的领导和管理人员摆脱了地域和时间的限制，满足了管理的时效性要求；视频会议不仅使管理人员在地域的跨度上实现了无障碍，而且也保持了传统会议的方便与会者思想交流的优势。再往上升一个层次应用的功能，是把办公自动化管理系统变身为平台，平台上增加了项目管理系统、财务管理系统、人力资源管理系统、材料管理系统等软件的应用，使企业各方面的管理信息聚集在一起，提高了综合管理效率。继续往上升一个层次，其功能应该是对平台上各类数据进行共享，特别是提高对所有信息的综合分析、处理能力。管理者能够把所需的信息进行相关性分析，做出管理趋势性研判，进而规避管理中的风险，大大提升企业的管理质量。

### 2. 办公用品采购管理

大量的建筑企业已经通过在线办公用品采购系统来完成企业所需的办公用品的采购，而且能够利用电商在各地的布局来实现外部区域的当地办公用品配送。对采购部门来说，核心的工作有五个方面：一是确保采购的办公用品是适用的，各类办公用品的型号、性能等均能满足生产经营的正常运作。二是采购的办公用品的质量有保证，让企业员工在使用时放心。三是售后服务有保证，当员工在使用中发生正常损耗、缺少配件时，能得到快速配送；办公设备发生故障时，能得到及时解决。四是办公用品的价格是有竞争力的。从企业的角度，不一定能保证用最低价格采购，但要确保在同期市场上价格的优势，降低企业的采购成本。五是做好办公用品供应商的评价工作,建筑企业应当利用采购中产生的大数据来评价各类供应商,评价包括质量、价格、服务、配送周期、管理、市场上其他使用者反馈等全方位的内容。

### 3. 后勤管理

建筑企业的在线后勤管理,主要有三个方面:一是就餐管理,餐厅提前一天通过员工的就餐确认来获取比较精确的就餐人数,以方便配菜供应和烹饪数量的管理。餐厅把当天的烹饪菜品放在小程序上,让员工提前点餐,可以基本满足员工对菜品的选择,尽量平衡"众口难调"。当天就餐完毕,还可以获取员工对菜品的评价信息,以方便今后改进。二是住宿管理,主要是针对企业集体宿舍和外地区域临时租赁公寓的管理。相关部门利用小程序来获取每个住宿者的详细信息,包括每个人的联系方式、具体住宿地址和房间、紧急联系人、住宿或公寓的租赁期限、当地的住宿要求等,从而使管理有序控制。住宿者通过小程序可以了解管理方的信息、联系人和联系方式、应急联系人、宿舍的卫生消毒情况等。三是办公楼宇及项目部办公场所管理。通过在线系统来管理办公楼宇、现场办公场地的设施及维护保养情况,管理垃圾分类信息、危险废弃物信息、消防安全信息、卫生防疫信息、绿化保洁信息等。通过对这些基本信息的管理,来确保员工在安全的环境下进行工作。

### 4. 机器学习管理

从综合管理提升的角度,建筑企业利用各项在线管理系统不断完善各项管理程序,并持续积累管理中产生的大数据,进而由此开展机器学习管理,使企业的综合管理实力和管理内涵发生质的提升。这也是在线管理的突出价值所在。要做好机器学习管理,首先,建筑企业要构建一个完整的信息管理系统,要把办公自动化升级,向数据集成的智能化办公方向发展。在智能化办公平台上,各类管理业务的智能处理能力提升,不再是进行简单的数据、信息存储,而是对管理数据进行智能分析、处理，应用于管理决策和管理活动中。其次，要把企业的知识管理系统与信息管理系统集成，使企业已存档和正在存档过程中的各类知识能方便地被读取，为机器学习管理提供知识共享数据。另外，建筑企业要实现内部管理数据的协同应用，使部门之间、分公司之间、部门与项目部之间的数据实现共享，进而使机器学习获取实时的管理信息，通过机器学习分析后提出智能管理建议。机器学习管理不可能一蹴而就，它需要企业高层管理者高瞻远瞩，舍得投入一定的资金，与专门研究机器学习、智能运用的机构或高校合作，只有经过长期的积累才会显示出其极高的价值。

# 第二章 运营管控

# 第一节　不确定性事件管理分析

　　建筑企业的市场环境已是一片红海，其相互之间的竞争是异常激烈的。当建筑企业努力维持生产经营的有序运行时，各种不确定性事件会不期而至。而不确定性事件无论大小都会给建筑企业带来麻烦，如果处理不当，就会使建筑企业的生产经营陷入困境。在不确定性事件面前，有的企业会乱了阵脚，生产经营受到挫折甚至是较大打击；而有的建筑企业会未雨绸缪，提前做到心中有数，确保企业的各项管理工作正常运行。可以说，如何正确面对这些不确定性事件的发生，并通过适当的方法来进行化解，对于每个建筑企业来说都是必须面对的管理课题。

## 一、不确定性事件的主要表现特征

### 1.市场经营中不确定性事件的表现特征

　　在市场经营过程中，不确定性事件的表现特征主要有以下七个方面：一是宏观经济发生了很大的改变，有关建筑业的政策也发生了很大的改变，房产项目开发受到控制，市场环境变得对本企业发展不利。二是业主本身发生业务转型，而建筑企业还没有及时跟进并深层感知，对于业主的投资意向缺少实事求是的判断。三是建筑企业自身没有真心维护客户利益，曾经与业主保持良好关系的状态突然受到了挑战，业主期望引进更多的竞争者。四是建筑市场上出现了"黑马",而本企业对黑马还缺少了解和认知,更谈不上对黑马有什么研究和应对措施。五是建筑企业志在必得的项目接连失标,既受到商务价格的挑战,又承受着技术标的带来的压力。六是建筑企业拓展外地市场处处碰壁,各地方似乎都在制造各种市场壁垒,而本企业在外地还缺少相应的支撑,感到孤立无援。七是市场经营人员的信心受到挑战,在市场波动剧烈的环境下,对市场前景感到迷茫等。

### 2. 生产运营中不确定性事件的表现特征

在生产运营过程中,不确定性事件的表现特征主要有:本以为有了质量保证体系后质量管理就有了"保证",但偏偏就发生了重大质量事故,特别是知名的建筑企业,还以为只是阴沟里翻船,没有从系统管理中找到该不确定性事件发生的缘由;同样以为有了安全保证体系后就一定"安全",从此就高枕无忧了,然而如果不对安全小事故引起足够重视,那么重大安全事故的发生就是迟早的事,而且一旦发生事故就往往会找"建筑企业发生重大安全事故是有概率存在"的借口;发生了安全事故后,除了处理善后事宜,更多的是全面停工、安全检查、发出措辞愈发严厉的文件,却没有真正找到引起安全事故的末端原因和主要问题,从而使得引致安全事故的不确定性事件无法避免;本以为材料设备的集中采购会降低采购成本,但事实上由于局部垄断而导致一些价格反而上升;供应商过于集中后,由于供应商的产能有限、服务能力有限而导致材料质量下降、后续服务能力下降等。

### 3. 经济运行中不确定性事件的表现特征

在经济运行中,不确定性事件的表现特征主要有:资金管理举步维艰,项目上的资金回收受到各方面的牵制,有三角债拖欠方式的、有业主资金困顿造成的、有专业单位被总包单位扣压住的、有劳务与材料供应商催款等等,每个时间段资金的回收总量大大小于该时间段的产值,更严重的情况是企业会遭遇资金链断裂,如果没有及时的现金流补充，企业的生产经营活动将会陷于极其被动的局面；建筑企业普遍缺少面向资本市场的财务管理，理财收益甚微，资本收益甚少，投资收益有限，投资收益与企业的庞大体量不匹配等；企业的结算工作总是拖后腿，很多企业都是无法在项目竣工后及时做好结算工作，只有集中在年末时间段才能有很好的结算量；企业的生产运营与结算工作脱节，两者之间缺少管理关联，在项目施工过程中对于后续的结算工作缺少联系与支撑；存在规模不经济现象，虽然企业的规模在持续扩大，但企业的产值利润率却在不断下降，而且与市场同行相比也呈现明显下降趋势，却无法正确分析本企业产值利润率低于市场的原因。

### 4. 人才开发与管理中不确定性事件的表现特征

在人才开发与管理过程中，不确定性事件的表现特征主要有：企业内存在员工与管理层不同心同德的现象、阳奉阴违的现象经常可见，使企业的管理资源效用偏低；企业并不能真心爱惜每一个人才，一线员工的流失率比以往偏高或者比同行偏高，甚至是中层以上人员的流失率上升，而且真正的离职原因不清晰；当项目一线的员工流失比率上升时，猜测是本部员工工作轻松，而当本部员工流失比率上升时，又猜测是"该来的人没来，不该走的人走了"，没有真正了解员工离职的原因；企业在扩张时期招聘大量人员上岗，但虽然人员到岗了其心态与精神却没有到岗，员工对于岗位内容不理解，工作效率不高，执行力偏低；一些员工心气高傲、自以为是，完成了若干业绩后就认为能包打天下，缺少团队合作意识，缺乏对市场和业主的敬畏，阻碍了企业的发展势头；员工的培训内容缺少针对性、系统性，一线劳务作业人员的培训更多的是为了持证上岗，而不是为了打造工匠，建设精品工程；针对技术与管理人员的培训往往是走过场，缺少对中层管理人员的专项培训，高层管理者也缺乏专项培训，管理人员的知识面与思维角度有限，企业缺少了竞争力和内部活力；员工的职业健康出现问题，一线施工人员由于现场环境问题、工作强度等因素出现很多职业疾病，中高层管理人员由于社交等原因也普遍出现亚健康现象，使企业的战斗力下降。

### 5.综合管理中不确定性事件的表现特征

在综合管理过程中，不确定性事件的表现特征主要有：管理制度的修订与完善跟不上客观环境的变化，有的管理人员对于管理制度的适宜性、有效性、全面性等认识不足，平时疏于积累管理制度执行的反馈，缺少对于未来发生管理问题的洞见和预判；项目一线等人员感觉疲于应付检查，往往是在检查前夕突击完成各类资料的整理，缺少过程中真实管理情况的反映；检查者的能力低于被检查者的能力，但又想维护检查者自身所谓的"权威"，因而对被检查者设置各类障碍；检查人员在检查过程中无法提出有针对性的改进建议，检查有"走过场"的迹象；部门之间缺少相互协同的认识，各部门的管理人员大多过分看重自己是否是最重要的部门或有最重要的职能，却没有清晰地认识到自己只是团队中的一分子；相关制度的执行力不够，企业管理出乱子，缺少有效的制度评价机制；随着生产经营中的问题累积，企业的社会信用下降，在战略上不尊重市场客观规律，不服务、回报社会，劣币驱逐良币现象频频发生；各级管理层无法破解迷局，看不到企业发展的一般规律等。

## 二、不确定性事件的起因分析

### 1.战略认知上的偏差

建筑企业特别是大型企业基本上都会制定发展战略，但仔细分析一下就会发现，不同地方的建筑企业所制定的战略的主要内容却几乎都是相同的。比如：提倡绿色环保时谈绿色施工，信息化热门时谈信息化开发，本地市场饱和了谈"走出去"，人才开发一直谈，市场战略不能缺，生产管控再谈一下，等等。战略目标的设定基本上是根据当前企业的各项指标完成情况，然后结合国家宏观经济政策和国内生产总值预计增幅，再参照一下同行的情况而制定；真正通过总结分析企业近五年、十年，甚至二十年以上的生产经营指标波动情况结果，分析企业各个时期拥有的各类资源、遇到的风险与挑战、如何走出困境、怎样服务好业主、如何走上快速发展道路等，再制定各项目标的企业实在太少，而能考虑到自身是否能实现超高速发展的企业就几乎是凤毛麟角了。所以，很多建筑企业的战略更像年度规划的若干年延伸，很多员工也没有真正把战略挂在心上，顶多记住几个大概率能实现的主要指标或几项措施，而真正不能外宣的企业核心战略几乎没有。其主要原因是战略认知上的偏差，很多企业也不知道"战略到底是什么"。有的企业习惯借鉴他人的战略，缺少本企业的个性，没有从企业长远发展的角度来看待战略，分析以往的问题大同小异，展望未来亦是你我相同，没有大格局，不敢真创新，制定完战略只算是完成了一项任务，这就为以后的各类不确定性事件的发生埋下了伏笔。

## 2. 没能从显性表象中洞察隐性风险

不确定性的主要特征是事先无法预测，而管理中的很多显性表象中往往蕴含着未来的事件发生。管理者如果对其掉以轻心，则不确定性事件就会随之而来。比如：从战略研究的角度，如果企业缺少对蓝海的研究，身处红海而不敏感，或者不知道在红海中也有蓝海存在，那么企业在接下来的日子里会困难重重，到处是不确定的障碍；企业内部的非正式组织的声音盖过了企业的正常声音，那么企业管理的执行效率会降低，执行方向会出现偏差，导致管理受阻；员工的流动率偏高，意味着企业的核心价值观没有抵达人心、企业的平均岗位薪酬不尽如人意、企业的经营活动不理想等；企业的质量安全等制度的执行基本上是走走流程而已，留下更多的只是书面记录，这种表象的背后将是更严重的质量安全问题；企业总部的会议过多，目前有更多交流机会的是企业的中高层，而面向基层、面向班组的会议则少之又少，一线员工几乎很少交流企业的管理内容；大集团企业总部的人员缺少深入基层一线的实际调研，管理工作脱离实际生产经营活动所需；等等。
上述的各种隐性风险对企业生产经营活动的正常开展构成了很大威胁。

### 3. 没有及时处理细微隐患

建筑企业在稳定运行时，几乎很少有人会真正想到"防微杜渐"
这个简单的道理，但恰恰是这样的细微隐患将导致不确定性事件的发
生。这些细微隐患有：各类决策的不透明，形成上下层管理的裂缝；
总部对于基层的具体职能管理没有进行真正的研究与梳理，缺少管理
上的指导，甚至自身也不是太在行，在工作过程中对于基层的职能管
理只是不断指责，却又拿不出良方；打着集约的旗号，在采购渠道上
实行一定程度的垄断，但采购价却高于外部市场均价，所采购产品的
品质没有市场上的同类产品过硬，服务也跟不上企业的需求，形成员
工在基本管理理念上的偏差；企业规模在不断扩大，各类要素资源的
投入比例基本稳定，但核心竞争力却一直缺少突破，形成市场危机；
企业强调狼性文化，表面上加班人员增加，而员工在自己家中利用休
息时间加班或者远程加班被忽视，使员工的隐性加班没有被认可，而
某些善于"动脑筋"的人在显性加班上做文章，被欺骗的是其上级或
同事，企业的隐性支出增加，而真正隐性加班者的心态发生微妙变化；
劳动生产率的计算过于强调体力的付出，而忽略了脑力的付出，或者
缺乏对脑力付出的科学计算方法，形成短智；企业缺少对各类制度、
标准等执行力的评价措施，或缺少科学的评价方法，形成管理走形式；
等等。

### 4. 宏观环境发生重大变化

对于建筑企业来说，宏观环境的变化往往在悄无声息中发生，却又
影响巨大。比如从经济周期来看，国际上必然有周期性的金融危机发生，
而巨大的金融危机却又酝酿于经济高速发展之时。建筑企业如果不能掌
握其规律必然要吃大亏。而国内宏观经济政策也会因国际国内的形势、
经济的运行状况而做出调整，比如控制房价的政策、土地批租的政策、

新区开发、自贸区成立、若干年后的重大体育赛事的举办、发展某项国家级的工业项目等，无不对建筑企业的经营环境产生着重大影响。另外，区域环境也构成了不确定性事件，如国家或地区的重大公共事件的突然发生、局部地区经济社会功能性的转变、生态环境保护的需要、改善民生的需要、地方教育医疗卫生文化格局的变化等。这些事件、事情的发生甚至没有一点先兆，或者即使有一点发生的可能，但真正对其敏感者所发出的声音是相当微弱的，无法引起管理层足够的警觉。

### 5. 缺少对各项管理工作长时间运行后的评估

建筑企业建立了严格而基本完善的管理制度后，基本上是沿着一定的管理轨迹稳步前行。当企业长时间没有遇到严酷的危机考验，感觉管理工作顺风顺水时，各级管理者基本上是相信目前各项管理制度的科学性，相信制度的执行力也是足够的，相信自己的管理团队足以应对各类变化。但恰恰就在这样的平静背后，往往蕴含着不确定性事件的发生。在长时间的稳定后，管理会出现碎片化，小利益群体滋生，群体间会缺少统一的思想和目标，在执行力上会逐渐打折扣。当建筑企业的客户群体基本稳定后，由于缺少新增客户尤其是大客户的补充，从而在经营上会缺少冲击力。在重大项目上如果再很难突破科技进步难关，不能取得相关成果，则无法在同行业中保持领先水平，企业在核心竞争力的竞争中已然落后。在各项管理中表面上都顺顺当当，但缺少管理的创新与自我变革，缺少与外界同行的交流，看不到其他企业管理上的领先，就会导致故步自封，渐失先机。因此，企业很有必要对各项管理工作在长时间运行后进行必要的评估，以适应新阶段管理工作的需要。

### 6. 缺少各类预案的事先制定和执行

现在的建筑企业大多数都有质量、环境、职业健康安全等方面的管理体系贯标工作，照例应该是各类相关预案都已经制定。但现实的情况是，很多企业的贯标工作只是为了拿到一张证书，为了满足市场经营的需要，而实质性的相关管理却是走过场，各类预案的制定仅是形式上有，或者根本就是空白，导致对业主、员工、社会的不确定性事件增加。纵然也有很多建筑企业是制定了各类预案的，但由于缺少演练，或者是有演练的实施，却敷衍了事只为了交差，所以看似留下了文件资料、视频资料，但真正到了紧急关头，预案的执行却发生偏差，导致了不必要的事故，或者是事故处理不当造成未来重复事故的发生。很多企业还缺少面向市场经营、面向人才开发、面向经济运行、面向劳务作业人员等方面的预案，不能抵抗外部压力和冲击，因此未来将面临多重不确定性事件的考验。

## 三、不确定性事件的应对办法

### 1. 从战略上建立不确定性事件的预防机制

不确定性事件的发生几乎是不以人的意志为转移的，在企业的管理过程中是无法回避的，所以建筑企业必须从战略的高度来重视不确定性事件的客观存在，在企业的发展战略中明确对不确定性事件进行管理的领导机构和职责。在战略实施中，要明确相关职能部门的职责，引进统计等专业人才，逐步建立本企业的不确定性事件发生模型，应用统计的方法来分析以往不确定性事件发生的内容、频次、影响程度，从而制定相应的应对方法，并科学预测下一阶段不确定性事件的重点和发生概率，进而建立预防机制，降低不确定性事件的发生率，减小不确定性事件一旦发生对企业所造成的不利影响。建筑企业还必须清醒地认识到，预防机制的建立是相当困难的。因为事件的不确定性，所以战略上的预防体现为相关机制的建立，而体现在战术上则是针对各类可能发生的不确定性事件进行预防，要通过经验数据的积累和评价来支撑战略预防机制的建立与开展。

### 2. 健全职能管理，避免职能管理上的失误

尽管基本上每一个建筑企业都进行了职能管理上的分配，建立起尽可能完善的制度来确保企业的日常运行，但在职能管理上是否健全，还

需要生产经营的实际开展来检验不确定性事件的发生率及影响程度。另外，建筑企业还要避免职能管理上的失误，以尽量减少各类不确定性事件的发生。比如：在生产管理上，质量、安全、环境管理等体系都已经建立、健全，企业还要确保相关人员配置到位，使各岗位的职能正常开展；平时要重视劳务作业人员的技能提升，可以避免生产运营上的被动；在市场经营上，要重视低成本消化能力，提高市场竞争力，还要真正建立客户关系管理机制，吸引重要客户的青睐；在经济运行上，要统筹生产、结算、资金等关系，确保各环节有机结合，避免结算被动、资金困顿局面的出现；要提高技术创新能力，形成本企业在行业中的技术领先地位，保持核心竞争力；在综合管理上，要建立一个统筹、梳理、疏通各项管理的职能，形成中场发动机的能力，确保企业的整体有序运作。通过各职能管理的有效和协同运作，既要减小不确定性事件发生的可能性，又要降低不确定性事件真实发生后对生产经营的影响。

### 3. 建立小微事件的评估机制

对于建筑企业来说，小微的不确定性事件的发生概率是很高的，特别是大型建筑企业，由于生产经营分布面广，小事件的发生更是接连不断。千里之堤，溃于蚁穴，如果任由各类小微事件发生，必然会引致更大的风险。所以，建筑企业应当建立小微事件的评估机制，认真分析小微事件的发生情况、引起原因、发生频率、发展趋势、影响范围等，统筹考虑不同小微事件之间的联系，从大局的高度来处理小微事件。评估后要及时建立同类小微事件的预警机制，采取切实有效的预防措施来杜绝重复性小微事件的发生，从而避免更大的不确定性事件的发生，为企业的大局稳定以及确保生产经营工作的正常开展创造有利条件。小微事件评估的具体实施，应当由企业的独立部门来牵头负责，从而避免人为的干扰或者是非专业的干扰。小微事件的当事人及当事单位只能提供真实事件的原貌及过程信息，不能参与到评估过程，不得影响评估结论的得出。

### 4.建立预案及事件快速处理机制

凡事预则立，不预则废。建筑企业必须建立起涵盖企业各职能范畴的相应预案，比如在生产管理上建立质量、安全、环境、进度、材料设备供应等各类预案，在经营管理上建立市场、客户关系、商务竞争力、技术竞争力等预案，在经济运行管理上建立预算、结算、财务、资金等预案，在人力资源管理上建立高层、中层、基层、项目管理一线及劳务作业等各层面的人员供应预案等。建筑企业还要建立不确定性事件的快速处理机制，提高应对处理能力，与预案应用能力有机结合起来，为企业的良性发展提供保障。

### 5.切实提高各项制度的执行力

在企业已经建立各项管理制度（包括各类预案）的基础上，切实提高各项制度的执行力关系重大。执行力是每个部门、每个员工的基本能力，也体现了一个人的综合技能和素养。提高执行力是需要培训和锻炼的，绝不能一蹴而就。要认真学习各项规章制度，防止出现对各项制度、标准理解上的偏差；要进行团队建设，防止执行过程中出现问题相互推诿；要培养员工之间、部门之间、部门与项目部之间的相互信任、协作，推行交互管理，防止出现自立山头、各自为政的现象；要建立执行力的检查与校核机制，为执行力的质量把关，为执行过程中的偏差做校正；要有容错机制，包容非主观层面的失误，特别是创新过程中的失败；要明确执行目标，使阶段性目标清晰可见；要加强思想上的学习和建设，杜绝麻痹大意，不沉湎于过去的业绩；要提倡员工个人能力的提升，打好各项管理制度执行的基础；要加强考核与激励工作，增强执行的动力。

### 6.应用信息化管理技术来提高不确定性事件管理能力

随着数字化时代的到来以及5G技术的逐步应用，建筑企业应用信息化管理技术的步伐会越来越快，因此，用信息化管理技术来提高不确定性事件管理能力的时机已经来临。建筑企业要建立起自己的数字化管理模式，构建各类不确定事件的模型，应用计算机的演算能力来逐步形成本企业的数字演化技术，推演各种不确定性事件的发生概率、影响范围、涉及资源等。同时，要应用信息化管理技术来处理已经发生的不确定性事件，使不确定性事件的处理全过程处于受控状态，并根据进展随时调整。

## 第二节　协同管理分析

互联网普及、数字化管理的到来，对企业的内外部管理环境产生了很大的影响，企业内部的部门之间、企业与同行之间、企业与行业之间、企业与地区之间的管理边界出现了可变性和柔性化的特点，各种信息的交流与共享方式也产生了很大的变化，信息交流反作用于企业的力量变大，协同管理成为在新形势下应对瞬息变化环境及挑战的有效管理方式。

### 一、协同管理的重要基础是相互之间的信任

#### 1. 前进目标及价值观的趋同是信任的前提

协同管理的重要基础是各方相互之间的信任，而信任的背后蕴含着一个重要的前提：参与工作的各方都有明确的前进目标，以及它们的价值观基本趋同。协同管理的各参与方需要扬长避短，具备积极补位的姿态，必要时能够牺牲自己的局部利益以顾全大局。在参与协同的过程中，各方不仅需要有相应的专业能力、管理能力，还得有配合能力、互补能力。如果没有共同的价值观，要达到这样的补位、牺牲等境界是很难实现的，信任也就无从谈起。而如果各方之间的相互信任打了折扣，那么协同管理也就失去了根基。为了更好地达到价值观的趋同，建筑企业可以通过建立宏伟的愿景、与外部各方尽可能分享

自己的发展目标和价值观等方式来实现。同时，企业也要积极向社会各界翘楚靠拢，汲取其他企业在价值观上的精华，努力修炼自己，使价值观的趋同成为现实。

### 2. 获得信任的路径

建筑企业要获得广泛的信任，关键是要有利他性的思想和行动。获得信任的路径分对外、对内两个部分。对外而言，建筑企业需要努力打破与外界交往中的隔阂界限，以获得外部各界的信任，其中主要有：建筑企业要调整自己的站位，使战略目光长远，胸怀世界，真诚为业主等提供服务，真正赢得人心；尽量减少在生产经营过程中与外界利益的冲突，为他人着想，为相关方企业的发展提供平台，形成与相关方企业一起发展的共同体；努力修炼自己，不断反思本企业在生产经营过程中的不足，积极整改并提高管理水平，坦率面对各种挑战，在困境中接受磨炼，成为行业中勇挑重担的重要力量；积极承担社会责任，哪怕是在发展的低谷时期也不要忘了自己的使命，在社会上树立良好形象，赢得各界赞誉。对内来说，建筑企业要通过明确的战略目标、清晰的价值观来吸引员工心向一处；创造内部宽松的思维环境，让员工敢想敢言，让有利于企业和员工发展的言论、做法成为主流；真心关爱员工，珍惜每一个员工的能力，让每个员工在岗位上发掘出最大、最好的价值。企业通过以上这些路径所获得的信任，可以极大地推进协同管理。

### 3. 信任带来的价值

严格来说，信任是无价的。从管理的角度分析，信任可以给建筑企业带来价值，也可以说是增值。这样的价值是渗透进企业管理的各个步骤中的。信任减少了职能条线接口之间的盲点，为协同管理创造了条件。信任也可以使项目部放心地接受企业部门所进行的管理检查，不用担心在检查过程中设置了什么干扰，或是埋下了不清楚的伏笔，从而使协同管理顺畅进行。信任可以让建筑企业在遭遇突发的危机时，能够快速地调动有效资源，或者快速地获得外部支持，从而保持了协同管理的持续性。信任可以让员工放弃特定的薪酬待遇，增强员工之间协同管理的力量，力聚一处，攻坚克难。信任可以让建筑企业顺利地融入社会，与其他企业、周边社区等和谐共处，使协同管理上升了一个层次。如果是全球化的企业，信任可以让建筑企业获得当地各界的支持，使建筑企业在全球化的进程中享受信任带来的红利，便于与外部世界协同管理的开展。

### 4. 信任缺失造成的后果

一旦建筑企业与外部之间的信任缺失，那么建筑企业的生产经营活动就会举步维艰。信任缺失后，协同管理的各方会相互猜疑，协同管理也就成为空谈。就职能部门来说，员工之间唯恐对方占尽业绩或利益，对自己的工作业绩构成不利，导致不想与其他部门的员工合作，或者合作的过程中多有微词，协同管理成为泡影。从上下级管理来说，上级领导不想更多地指导下级管理人员工作，只求勉强完成任务指标完事；同样，下级的管理人员也不想更好地支持、配合上级管理者的工作，协同管理成为空谈。从行业内部来看，如果建筑企业缺失了他人的信任，那么企业在行业中的话语权将迅速衰退，甚至消失，企业将会很难与同行抱团并获得支持，协同管理不再成立。从社会层面来讲，如果某个建筑企业信任缺失，那么这个企业将成为孤家寡人，各类供应商、专业承包单位、银行、政府部门都避而远之，协同管理将消失殆尽。

## 二、企业内部的协同管理

### 1. 总承包公司与专业承包公司之间的协同管理

当建筑企业发展到一定阶段，出于管理的需要会分设若干个总承包管理的公司和机电安装、装饰、智能化等专业公司，这些下属单位之间的协同管理对于企业整体来说尤为重要。它们之间的协同主要反映在五个方面：一是市场经营上的协同。当建筑企业参与一个大型工程项目的投标时，各单位之间不是简单地把各自的商务标、技术标内容拼凑在一起就完成了，而是应当高度协同，有机地把不同专业施工内容融合在一起，综合体现出本企业在技术上的领先、在成本上的竞争力。另外，不同的单位在参与项目投标时，往往会面临业主相同的情况。如果单位之间是协同管理，那么业主的信息、偏好、要求等可以提前掌握、深度交流，更利于得到业主的青睐。二是设计上的协同。特别是总承包管理公司在开展深化设计工作时，要充分考虑专业单位的深化设计内容。现在很多企业都在使用 BIM 技术来统筹综合图，此时更要注意体现出不同专业之间协同的思路。三是施工过程中的协同。上一道工序要为下一道工序的施工考虑便捷性，包括施工场地的提供、材料的运输、作业人员的施工安排、作业空间布置、各种洞口的准确预留、管线预埋、安全设施布置等，通过协同管理来提高施工效率，减少材料、人工等浪费。四是商务管理上的协同。总承包单位与专业单位要形成一体，相互配合完成商务管理的各项工作，在合同履约、结算等方面协同并进。五是资金管理上的协同。特别是业主资金先拨款至总承包单位的，总承包单位不能截取自用，要兼顾全局，协同管理和使用资金，保证企业的整体利益。

### 2. 同类型公司之间的协同管理

建筑企业为了市场经营、生产管控等需要，随着业务的扩大，会设置若干个同类型的公司，如设置若干个总承包管理公司，设置若干个机电安装、装饰等专业公司。同类型公司之间的协同尤为重要，比如：某一个总承包管理公司因经营业务发展快而产生生产管控困难时，作为企业内部的兄弟公司，其他总承包管理公司可以给予及时的人力资源、生产材料等方面的支持；当一个机电安装公司在深化设计人员上捉襟见肘时，另一个机电安装公司可以给予相应的支持。从产业链的角度分析，当一个公司的产能只能完成产业链一部分的施工任务时，同类型的另一个公司就可以及时补位，协同完成产业链其余部分的施工任务。因此，同类型公司之间可以在现场管理、深化设计、劳务作业、生产物资、资金周转等方面实现协同管理。

### 3. 不同职能部门之间的协同管理

假设某企业是一个人的公司，那么该公司运营所需的所有职能都集于这一个人身上。因此，对于一个具体的建筑企业来说，所设立的职能部门本该就属于一体的，只是随着业务的扩大，为了适应管理的需要才分设了很多的职能部门。因此，不同职能部门之间的协同管理其实是回归到企业的初始需要的。管理中经常存在不同部门之间为了本部门的利益产生矛盾，这是当事部门相关人员的管理格局受限所引起的。这时需要企业的高层予以协调，部门的负责人必须清醒地认识到部门利益必须服从企业整体利益。其实，不同部门之间的协同管理不是故意克制自己部门的管理需求，而是根据企业整体的利益需要，合理提出自己的管理需求，或者相应调整自己的管理需求。在开展协同管理时，每个部门要设身处地地想到其他部门的管理处境，在协同管理开展时做好预判，打好提前量，相互补位，从而形成企业管理的巨大推力，提升企业整体的管理效率。

### 4. 同一部门之间的协同管理

职能部门承担着为企业生产经营的某一个运行环节完成策划、管理、监督、指导、运行分析、问题反馈等任务的使命。职能部门的内部功能是紧密相依、相辅相成的，因此，同一职能部门之间的协同管理显得尤为重要。在部门内部，每一个岗位都蕴含着其他岗位的职能，所以，就部门内部协同管理而言，每个岗位上的员工都应当努力掌握其他岗位所需的必备技能。作为部门的主管，要让员工在清楚自己岗位职责的同时，还要清楚地知晓部门内其他岗位的职责；要创造条件让员工在不同的岗位之间进行轮岗，在轮岗的过程中给予反馈和指导，使每个员工成为部门内的多面手，从而大大增强协同管理的效果。当部门内部个别员工因事因病请假时，其他的员工能及时补位，使部门能正常运作。当部门内员工兵强马壮时，可以向企业内其他岗位输出人才，扩大协同管理的效应。

### 5. 部门与项目部之间的协同

各职能部门和项目部的重要管理目标之一就是完成对业主的履约，部门和项目部之间的协同管理，实际上是企业整体管理的需要。项目部需要职能部门在生产运营上给予充分的支持、指导，比如：材料的采购、供应、验收，劳务作业人员的安排，工人住宿安排与管理，过程结算、竣工结算的管理，资金的协调安排，安全质量环境等管理体系的监控运行，施工技术指导，项目管理人员的配置，等等。而项目部对于职能部门的支撑也尤为重要。项目部是企业管理在施工一线的直接载体，是企业经营的窗口、人才培养的摇篮、效益的源头，是直接检验建筑企业管理水准高低、服务客户能力的阵地。项目部还要协同职能部门一起完成对口行业、政府有关部门的相关工作。职能部门与项目部之间还应协同完成相关人才的交流工作，让员工通过部门职能管理、项目现场管理等岗位上的历练，来提升综合能力。

## 三、企业外部的协同管理

### 1. 跨企业之间的协同管理

这里的跨企业有两个层面。第一个层面是建筑企业与外界其他企业之间的协同管理，特别是建筑企业与业主之间的协同管理。建筑企业应当主动走进业主的项目投资战略和管理理念中去，在每一个项目上与业主精准合作，为业主提供优质服务，主动从业主投资、使用的角度去理解建筑、建设好项目，在项目全过程施工管理中与业主合为一体，真正提高业主的投资价值，实现高质量的协同管理。为了使项目施工、运行更顺畅，建筑企业还要保持与设计、监理等企业的协同，主动预判、反馈、协调、解决施工过程中的问题，主动承担额外的任务，发挥好最佳协同作用。第二个层面是建筑企业与同行之间的协同管理。很多人都听说或者相信"同行相轻"的说法,其实不然,作为现代建筑企业,应当秉持"协同"的理念,特别是在重大项目的技术创新、方案制定等方面,更需要相互协同,共同攻坚克难。尤其是一些专业公司,长期在某一个专业上深耕,通常是这个专业上的行家。总承包企业更要注重与优秀的专业公司之间开展协同管理,放下身段,求取共赢。在同一个项目上施工的建筑企业,更要在施工进度、材料运输、人员保障、安全质量管理、卫生防疫等方面相互协同,从而确保项目高质量地完成。

### 2. 企业与行业协会之间的协同管理

建筑企业是建筑行业协会的重要组成成员,建筑行业协会是建筑企业的家,两者之间的协同管理,可以产生很好的效应。比如:建筑行业协会可以架起建筑企业与外部沟通的桥梁,特别是与政府有关部门、国外同行之间的沟通,使得政府的有关政策、国外同行的管理动态等第一时间让建筑企业知晓;建筑行业协会可以在响应国家战略上发起号召,如推广绿色施工、绿色建筑、装配式施工,建设一批建筑产业工人等,建筑企业可以积极响应,与协会有关部门一起着手实施,收集第一手资料及时反馈,为相关部门的下一步决策提供支持。行业协会可以破解建筑企业面临的困难,如当建筑行业面临生产经营的波动时,协会可以伸出援手,为企业争取相关权利等。建筑企业可以积极为行业的发展做出贡献,如建筑企业可以引领行业的科技、管理,通过协会的平台予以推广,提升行业的整体水平。建筑企业可以借助行业协会的力量走出去,可以向国外输出本地的管理经验、标准,进一步扩大自己的生产经营规模;在全球化的过程中,当建筑企业遇到市场经营、技术、法律等方面的困难时,可以由行业协会牵头组成相关团队,到海外提供相关支持。建筑企业也可以通过行业协会的支持,组成一定的技术壁垒,当遭遇外部极大的冲击时能起到保护作用。建筑企业可以借助协会平台搭建第三方评价机制,为人才技能提升、质量、安全、环境等管控提供支持。

### 3. 企业与社区之间的协同管理

每个建筑企业既是独立的单位，又是社区的组成部分，所以每个建筑企业都与自己所在的社区同呼吸、共命运，企业与社区之间的协同管理有其必要性。两者之间的协同管理主要体现在三个方面：一是"共建"，可以共建和谐社区、文明社区、绿色社区等，共同开展卫生防疫、消防演练、综合治理等工作，在保障一方平安的同时，也为建筑企业的发展创造了良好的环境。二是"解困"，建筑企业可以帮助社区解决内部的一些困难，比如解决社区内的就业问题，为地方提供一定的财政支持。建筑企业可以利用自己的优势，为社区解决一些老旧建筑的维修等问题。同样，社区也可以为建筑企业解决一些困难，如员工托儿、入学、就医、停车、就餐等问题。三是"发展"，建筑企业与社区都要面向未来，实现发展。建筑企业可以根据社区的发展方案来规划自己的区域布局，社区可以依托建筑企业的发展来实现自身定位的提升。比如有些地区通过引入高品质的建筑集团，带来人才引进、商贸、物流、餐饮等品质的提升，带动地区经济的发展，开创了企业与社区共同发展的良好局面。

### 4. 企业与政府有关部门之间的协同管理

无论建筑企业身处何地，与当地政府有关部门开展协同管理是必然的。政府有关部门有很多，包括建设主管部门、工商部门、税务部门、质量检验检疫、海关、交通主管部门等。从一定层面上理解，政府部门与建筑企业是管理与被管理的关系，而实际上，正是建筑企业的良性运营为政府部门的有效运作创造了条件。政府部门要维护好市场秩序，维护好企业的合法权益，为建筑企业的生产经营打造良好的营商环境；通过招商引资，吸引优质的建筑企业扎根本地。在一些特大型、标志性、民生工程、重大项目、城市更新项目、建筑保护上，政府部门与建筑企业的目标是一致的。两者的协同管理可以保障项目的顺利实施，推动城市的发展，造福社会。建筑企业也是政府部门在处理一些棘手难题时的重要帮手。当发生重大公共事件或突发事件时，如台风洪水等自然灾害、卫生防疫事件、道路塌方、紧急抢险抢修时，建筑企业可以迅速成为政府部门的帮手，攻坚克难，保障城市的有序运行，保证民生安宁、一方平安。

### 5. 面向未来的平台协同管理

随着信息技术快速发展、互联网时代的到来，平台经济得到快速发展。平台经济的特点是：打破了企业之间的边界，为企业之间的协同提供了可能；员工个体独立处理工作事务成为必然；不同分公司、项目部的员工因为某一个具体的工作，通过平台聚合在一起工作，任务完成后，又开始新的工作组合。应该说，平台经济不容忽视，平台上的协同管理尤为重要。从新冠疫情暴发后可以看出，很多企业的生产经营工作受到严重影响，但是通过平台开展运营的企业其业务基本上不受影响，甚至是业务量大增。虽然建筑企业的产品在施工现场生产，但是，利用好平台进行平台协同管理，可以开展具有建筑业自身特点的业务。比如：设计人员可以在不同的地方实现协同办公，组合完成巨大工作量的设计任务；经营招投标业务可以利用平台，实现不受地域影响的办公；各类订单业务在平台上正常开展，包括材料采购、劳务采购、人才招聘等；各类管理制度、标准的制定与修订工作可以在平台上顺利实施；商务管理工作、财务管理工作在平台上随时开展业务；跨国公司利用平台实现24小时不停地高效工作。在平台上，建筑企业与客户之间的边界被打破，企业与客户随时分享与项目有关的各类信息，便于双方及时做出决策。在平台上，各建筑企业、专业承包、咨询监理等单位之间的合作更有利于客户的价值增值，客户可以享受到更多的服务。

## 四、协同管理的效用

### 1. 带来企业管理运营效率的提高

在企业内各部门之间、员工之间，出于共同的协同目标，相互的支持力度是很高的。在管理分工的过程中，有时会出现部门或员工各自为政的现象，但通过协同管理，可以使企业内部形成一个有机整体，不但部门、分公司、项目部等各单位的整体运行效率提高，而且企业整体的管理运营效率同样得到提高。其主要表现有：一是信息流快速分布，由于信息滞后而造成的管理不畅现象消失，各类指令能够快速传达至相关人员。二是人员分配相对更合理，在协同的过程中，个人的目标需要服从集体的目标，部门、分公司、项目部的目标需要服从企业整体的目标。就具体的某个个体来说，不是简单地从属于哪个部门或单位，而是企业整体的组成部分。三是各类物资的使用效率提升，在协同管理的过程中，各类物资需要统筹使用，避免了闲置或局部使用的浪费，物流也更加顺畅。四是减少了外界的干扰，通过协同管理，人员之间、部门之间的合作紧密度大大提升，外界的不利因素被屏蔽，企业运营状态保持良好。

### 2. 促进知识的共享

协同管理的过程也是知识共享的过程，建筑企业通过知识共享，在提高效率的同时，可以更好地提升工作质量，达到工作目标。对建筑企业来说，有两种共享的形式：一是企业内部的共享。通过协同管理，把一个部门的管理知识传递到另一个部门，在不同的岗位上形成知识的交融，形成管理的共振，可以实现高效处理管理工作。二是企业与企业外界的知识共享。从职能管理层面上说，企业与外界共享管理中的成果、标准等，提升了建筑行业的技术高度和管理高度，解决了行业中的重大课题和难题；从项目管理的层面上说，项目部的成员与项目上的参与各方共享项目管理中的经验得失，共同解决施工中出现的各类问题，能够推动项目的顺利实施。知识通过共享的形式传播、碰撞后，又会形成新的知识，充实了原来知识点的内涵，为建筑行业整体技术、管理水平的提升起到了重要作用。而企业内各岗位上员工技能的提升，又为下一步的协同管理创造了更好的条件。

### 3. 消除不必要的误解摩擦

在企业管理和项目实施过程中，各类矛盾、冲突是经常发生的，主要是因为在每一个管理环节的运行过程中，具体岗位上的一个员工其个人专业能力的高低、对于管理程序制度理解的差异、执行力的不一致等，都会导致管理问题的产生。如果一味出于保护自己或者维护本部门利益等目的，就会产生各种各样的误解、摩擦，使工作质量下降。而协同管理的实施，使一项任务的参与各方在正确评估自己的能力、履行自己工作职责的同时，主动去了解其他协同者的相关管理信息，避免不必要的冲突；在协同管理实施的过程中，各参与方会致力于降低内耗，集中各类资源、要素来完成工作任务。通过一项工作任务的协同完成，各参与方既加深了对其他参与者技术、管理知识的了解，节约了相关资源，缩短工作周期，又进一步增进了相互之间的信任，增强了团队合作精神，使协同管理进入良性循环。

### 4. 加大外部各界等对企业的支持力度

每一个建筑企业都身处社会大环境中，要想取得生产经营的良好业绩，要扩大规模实现发展目标，就都离不开外部各界的支持。通过协同管理，建筑企业就有机会让外界对自己有更深的了解。其反映在三个方面：一是知晓了企业的特质。通过协同管理的过程，外部各界特别是业主对于该建筑企业有什么样的战略目标、有什么样的核心价值观、具有怎样的人才储备、拥有怎样的技术能力等都有了更深刻的掌握。二是知晓了关键人才信息。通过协同管理，外界接触到了一批具有良好协同管理能力的人才信息。对于员工的个人特质、能力有更好的掌握，便于今后进行各类人员的组合。三是知晓了企业的管理流程。通过协同管理，外界深入了解到一个企业的管理运作方式以及它的特点和需要补位的方向。外部各界也乐意选择一个具有协同精神的建筑企业作为今后长期的合作方，在各方面给予支持，推动企业的长期发展。

# 第三节 危机管理分析

在竞争激烈的市场中，建筑企业曾有过伴随国家经济高速发展的建筑红利，有过数次国际金融危机的冲击，有过国家宏观调控时的种种境遇，现在则面临着"全国化""走出去"的挑战。时下的众多建筑企业呈现出"两极分化"的趋势：要么超级大，要么很微小。这是市场竞争的结果，但也是合理的。纵观世界上欧美发达国家建筑企业所走过的道路，基本上每个国家都是少数几个建筑大鳄在横扫市场，剩下的小部分市场份额让成千上万个小微建筑企业啄食。这也意味着建筑企业的超级大鳄在整个建筑产业链上占据了绝对的优势，而小企业则在专业道路上越做越精。

建筑市场充满了机会，谁看准了方向，把握住了机会，谁就能变弱势为优势，成为市场的弄潮儿。同时，建筑市场的竞争是残酷的，当建筑企业发展到一定规模以后，就会遇到发展的瓶颈，有的企业甚至会走下坡路。这是企业遇到了各种危机。谁忽视了包围着建筑企业的种种危机，谁就会被市场削弱乃至淘汰，任何企业概莫能外。建筑企业常见的危机包括战略危机、信心危机、市场危机等多个方面，这些危机往往容易被相关的管理层所忽视。

## 一、战略危机

很多情况下，当建筑企业处于初创期，其关注的焦点是如何站稳脚跟，不被大鳄吃掉；当建筑企业处于快速成长期，其关注的焦点往往是盈利、扩张地盘，尽量把市场做大；一旦达到规模化后，有些建筑企业可能会失去方向，不知道下一步应该往哪儿走。这里就涉及战略问题。建筑企业无论大小，只要有着清晰的战略，经过一番奋斗，都是能够到达彼岸的。但很多建筑企业往往忽视自己的战略危机，甚至之前分明是制定过战略的，却不知道战略危机的存在。战略危机的表现形式有：对宏观环境、政治策略缺少研究，对政治、政策的学习不上心、走过场，缺少对国际国内发生重大事件的敏感度，缺少对同行业的研究，缺少行业的各类数据或对相关数据的分析与利用，缺少对事物的关联思维，对周遭事物缺少洞察力，等等。针对战略危机，建筑企业应当高度关注宏观环境，提高政治敏感度，注意收集同行业的各类数据，加强对同行业的研究，注重对成功和失败案例的分析，研究下一步的蓝海市场，针对事物之间的关联度开展相关分析，确保战略方向的正确性。

## 二、信心危机

建筑市场的竞争永远是激烈的，一个企业要做大做强，若只是在小河里扑腾，那么是不可能有机会实现大发展的；而如果要进入大海去闯荡，则一定要有相当的实力。市场竞争的大海里有时风平浪静，有时浪高风急，关键问题是：出现困难的时候，企业还有信心走下去吗？有很多企业一旦面临一段时间的困顿，就会出现信心危机。信心危机的表现形式主要有：企业遇到了很大的困难和压力，感觉撑不下去了，前进的信心受挫，出现放弃的念头。有的时候，由于宏观环境政策的调整，整个建筑市场进入了非常低迷的时期，让企业上上下下都感觉到市场经营困难重重；有的时候出现大量业主调整投资策略，企业的新项目迟迟不开；有的时候还会出现员工对上级或同事失去信任；等等。信心是比黄金还要珍贵的支撑力，一旦出现信心危机，对企业的杀伤力是巨大的。因此，企业要随时保持对员工信心的培育，不断鼓舞士气。其主要采用的措施有：加强对员工的危机意识教育，主导开展企业的战略培训，遇到困难时向员工正确表明企业正在采取的方法；认真分析各种市场环境的变化，特别是环境趋向恶劣时，企业要有明确的应对办法；当发生行业危机时，企业应当保持定力，冷静应对，趁市场发生转变时，积极开展员工技能的培训等，提高员工综合素质，梳理管理流程，砍掉流程中不必要的枝节，保持企业运营的高效率，以增强企业上下的信心和决心。另外，当发生特别重大的事件时，要用果断的手段来坚定员工的信心，有的企业还会特别强调员工忠于企业的重要性，以保持企业的核心人力资源。

## 三、市场危机

建筑企业从小规模发展到大规模，其间获取了良好的规模经济，给企业带来了实实在在的收益。但是，当企业发展到一定程度以后，规模就很难再做大了。有时企业虽然规模很大，但出现了"规模不经济"的现象。这时，作为企业的管理者就应当想到是出现市场危机了。市场危机的主要表现形式有：本企业在市场中占有足够多的份额，企业的规模很难再做大了，感到特别强大的竞争对手也就这几个了，企业的产业定位基本固定下来，产业不再有很大的拓展空间了，企业在同行中拥有了绝对的话语权，企业的年效益同比增长率出现拐点甚至下降，员工对于本企业发展前景的信心爆棚，各高校的应届毕业生言必称本企业的名号，等等。需要澄清的是，小企业的危机为什么不称"市场危机"？因为小企业只是奋斗在谋生存的道路上，是属于生存危机。值得深思的是，大企业却往往会晕倒在"大"而"强"的平台上。针对市场危机，建筑企业应当时刻保持清醒的头脑，避免高处不胜寒的境遇，不固守传统阵地，要积极拓展蓝海，努力延伸建筑产业链，甚至是创造全新的产业机会；要加强对行业政策法规的研究，加强对建筑市场的分析，加强对竞争对手的研究和分类管理，不断给自己敲响市场危机的警钟；还要积极配置各类资源要素，化解"规模不经济"的尴尬。

## 四、形式危机

建筑企业无论大小，都在自己成长发展的道路上积累了大量宝贵的经验，形成了很多的管理制度，因而在管理上就产生了各种"形式"，特别是大型企业，各种管理上的"形式"成为不能回避的一道道"风景"。当各类管理形式越来越多时，企业就很可能出现了形式危机。一般企业的形式危机主要表现在：企业内部的科层设置越来越多，为规避风险而设置的把关程序也越来越多；为了强化内部控制管理，管理部门的扩张成为司空见惯的事情，而随着员工职业通道的发展，企业总部和各级分公司的管理本部愈发庞大，进而形成大量为了确保管理的正确性、验证管理的合规性而存在的"管理"；很多部门或员工为避免自己或本部门不出错而少干事或绕道干事，管理注重形式，缺少对管理实质的重视，开的会议越来越多，但会议的质量却不高，形成解决方案的不多；员工不思进取，有消极怠工现象，管理上推诿的事情增多；绩效考评走过场，各类评比明显有失公开公平公正；等等。

要规避形式危机，管理者要增强自己的修养，拓展知识的广度和深度，能洞悉管理现象背后的实质，要严以律己，树立管理的榜样，要正确执行管理制度，彰显公开公平公正。管理上，要适当减少科层设置，充分利用信息化管理机制，实现管理扁平化；适当减少总部管理人员的数量，杜绝总部管理人员动用手中权力干扰管理程序、滥用管理资源的现象，更要禁止总部管理人员在面对基层时凭借管理优势、管理领先，出于私心而打压基层的现象。企业要确定各项管理目标，控制管理时间的分配，提高各类会议质量，提高管理效率；要精心筛选、优化管理程序，杜绝管理执行中的推诿现象，树立精干管理、高效管理的榜样，等等。

## 五、内部运营危机

当建筑企业在正常的运营管理过程中，除了正面的各职能部门、各岗位在执行企业的运营指令外，其外部环境的各种变化必然对企业产生相应的压力，企业内部也随着管理的推进而产生各种摩擦。如果管理者对这些压力、摩擦没有清晰的洞察力和纠偏能力，那么，这些压力和摩擦等对企业的正常发展就会产生负面影响。如果企业对这些压力、摩擦及其衍生行为处理不当，就产生了内部运营危机。建筑企业的内部运营危机主要表现有：对市场的变化反应迟钝，不能适应市场变化的节奏，窝在自己的圈子内以为规避了风险；对于建筑企业的数字化管理感到茫然，对互联网、云计算、大数据等不以为然，对于建筑产业现代化感到还很遥远，对于绿色施工管理进入缓慢等。

应对企业的内部运营危机，可以采取以下一系列应对措施：建立真正的第三方评价机制以收集外部对本企业运营的诊断信息，建立企业内部的评价机制以获取内部的运营管理诊断信息；适应时代变化，正确运用互联网、云计算工具，成功应用大数据为企业的各项运营把脉；增强对市场变化的应对能力，建立运营风险预警机制，果断纠偏，摒弃不良管理行为；切实推行绿色施工等良好运营程序，确保企业在管理上能不断扬弃，保持发展的后劲。

## 六、人力资源危机

很多管理者说，现在的建筑企业内部出现了年龄层断档，特别是在年龄为 45 岁至 55 岁之间的员工层面出现了空白。究其实质，是有着丰富管理经验、具备优秀职业技能、熟悉企业文化、适应社会运行规则的资深员工缺少了。事实上，这些正当年的员工在年轻的时候，他们的同辈在同一家企业内也是一茬茬的。但随着时间的流逝，离职的很多，以至于当他们成为企业的核心员工时，所剩下的同辈数量急剧下降。确切地说，这时的企业已出现了人力资源危机。建筑企业的人力资源危机有多种表现：不重视资深员工，给他们的舞台不足以让他们发挥最佳作用，导致资深员工的离去；符合岗位要求的员工（特别是注册类职业资格的员工）缺少，真正工匠型的员工缺少，优秀的员工奇缺；有的管理者面对众多的员工，缺少甄别方法，总感觉主动提出离职的员工才是企业所需的人才，不知道现有员工中有多少真才实学者，有多少独具匠心的人才；有的管理者对于企业的人力资源存量缺少盘点，不能很好地预测企业未来中期和长期发展的员工需要；有很多建筑企业没有把劳务作业人员中的高技能拥有者视为人才；等等。

要消除人力资源危机，建筑企业应当建立科学的中长期人力资源规划，开展员工职业生涯设计工作，定期更新岗位说明书，建立有效的培训系统和绩效考评系统，重视资深员工的使用和提拔，呵护青年员工的成长，建立作业工人培训基地并开展技能等级测评，人力资源的储备和发展要紧跟企业的发展和战略的需要，等等。由于建筑业总承包和总集成的培育，要充分认识到建筑企业人才培养的长期性和艰巨性，遵循人才培养和成长的客观规律，高度重视员工知识结构的变化、职业技能的成长需要，重视复合型人才以应对日益复杂的建筑施工、管理需要。

## 七、企业文化危机

任何一个建筑企业都有自己独特的企业文化。无论管理者及员工如何精心培育企业文化，或者是疏于培植企业文化，企业文化都在企业成立伊始就显示其独特的魅力，并反哺于所有的员工。在企业初创时期，其企业文化基本上都是积极向上、充满活力的。建筑企业经过一番运营，经过市场的洗礼，其企业文化就变得丰富多彩了。对一些大型建筑企业来说，伴随其成长的各种文化中有精华也有糟粕，当阻碍建筑企业朝成功方向迈进的阻力越来越大时，建筑企业就出现了企业文化危机。企业文化危机的表现形式有：员工对客户有情绪，对其他员工有猜忌，对领导阳奉阴违，对社会有怨气，发牢骚的员工越来越多，真正团结共事的员工稀缺等。有的建筑企业已经形成了自己独特的核心价值观，但员工对核心价值观的理解出现了偏差，或者是没有真正践行具有生命力的企业核心价值观。这时企业就应当从高级管理者开始，认真实践企业的核心价值观，关爱员工，增进沟通。当市场向好时，企业上下要团结一心，相互支撑；当市场低谷时也要同舟共济，共度时艰。总之，企业上下要真正践行企业的核心价值观，弘扬优秀的企业文化。

## 八、核心竞争力危机

建筑企业的核心竞争力包括很多方面，受到关注度最高的是技术的先进性与适用性。如果企业在建筑技术上是领先的，那么它在市场上某个领域的竞争就是具有相当优势的。还有一个核心竞争力是企业管理，但"管理"往往又是容易被忽视的。一家建筑企业有着先进而科学的管理机制，就好比人在大自然中呼吸着平凡而清新的空气。一旦管理上漏洞百出，那么就像空气受到了污染，企业的发展就会受到限制。通常企业的核心竞争力危机主要表现为：企业引以为傲的技术竞争力在市场上不再如鱼得水，企业在行业标准的制定上缺少话语权，企业在技术创新与管理创新方面投入明显不足，很少有各类创新成果出现，企业获得的专利、工法等偏少，作为基础性工作的各类作业指导书缺乏，等等。针对核心竞争力危机，建筑企业应当高度重视技术创新与管理创新，重用创新型人才而不是搬弄是非的人员，鼓励基层员工、项目部等开展质量管理小组这个有扎实群众基础的活动，鼓励专利、工法的申请，重视各类创新成果，推动各类成果转化为企业的现实生产力，等等。企业还要鼓励专利的转让，合法收取专利的使用费，推广吸引各类专家来企业传经送宝，鼓励本企业专家与外部专家之间的学习交流，主动到行业领先者那里学习，等等。

## 九、信息技术危机

当前很多的建筑企业在开发应用信息技术上是有点被动的，有些是为了企业资质的需要，有的只是为了赶时髦。有的企业虽然应用了信息系统，如办公自动化系统、档案管理系统等，但不是管理信息系统。或者说，建筑企业没有真正把管理的信息、管理的程序融会贯通，不能把管理过程中产生的大量数据应用到生产经营工作的实践中。有的建筑企业甚至都不知道自己已经存在了信息技术危机。建筑企业的信息技术危机主要表现为：企业的管理者分不清什么是信息系统、什么是信息管理系统；信息系统的应用与信息数据的分析管理是脱节的，甚至是互不相干的；企业管理者不知道企业真正需要什么管理系统，也不知道下一步究竟应该开发和应用什么系统，存在跟随大流、别人使用什么系统我也跟进什么系统的现象；对于 BIM 技术、VR 技术的应用缺少紧迫感，对于云计算基本没有感觉，对于物联网缺少研究，对于大数据缺少专业分析人才，更谈不上大数据应用型人才，等等。要解决信息技术危机，建筑企业的管理者应当认真分析本企业对于管理信息系统的需求现状，开发集数据采集、分析、应用于一体的管理系统；要大力培养大数据分析与应用人才，培养 BIM 技术、VR 技术、云计算等应用人才，深入研究物联网，使得企业的信息管理跃上新台阶。

## 十、执行力危机

建筑企业在发展壮大的过程中，制定了各种规章制度，既保证了企业产品的质量、安全，也保证了企业生产经营目标的实现。但是即使制度制定得再多、再规范、再完整，如果没有切实的落实与执行也是没办法推动生产经营工作的。现在很多建筑企业中存在着执行力危机，比如：员工对于企业的规章制度执行力不强，疲于应付，产生安全、质量、环境事故等；上级的指令经过两至三层的传递后出现偏差，基层一线的员工不知道或不理解企业管理者的真实意图，只是按照自己的习惯思维在进行工作；中层管理者对上级的管理思路理解不透，对下级的管理执行缺少纠偏；各类交底工作缺少针对性，作业人员不能正确按照规范标准执行等。应对执行力危机的措施有：加强各类岗位的培训，所有员工加强对规章制度的学习、理解与执行，树立榜样；避免对规章制度的学习、理解停留在仅要求各级员工在纸质文件上签字以留下相关学习痕迹的形式上，而真正对各项制度的理解却缺少系统性掌握的现象；对于常见的执行偏差采取切实有效的纠正措施与预防措施；对于成功避免安全、质量、环境事故的员工给予重奖等。

# 第四节 质量管理小组活动分析

建筑企业抓好质量管理有很多好的方法，特别是质量管理体系的推行，使得建筑企业的质量管理有了很好的保证。其中，质量管理小组活动又为解决具体的质量问题、改进质量工作等提供了很好的方法。要推进质量管理小组活动，可以把握好三个特性：一是开展活动程序的正确性，二是应用统计方法的适宜性，三是采集各类数据的准确性。

## 一、开展活动程序的正确性

### 1. 按照程序来开展活动的必要性

很多人在开展质量管理小组活动时都曾产生过一个问题：一定要按照质量管理小组的活动程序来开展活动吗？答案是肯定的。首先，质量管理小组的活动程序遵循 PDCA 循环。就问题解决型课题来说，P 阶段包括了选择课题、现状调查、设定目标、原因分析、确定主要原因、制定对策共六个步骤；D 阶段包括了对策实施一个步骤；C 阶段包括了效果检查一个步骤；A 阶段包括了巩固措施和下一步打算两个步骤。其次，质量管理小组活动的程序是科学的程序。PDCA 循环本身就是质量管理中公认的戴明原理，是经过实践反复证明了的科学程序。几乎任何一项管理工作质量的提升，不管是有意识还是无意识，都符合 PDCA 循环。最后，作为一个科学的程序，质量管理小组在活动时的确需要把握好选题的正确性、现状调查的严谨性、设定目标的可行性、原因分析的完整性、确定要因的客观性、制定对策的可实施性、有效性、对策实施过程的严谨性、实施结果的科学性、成果的标准性等。所以，开展质量小组活动必须按照程序来执行。

### 2. 小组活动程序讲究逻辑性

有些质量管理小组在开展活动或活动结束进行成果总结时，往往会遗漏某个程序，有时又会对某一个程序轻描淡写，显得不够慎重与完整，具体体现在：选题很粗率、现状调查没有找到问题症结、原因分析不彻底且没有找到末端原因、要因确认一笔带过、对策制定不科学、对策实施缺少严谨性、缺少标准化环节、总结很草率等。其实，整个质量管理小组的活动程序一环紧扣一环，逻辑性特别强。比如：如果现状调查没有找到症结或主要问题，那么是无法完成课题的；如果原因分析没有找到末端原因，那么采取的对策就没有效果；如果小组没有准确找到要因，那就只能再进入 PDCA 循环；如果对策制定不紧扣要因，那是乱弹琴；如果对策实施不严谨，就不会有好的效果；如果缺少标准化环节，则无法推广小组的成果；如果在企业或行业内缺少交流，就会多走弯路；如果没有很好的活动总结，小组下一次的活动质量就难以提高。

### 3. 创新型课题开展借鉴步骤的必要性

按照以前的创新型课题小组活动办法，小组只要能提出总方案和相应的最佳分级方案即可。但按照现在的小组活动程序，必须要有"借鉴"的步骤。除了大自然、周围事物等给予的创新灵感外，借鉴内容更重要的一个来源是通过查询而获得。为了更好地理解"查询"环节，先得了解创新的三种基本形式：一为原始创新，即前所未有的重大科学发现、技术发明、原理性主导技术等，比如爱因斯坦提出的

$E=MC^2$、爱迪生发明了电灯等，这些原始创新是前无古人的；二为集成创新，即通过对各种现有技术的有效集成，形成有市场竞争力的新产品或管理方法，比如中国商用飞机有限责任公司研发的 C919 大飞机就是集成创新的结果，现在的一栋建筑物里面也是充满了集成的产品；三为引进消化吸收再创新，即在引进国内外先进技术的基础上，进行学习、分析、借鉴，然后再创新，形成具有自主知识产权的新技术。第三种形式就是现在我们的质量管理小组广为采纳的形式，所以，小组在活动之初先通过查询的环节，经过学习、分析、借鉴后，再开展小组活动就更有针对性。然而话说回来，如果小组成员能够提出原始创新的思路，那么小组成员的查询、借鉴环节的确是可以放在一边了，同时小组的成果也必将引起社会各界的关注。当然这种概率比较小。

### 4."标准化"程序的重要性

质量管理小组在开展活动时往往会有一个疑惑：分明活动的目标已经实现，却还要有一个"标准化"的环节，即把小组开展对策实施活动中所采取的具体措施等进行提炼，实现标准化，如形成作业指导书、技术标准、管理标准、图纸、工艺等。这里要强调的是，这些"标准化"的结果，恰恰就是一次完整的质量管理小组活动所取得的成果，是小组、企业乃至行业宝贵的知识成果。说大点，人类之所以能创造如此先进的文明，关键在于人类能传承知识成果；说小点，质量管理小组要保持旺盛的生命力，小组活动对于企业的生产经营活动能产生直接的影响和推动，关键就在于小组活动的成果。所以说，这些"标准化"成果的地位是相当重要的，是整个质量管理小组活动中画龙点睛的一笔，是企业发展的宝贵财富，是推动企业、行业在技术、管理、创新等方面不断突破与前行的扎实基础、不竭动力。

### 5. 小组活动后对小组成员综合素质进行总结的重要性

质量管理小组活动的目的，不是简单地进行质量攻关或开展一次创新活动，更重要的是提高小组成员的综合素质，能够创造尊重人、充满生机活力的工作环境，能够充分调动人的积极性和创造性，能发挥人的无限能动性。因此，质量管理小组在活动的最后环节，要进行三个方面的总结，第一是专业技术方面，看看小组成员通过质量管理小组活动，在相关专业技术方面取得了哪些进步，掌握了哪些新技术、新工艺，在哪些专业方面取得了新的突破，有了新的成就；第二是管理技术方面，看看小组成员在质量管理知识方面掌握了什么新知识，在统计工具的应用上有了哪些进展，在活动程序与统计工具的适配性上有什么新体会等；第三是整个小组团队成员在综合素质方面的提升，从个人能力、团队合作、综合素养、创新意识、质量意识等多个维度进行剖析。通过这三个方面的总结，可以清晰地看出小组成员整体素质的提升，使质量管理小组活动成为企业培养人才的舞台，成为推动企业生产经营活动的重要载体，同时也进一步推动质量管理小组活动的开展。

## 二、应用统计方法的适宜性

### 1. 为什么要应用统计方法

在质量管理小组活动的过程中，小组会采集到大量各类数据，几乎从现状调查开始一直到总结部分结束，都会有数据伴随。为了准确地处理这些数据，更好地为小组活动提供科学判断、决策的依据，小组就要使用相应的统计方法。有人会说，即便不使用统计方法，不是也照样能开展工作吗？这个说法有失偏颇。因为现在的小组活动数据量实在太大了，光凭借目测、脑力思考等"老师傅"式的工作方法，恐怕来不及处理大量的数据，也容易出现偏差。况且当海量数据形成以后，如果没有统计方法的应用，小组活动会一团糟。在质量管理小组活动中使用的统计方法基本上是小组成员容易掌握的知识，小组成员只要通过科学的计算和一些通俗易懂的图形，就能够快捷、科学地做出判断。因此，在质量管理小组开展活动时，不仅要收集大量数据，还要让数据说话，特别是通过统计方法的应用让数据科学地说话。

### 2. 怎样应用统计方法才算适宜

统计方法是质量管理小组活动过程中应用的工具，不是小组活动的目的。小组应用统计方法，主要是为了提高管理的有效性和效率。不同的统计方法所体现出的功能与作用是不同的，唯有适宜的统计方法才能让枯燥的数据发出最合适的声音。每一项统计技术都有其应用的前提和条件，从适宜性的角度来看，当小组要分析存在的质量问题时，可以应用图示技术工具，如直方图、散布图、趋势图、排列图等，也可应用语言描述工具，如因果图、关联图、分层法等；当小组要监控生产和测量过程，则要应用控制图；如果小组要确定哪些因素对过程、产品性能等有显著影响，或者需确定最优搭配时，可应用试验设计工具，如 0.618 法、正交试验法等；当生产、设计条件发生变化时，为了预测和控制产品特性，可以应用回归分析法来提供定量分析模型；当生产过程受到多因素影响，若干总体的分布都是正态分布，且它们的方差相等时，可以应用方差分析来估计各因素的影响程度，如单因子方差分析、双因子方差分析；在检验时，经常会用到抽样方法，如随机抽样、系统抽样、整群抽样、多级抽样等，还可以通过假设检验来判断在规定的风险水平上，一组数据是否符合已给定的假设；还有模拟工具，利用计算机进行模仿，能够既安全又经济地获得所模仿系统的反映结果。

### 3. 常用的统计方法

小组常用的统计方法主要有：调查表，是用来把各类数据集合在一起，进行简单整理、粗略分析的一种统计图表；分层法，可以根据需要，按照人、机、料、法、环、测、时间等不同的类别进行分层处理，显示出其中的差异，便于快速找到主要矛盾；排列图，把不同特性的数据按出现的频率进行排列，可以抓住重点；因果图，根据问题特性，从人、机、料、法、环、测等六个维度进行逐层分析，查找原因；直方图，可以形象地反映数据的分布规律，发现问题；控制图，可以按照时间顺序，发现产品特性值的波动情况，找到异常点；散布图，可找到自变量与因变量之间的相关程度，可用来确认末端原因与问题症结之间的相关性；系统图，可以发现某个质量问题与其组成要素之间的逻辑关系和顺序关系；关联图，能找到因素之间有相互关联、纠缠的原因与结果；亲和图，把有关某一个特定主题的意见、观点、问题，按照它们之间的相互亲近程度加以归类、汇总，可以归纳、整理不同的意见、问题，发现新问题，构建新思路等；流程图，把过程中的步骤用图示的形式表示，可以帮助理清思路，发现潜在原因；矢线图，用网络的形式安排工作的日历进度，说明作业与工序间的关系，计算作业时间，确定关键线路；过程控制程序图，是为达到某个目的而进行多方案设计，找到解决方法；饼分图，把不同特性的数据按比例用扇形面积来表示；折线图，用来表示质量特性数据随时间推移而波动的情况；雷达图，可以直观检查各项工作的成效等。

## 4. 在不同的程序中可以应用的统计方法

针对不同的阶段没有固定的统计方法，不同的统计方法在运用中有各自的长处。其具体应用如下。选题的时候，可以用亲和图、柱状图等来找到小组需要解决的课题。现状调查时，可以用调查表、排列图、饼分图等来找到引起质量缺陷的问题或症结。在原因分析阶段，可以用鱼翅图、关联图、系统图等来逐层剖析导致质量症结的末端原因。在要因确认阶段，因为要大量用到现场测量、试验、调查分析等手段，因此应用的统计工具比较多，常见的有调查表、过程能力分析、折线图、柱状图、抽样、假设检验、直方图、趋势图、散布图、回归分析、模拟等，一直到确认完成。在对策实施阶段，经常用到流程图、正交分析法、矢线图、过程控制程序图、抽样、假设检验、过程能力分析、控制图、折线图等，以确保实施过程中对各类数据的合理分析。在效果检查阶段，使用的有柱状图、折线图、排列图、饼分图、直方图、调查表等，看设定的目标是否实现。总结时，常用到雷达图、折线图、柱状图等，以反映小组取得的各方面成绩。

### 5. 待应用的统计方法

应用统计方法的重点在于数据的处理能力，发现质量问题并改进，判断改进后的效果等。现在的质量管理小组成员的学历越来越高，知识面越来越宽，更多的统计方法将会得到应用，如对于测量系统的分析、可靠性分析、时间序列分析、失效模式和效果分析等。随着创新型课题增多、计算机技术的发展，建立各类数据模型、计算机模拟等手段将会越来越多地得到应用。实践出真知，随着质量管理小组活动的进一步开展，新的统计方法也会得到运用。未来的发展趋势不是统计方法越用越繁，而是数据的处理能力越来越强，统计分析的地位越来越高。

## 三、采集各类数据的准确性

### 1. 小组活动数据的来源

数据来自小组的活动过程。当小组按照程序一步一步开展活动时，其相应的数据也就不断地产生。比如：选题的时候，由数据表明所选的质量问题的确需要去解决；现状调查中，由数据来表明问题的严重程度，从而找到问题症结等；原因分析时，看似文字的描述，其背后也是数据在说话，是由数据来支撑逻辑的判断；要因确认中，大量的现场测量、试验、调查分析会产生数据；进行对策的多方案评价时，对其有效性、可实施性、经济性、可靠性、时间性等维度的评价也是数据在说话；对策实施时，要收集各项措施实施后的数据，以此来判断各项措施是否有效，并验证各对策所对应的目标是否实现，必要时要用数据来验证对策实施结果在安全、质量、管理、成本等方面的负面影响；效果检查，一定是用数据来验证课题目标是否完成，看对策实施后的现状改善程度，确认经济效益等；巩固期的效果确认等同样也需要数据。可以说，小组活动的全过程都有数据在产生。

## 2. 怎样收集数据

要做好数据的收集工作，先得明白数据的定义。数据是能够客观反映事实的数字和资料。因此，用数字描述是数据，用文字描述同样也是数据。数据产生于现场的测量、试验、调查分析等过程中，可以由仪器记录，也可人工记录。所有的数据要做好标识，以便追溯和分析。数据的收集要把握好三点：一是数据的时效性。一旦错过了特定的时间点，数据也就失效了。二是数据的客观性。数据必须真实地来自现场实测、检验、模拟试验、调查分析，不能凭空捏造或篡改。三是数据的针对性。数据必须针对特定的程序、对象而产生，否则就会张冠李戴，全盘出错。很多时候，数据的采集是要持续一段时间的，要保证采集过程的完整；但也不能忽略了有些数据是转瞬即逝的，要及时采集，以免贻误。

## 3. 提高数据的质量

小组在活动中采集到的数据的质量，直接关系到整个小组活动的成效。小组最初收集到的数字信息称为数值，是第一手资料，要经过归纳分析整理后，它才能成为有效数据。在归纳整理的过程中，要剔除一些数据，如离散度太大的数据、伪数据、失效数据等。离散度太大的数据是偶尔出现的数据，不能反映真实情况；伪数据主要是一些捏造、篡改的数据，是为了粉饰需要而形成的，属于假数据；失效数据则是过了时效，不能采纳。表示数据质量有两个指标，一个是偏倚，主要指多次测量结果的平均值与基准值的差值；另一个是变差，又称变动，是多次测量结果的变异程度。偏倚和变差小，则说明数据质量高。严格来讲，对于测量系统的分辨力也要分析，当测量系统的波动比制造过程的波动小，而且还小于公差限（不大于公差限的十分之一），则该测量系统有足够的分辨力，测量所得数据的质量也较高。另外，当小组面对大量数据时，就要用到抽样的办法。抽样的方法是否科学，将直接影响到后续对于抽样结果的分析。抽样时，如果样本量太小，那么很有可能无法真实反映总体情况；而如果样本量太大，则工作量也大，所花的成本也大。为了利用样本的数据来推断总体的某些性质，还需要运用假设检验这个统计方法。

### 4. "加工过"的数据会有怎样的危害

现实中难免有极个别的小组为了走捷径，会粉饰一些数据，让图形好看些，让目标"尽早实现"。这些作假的数据会造成多方面的危害：第一，数据失真，若是个别数据失真，则会影响采集数据的严谨性和科学性；若是形成了伪数据，则会影响到本程序及后续程序的判断与实施。第二，如果是更多程序上数据的失真，则会造成整个小组活动失真，导致目标没有实现，所得成果是伪成果。第三，一旦由小组活动的失真造成项目系统性的质量风险，那么整个工程的质量创优堪忧。第四，对小组成员心理上造成伤害，所谓的"捷径"反而使得效率低下。第五，一旦有关人员养成了数据作假的习惯，其从事其他管理工作时也会造成不利影响。

### 5. 学会使用大数据

大数据就在身边，质量管理小组活动也会遇到大数据。当小组在活动的各个程序中都认真收集数据时，大数据就产生了。数据会说话，大数据更会说话。当把各类数据信息集合在一起进行系统分析时，大数据会告知人们隐藏的真相、存在的问题、目标的确定、演变的过程、发展的趋势、实施的结果等。利用好大数据，关键就是掌握统计工具和正确地使用统计工具。现在专业机构的大数据应用往往借助于计算机系统。就质量管理小组而言，如果能充分利用好 EXCEL 中的统计工具，再辅之以一些常用工具，那么分析大数据就已经足够了。

# 第五节　劳务管理分析

现在很多建筑企业的劳务管理状况都不是很理想，尤其是一些总承包管理企业，在劳务管理上存在很多困难和挑战。比如说："农民工"的标签一直存在着，意味着这些似工似农、非工非农人员的尴尬境地；劳务作业人员接受技能提升的渠道单一，很多人是通过拜师的方式来学得一技之长，还有很多人完全是赶鸭子上架，刚进入施工现场就开始干活了；劳务作业人员的社会地位不高，吃、穿、住、行、薪酬、社保等均处于社会的底层，而且由于缺乏有关知识，在正当权利和利益受到侵害时往往难以维权；未来的劳务作业人员将出现严重缺口，经济发达地区的人员基本上不想再从事劳务工作，现有的劳务作业队伍中，大多都是即将进入中年或中年以上人员，年轻人不想再从事建筑劳务作业，而本应培养劳务作业人员的各类建筑职校培养出来的人才，基本上若干年后也转为管理，等等。因此，建筑企业的劳务管理必须从大局构思，从长计议，通过较长一段时间的努力来实现劳务管理质的飞跃。

## 一、当前劳务管理中存在的主要困境

### 1. 劳务作业人员接受的正规培训不足

劳务作业人员接受的职业教育有限，安全、质量等方面知识和技能的培训严重不足，对于绿色施工更是基本上没有清晰的概念。要说建筑企业中更接近产业工人的，首推建筑构件成品生产企业中的工人，主要原因是他们所处的工作环境是基本固定的，露天作业的概率小。他们所在的工厂对工人的管理相对规范，作业标准清晰，与其他行业的工厂环境比较相近。与之形成鲜明对比的是，在建筑施工现场施工的作业人员，更多地是由所谓的"包工头"临时召集起来的；当然也有由所谓的"班长"来召集的，这些"班长"有一定的手艺，但不同于企业组织架构中的班组，"班长"只是一种称谓，其真正的作用是召集劳务作业人员。这些劳务作业人员可能来自同一个村子，也可能来自五湖四海。有的是祖上有手艺传承下来，有的是临时跟着老师傅学几招，反正技术含量都不是很高，只要吃得起苦，不怕脏，就能干下来。稍微有点技艺的，可以自己担任"班长"，继续招募其他劳务作业人员。至于他们接受的建筑职业教育就相当有限，专业知识有限，更不要提安全、质量等知识教育了。

### 2. 劳务作业人员的日常生活状况堪忧

如果遇到比较负责的总承包管理企业，那么劳务作业人员的宿舍环境还是相对不错的。比如有集装箱式的集体宿舍，通常一个箱式建筑里面可以住6～8个人，装上空调后基本上是冬暖夏凉，宿舍区配有专门的淋浴室等。但并不是所有的劳务作业人员都有那么好的条件。有些专业的劳务队伍为了省钱，就到社会上租用一些濒于废弃的建筑物，如旧教室、旧厂房等，到了夏天更是多人挤在一起，晒被子这种事情基本上是无法实现的。劳务作业人员的吃饭是件大事，大项目上有劳务食堂，那十之八九是与管理人员严格分开的；小项目或是专业的劳务队伍，基本上是自己解决就餐问题，有的自己搭个简陋的炒菜棚，也有的在宿舍里悄悄烧煮，还有更多的人是依赖流动饭摊，如果碰上食品不卫生发生拉肚子的事情，只能自认倒霉。

### 3. 作业环境差导致劳务作业人员的职业健康有问题

相对来说，传统的施工作业现场环境比较差。一般来说，当项目处于前期时工作环境尚可，拿一栋高层建筑来举例，当基础部分完工，主体结构逐步向上施工时，现场的文明施工是有保证的。但二次结构施工开始后，现场环境大多不理想，尤其是多工种进场后，脏乱差、粉尘飞扬等现象比比皆是。有时候地下室的施工环境也是相当不好，粉尘等难以外排，各类噪声难以避免。环氧地坪施工、油漆施工时，其气味是相当有害的，但工人也只能忍受和克服。装饰部分开始施工时，很多有害气体和噪声也是重点污染源，油漆味、切割声等扑鼻入耳，接踵而来。工人由于工作强度高，加上舍不得吃，往往依靠天然的好体质与之抗衡。碰到一些年纪大的、身体素质差的，就会有疾病相伴。运气好的会由总承包单位等安排体检，而体检的内容更多的是血压、心率的测量等。那些真正患上了职业病的，其就医问题大多由劳务作业人员自己解决。

### 4. 劳务队伍自身几乎没有工会等组织来保障权利

除了一些大的总承包管理企业的下属劳务企业有比较规范的管理，如分工明确的职能管理、工会组织等以外，大多数劳务作业队伍是没有工会组织的，他们的个人合法权利等很难得到有效保障。比如，工人没有双休日，更多的是为了一点报酬而努力加班加点，对于加班工资也缺少积极的谈判；工人没有带薪休假，其实连正常的休假都是奢望，只有到了重大节日（如春节）才有像模像样的探亲休假；工人的薪资是自己很少主动谈判的，大多数是随行就市；劳务作业人员基本没有娱乐、休闲、体育活动，有组织的活动就更少了，年纪轻的劳务作业人员可以用手机上网消磨时间，看看电影等，而年纪大一点的，基本上就是抽烟、喝酒度过时光；工人也谈不上有什么福利，正规的企业给工人发件统一的工装，那就算不错了，条件好一点的可能还有双鞋子配套；现在的工人虽说是有综合保险了，但与正规企业职工的养老金、医疗保险、住房公积金等是有区别的，而且缴纳的比例偏低。

### 5. 工人流动性强，整建制管理难度高

工人之所以流动性强，一个很重要的原因是他们对于一个固定企业的归属感很差，甚至根本就没有归属感。他们在乎的是当天能挣多少钱，一个月后扣除各类支出后还能剩下多少。如果对于一个项目还算满意的话，那么就多待上一段时间；如果不满意，那么就走人。反正没有什么正式的社会保险等牵挂，也没有技能晋升之类的担忧。工

人在一个企业的工龄长短，是很难体现在薪酬上的。而企业关心劳务作业人员的一些观念还没有真正转变。至于评选个别的先进，那也更多是企业自身的需要。很多的环节在劳务这一块是赚了的，而工人们也没有什么大的企盼。虽说很多总承包企业是有劳务公司，是整建制的，但就其内在来说，除了少数的骨干，绝大多数工人照样是缺少归属感。还有一个流动性强的原因，是工人的"农民工"身份，他们需要回家种田，特别是农忙时节。何况，随着新农村的建设，现在农村的生活条件大为好转，很多原本从事建筑劳务的工人可以有更多渠道获得更多的收入，也就懒得再出来从事建筑劳务工作了。

**6. 劳务作业人员的子女教育问题、赡养父母问题严重**

有很多劳务作业人员是夫妻双双在工地上劳作，男人从事建筑施工，女人则做一些后勤事务，如食堂勤杂、打扫等工作，而孩子就只能交给老家的老人代管。有些劳务作业人员纵然是自己一个人在工地上，但家里人也是在外打工，小孩照样是依赖老人照料。这样就导致了子女教育出现问题，家长缺少与孩子的直接交流沟通，小孩遇到麻烦事也只能依靠老人来解决，更谈不上辅导功课等事情。而一些中年劳务作业人员的父母照料问题也较为突出，老人勉强能做一些农活的已经非常不错了。如果老人生病或者没有体力干活了，那么他们的生活状况就很糟糕。而解决农村的养老问题本就是一个比较大的综合工程，缺少实质性的关心。

**7. 劳务队伍的来源减少**

经济发达地区几乎没有人愿意从事建筑施工，在很长一段时间中建筑劳务几乎成了贫穷、落后、教育程度低的代名词。在 20 世纪 90 年代以前，建筑施工企业是有自己的劳务队伍的。他们基本上是来自本地市区或者郊区的工人，企业还有自己的技校来培训专门的技术工人。而到了 20 世纪 90 年代中期，随着管理层与劳务层的"两层分离"实施，劳务作业人员成了一个个独立企业或者是包工头手下的"兵"。

随着本地区城市经济的发展，原先本地区的劳务作业人员或转岗成为现场管理人员，或转岗做其他行业，劳务作业人员更多地来自周边其他省份。而如今，长三角、珠三角等地区的经济发展迅猛，当地很多年轻人不愿再从事建筑施工，现有的劳务作业人员更多地来自偏远地区，如云南、贵州等地。而且，很多劳务作业人员缺少专业的技能培训，受教育程度有限，与城市的经济发展不协调。

### 8. 劳务作业人员与外部的沟通有限

总承包管理企业或专业承包企业与真正一线劳务作业人员的沟通渠道有限。不知是有意还是无意，劳务作业人员由于学历不够、知识面不宽、来自偏远地区、缺乏自信等原因，他们与总承包管理企业或专业承包企业之间没有多少实质性的信息交流。一般来说，这些劳务作业人员接触得最多的有两类人，一类是他们的带班，即所谓的"班长"，班长主要是负责任务分配，也有负责发薪水的；另一类是包工头，包工头是能够承揽到任务的人，也是主要负责发薪水的人。现在很多劳务作业队伍中，能够负责作业技能提升、与各类企业进行信息沟通的"班组长"是稀罕的角色。同样，建筑企业的高层也几乎没有主动接触劳务作业人员之意，得不到基层的第一手信息，往往只有在高温慰问等特定场景下，建筑企业的高层们才会有机会与一线劳务作业人员握个手、问个好、分发一下慰问品之类的，而真正能够俯耳倾听一线劳务作业人员心声的场景就更为罕见了。另外，劳务作业人员向上申诉的渠道有限，比如曾经很严重的务工人员薪水拖欠问题，若不是当年有国家领导人亲自过问农民工的收入问题，务工人员要想按时拿到薪水是存在很大困难的。事实上，每年春节前夕的讨薪问题是相当严重的。如今，政策导向则把发放薪水的压力转移到了建筑企业，而不是源头上的业主，所以，不得已时农民工还得通过一些非常手段来帮助建筑企业去向业主要钱款。

## 二、破解劳务困局的方法

### 1. 战略上视劳务为合作伙伴，合作共赢

每一项建筑工程的完成都离不开劳务作业人员的功劳，他们是工程项目上的重要施工作业力量，是建筑产业链中不可或缺的重要一环。因此，社会各界包括建筑企业应当摒弃劳务作业人员低人一等的观念，而是要把劳务作业人员有机地整合在一起，视劳务方为合作伙伴，主动为劳务作业人员提供必要的技术、管理、培训等支持，致力于提高劳务作业人员的综合素质。唯有各方的紧密结合，才能完成建筑精品。建筑企业还可以在政府有关部门、行业协会等支持下，搭建施工板块的产业链平台，把劳务作业人员纳入其中，大家共享信息，在提高工程施工质量的同时，进一步提高对业主的服务质量。

### 2. 规范劳务分包管理模式

在国家现有的建筑业管理法规制度下，劳务作业队伍是各类总承包管理企业或专业承包企业发包的对象，劳务作业人员所承担的工作就是具体的施工操作，如混凝土、钢筋、水电、通风、装饰、防水等各工种的施工。特别是现在"双包"的工程比比皆是。所谓双包，就是分包单位不仅提供劳务作业，还负责材料设备等的采购管理。当然，实力强的劳务队伍还有自己的施工管理力量，他们只是借用了发包单位的资质、企业品牌等，业主也可就此规避一些不必要的麻烦。这样的"双包"工程，实质上是类似其他商品市场上的贴牌加工。为了规范建筑市场，就需要进一步规范劳务作业分包管理模式，通过政策机制让有实力的原分包队伍逐步成长为专业承包企业甚至是总承包企业，消除发包企业只收管理费的现象，甚至淘汰不思进取的发包企业。各类施工企业在发包劳务的同时，应当潜心培养劳务作业队伍的操作技能和实力，以期共同赢得市场认可。

### 3. 认真建立实施合格劳务分包方的评价机制，并不断完善

现在很多总承包管理企业或专业承包企业为了适应现代管理的需

要，满足各种管理体系的贯标要求，都建立起合格劳务分包方的评价机制，但是在真正实施过程中会碰到各种各样的实际情况，执行力会有偏差。建立针对劳务分包方的评价机制，包括评价劳务队伍的资信能力、以往工程业绩、现有的技术工人力量、配合发包方的工程创奖情况、工人的相对稳定性、工人的来源与培训、满足规模生产需要的能力、承担风险能力、工人的遵纪守法情况、项目各方的口碑等，甚至包括劳务家属的评价、社会的评价等。在评价的执行上，要强调客观、公正、公平，减少各类因素的干扰，以有利于企业的发展和项目的完成为目标。要建立起合格劳务分包方的评价数据库，为战略合作、长期合作、提升劳务评价等级、建立长期互信、共同承担风险等提供依据。

## 4. 建立劳务基地，培养建筑产业工人

对于大型建筑企业而言，为了保证劳务队伍的来源，确保劳务队伍的职业技能，建立劳务基地是个可靠的途径，而且可以实现七个转变：一是从季节性的劳务用工输出，向持续性的劳务用工输出转变；二是从传统老师傅的传帮带，向课堂规范性培训考核的方式转变；三是从农民工的思维，向专业技能作业人员的思维转变；四是从劳务低技能向职业工人高素养转变；五是从总包、分包之间经济纽带关系，向各方综合性利益方向转变；六是从发包方严加管控劳务，向以人为本方向转变；七是从劳务是外包工人，向作业队伍是自己人的观念转变。建立劳务基地的事情，可以由建筑企业自己完成，也可以通过与劳务的输出地政府部门合作，共同建立劳务基地，从而带动劳务队伍所在地的经济发展和人文素养的提高。

## 5. 创造良好环境，保障劳务作业人员职业技能提升

从硬件条件来看，现在的建筑企业施工现场比以前有了很大的改善，同时，劳务作业人员的作业环境也必须得到充分保证，让工人们在相对较好的环境之下开展作业活动，也有利于提高作业质量，使工人作业的职业技能得到提升。从软件条件来看，建筑企业必须把劳务

作业人员视为自有职工，从舆论上促进与劳务队伍劳动关系的和谐，让劳务作业人员享受与城市工人同等的福利待遇，实现劳务作业人员体面劳动，让劳务作业人员具备创造幸福生活的条件。更为重要的是，要促成劳务作业人员的技能培训，从应知应会等方面提高劳务队伍的素养，通过考核等方法来进行劳务作业人员的分档晋级工作，推动劳务作业人员职业技能的大幅提升，也为促进建筑企业质量安全管理水平的提升、做好现场绿色施工管理等打好基础。

### 6. 切实关心劳务作业人员，提高劳务作业人员薪酬

劳务作业人员的辛苦是大家有目共睹的，但劳务作业人员的薪酬待遇却比较低微，尤其是与项目上的管理人员来比较，更是有相当大的差距。可能有人会提出，管理人员之所以薪酬高，那是因为他们从事的脑力劳动创造了更多的价值。可要是比较一下发达国家的建筑劳务作业人员的薪酬，会发现其与大多数项目管理人员的差距没那么大，甚至资深专业技能作业人员的薪酬要比白领高得多。薪酬平等现象的背后是对劳务作业人员长期职业技能积累的肯定。职业可以有分工，但薪酬差距太大对于劳务作业人员来说是相对不公的，而且也会打击劳务作业人员主动接受技能提升的信心。因此，要切实关心劳务作业人员，提高劳务的薪酬，特别要体现出高级技术工人的价值，杜绝欠薪等事情的发生。

### 7. 把班组真正管理起来，体现劳务作业人员的主人翁精神

现在的施工现场虽然说是有班组，但很多班组只是一种临时的组合，是由带班的人召集起来仅仅为了谋生的一种形式。这些班组缺少真正的管理，或者说管理得不太理想。把班组真正管起来，就需要明确每个班组的职能、发展的方向、与企业战略的同步等，需要培养核心技术员工，建立良好的班组文化，开展技能比武，进行同行间交流，不断提高班组的作业水平和效率，提高质量和安全意识。建筑企业在全局管理上，一定要把各项管理内涵渗透到具体班组，增强班组的使

命感；把劳务视为建筑施工企业发展的重要战略合作伙伴，视为一种重要人力资源，要通过主人翁精神的培育来增强劳务作业人员对于所在企业的归属感。要在提升劳务技能的基础上，真正评选一批劳务作业先进人员，树立先进班组的榜样。在管理手段上，要建立信息化机制，建立劳务作业人员档案资料，使劳务资源得到切实开发。

**8. 真心关爱劳务作业人员，促进劳务作业人员的职业健康、心理健康**

长期以来，由于施工现场的环境质量不甚理想，劳务作业人员的职业健康状况堪忧，他们经常受到灰尘、噪声污染等的侵害。而且劳务作业人员的劳动防护用品也很匮乏，很多包工头为了省钱，基本上都是简单配置一些手套、安全帽等，很少有专业的个人防护用具，像施工专用鞋、护目镜等配置很少看到。因此，建筑企业应当敦促劳务单位为劳务作业人员配置足够、适用的劳动防护用品和专业保护装置，切实推进现场文明施工；敦促劳务单位建立现场施工的营养配餐机制，定期进行作业人员的健康体检等，促进劳务作业人员的职业健康。另外，要真心关爱劳务作业人员，增进劳务作业人员与各界的交流，推动文化进班组，促进劳务作业人员的身心健康。还要关心好劳务作业人员的家庭，尤其是要妥善解决劳务作业人员的子女上学就读等问题。要给予劳务作业人员与城镇人员一致的身份认同和相关福利待遇，使关爱传递到劳务作业人员心间。

**9. 运用激励机制，发掘和表彰劳务先进，增强劳务自信**

建筑企业可以整合本企业和社会上的各类培训资源，开展劳务的技能培训和研习，组织各工种多形式的职业技能大赛，让劳务作业人员在施工作业现场尽情施展本领，为高品质施工、低成本施工提供匠心服务。要把握多种时机，发掘劳务中的各种先进典型，可以是技能高手，也可以是效率能手，还可以是尽情奉献企业的忠诚者。要认真表彰各类先进，充分增强劳务作业人员的自信，发扬各种先进精神，激励广大劳务作业人员更好地投入到施工生产中去，进而良性反馈给建筑企业以高质量的作业成果，提升建筑企业和劳务队伍自身的品牌。

### 10. 培育工匠文化，提升劳务作业人员的社会地位

工匠文化是劳务作业人员所追求的一种精神、价值观。工匠文化包含了很多寓意，如技艺精湛、做事认真、甘愿奉献、任劳任怨、虚心学习、勇克难关等。在劳务队伍中要悉心培育工匠文化，让鲁班传人传承为人称道的口碑，由此来提升劳务作业人员的社会地位。工匠文化的核心要义是技艺精湛，能够做出建筑精品。要在全行业大力提倡以精品为导向的工匠精神，让建筑行业的劳务工匠享有超值的回报，使得广大劳务作业人员愿意在建筑行业干下去，能够放心做下去，从而传承好一代又一代的工匠文化，推动建筑企业的良好发展。

### 11. 着手培养未来的劳务作业人员

建筑企业应当未雨绸缪，着眼未来，考虑培养和引进经济相对不发达国家和地区的劳务作业队伍。随着中国经济的强劲发展，从事艰苦工作的劳务作业人员在不断减少，当前建筑企业面临着劳务队伍来源由东向西的转移问题。再过若干年，随着西部地区的经济发展，劳务作业人员还将进一步减少。因此，着眼未来，建筑企业应当考虑培养和引进经济相对不发达国家和地区的劳务作业人员，从建立劳务基地开始，培养他们对中国文化、中国建筑企业的认可度，逐步培养他们的中文水平和相应劳务技能，从而为下一步真正走进中国建筑市场、走向全球建筑市场打好基础。

# 第六节　基础管理分析

基础管理工作在所有的企业里都存在，它主要是指对企业内部运营环境和过程的管理，是对各种管理体系、制度、程序等执行情况的管理

过程。打个比方，一个人如果身处一个优质的空气环境中，做事情时是想不到空气存在的，但一旦空气质量出了问题，就会对身体健康构成极大损害。同样，如果基础管理工作抓得扎实，企业就拥有了一个良好的运营环境，各项工作顺利开展时，是想不到基础管理的重要性的。而一旦基础管理出了问题，企业管理肯定捅了大娄子。建筑企业要根据企业发展的情况，明确基础管理的工作思路，贯彻系统管理和过程管理的思想，夯实基础管理工作，改进检查模式，更新检查内容，让基础管理更贴近生产经营的需要，从而为企业快速发展奠定扎实基础，保持企业良好的发展后劲。

## 一、基础管理的内涵与工作思路

### 1. 基础管理的概念

基础管理是对企业内部运营环境的管理，是对企业内所有管理体系、管理制度、管理程序等执行情况的管理过程，包括检查、诊断、分析、验证、持续改进、补漏等过程。常见的基础管理内容有：企业章程、生产管理、经营管理、技术管理、人力资源管理、综合管理、项目管理等各项管理制度；质量、环境、职业健康与安全等管理体系程序；财务管理、资金管理、资产管理、商务管理、风险管理等内部控制制度；国家和地方当前适用的法律、法规、政策等的合规执行情况。基础管理伴随着企业的运营而存在。对于建筑企业来说，要通过平时周期性的基础管理做好检查、反馈、整改等工作，从而确保生产、经营等各项工作的有序进行。

### 2. 基础管理的重要性

基础管理工作在企业各项管理中是个说大不大，说小不小的工作。说它小，是因为虽然每个人都能感受到它的存在，但在执行过程中往往会出现偏差，或者是在管理过程中有轻视的现象；说它大，是因为如果企业的基础管理推行不严谨、不扎实，那么，将会对企业的整体运行产生很大的影响，甚至是"基础不牢，地动山摇"。从建筑企业的角度来说，随着国家经济建设步伐的不断加快，建筑企业迎来了快速发展的好时机，大量建筑企业的市场经营范围、施工区域不断扩展，施工项目不断增多，施工产值持续上升。随之而来，宽泛的工程地域分布、各地的分公司建设、每个地方不同的法律法规政策环境等，给传统的基础管理办法带来了困难和挑战。其主要表现为：项目分布广，进行一个周期的基础管理耗费的时间变长；企业处在快速扩张期，项目上新进员工多，各类员工对于企业标准制度的熟悉和掌握程度不够，对于国家的法律法规等知晓不多；执行基础管理检查工作的人员的综合素质需要进一步提高；基础管理的具体检查在方式内容上给人以老套的感觉，缺乏新鲜感等。在这样的背景下，如何抓好基础管理工作的问题显得更加突出。

### 3. 基础管理的工作思路

建筑企业要适应生产经营形势的变化，明确基础管理的工作思路：要适应企业在本地区发展和走出去发展的需要，以国家法律法规、各管理体系"贯标"程序文件、企业各项规章制度等为准则；以关心人、培养人，取得各项管理成果为目标；以项目策划、施工组织设计、作业指导书、施工管理流程等为指导；以获取项目效益为核心，贯彻系统管理和过程管理的思想，通过坚持不懈的努力，夯实基础管理工作；改进基础管理检查模式，更新基础管理检查的内容，让基础管理更贴近生产经营的需要，为企业的快速发展奠定良好的基础，保持企业良好的发展后劲。

## 二、夯实基础管理的基础

### 1. 基础管理检查体现两个"思想"

要执行高质量的基础管理，首要环节就是把基础管理的基础夯实，确保管理制度化，制度流程化，流程高效化。在基础管理检查中，要体现两个"思想"：一是体现系统管理的思想。企业是个完整的有机体，各部门都是企业的组成部分，所以基础管理需要各职能部门协调配合，把施工、质量、安全、采购、技术、企业管理、经济运行等职能管理融为一体，强调协同管理，这样有助于及时发现问题、剖析问题并解决问题。二是体现过程管理的思想。企业各项规章制度重在过程中的执行，只有过程执行正确，才能确保最终管理目标的实现。若过程管理出现偏差，则差之毫厘、失之千里，管理得不到控制。

2. 有效构建企业规章制度标准的大体系

建筑企业应当有效地构建企业规章制度标准等大体系，这个体系包含了技术标准、施工标准、管理标准等体系的主干，也包含了各类规章制度标准的具体执行。企业领导要高度重视规章制度标准体系的建设工作，由标准体系的主责部门负责体系主干内容的扩充、修订、完善、维护等工作。企业的规章制度标准体系可以分层级实施管理：第一层级是集团公司、公司总部对各类管理制度和标准的实施、管理、监督、反馈；第二层级是子公司、分公司对相关管理制度标准、相关工作流程的实施、管理、监督、反馈；第三层级是项目部对各类管理制度、标准的实施、管理、反馈等。标准体系的应用管理工作，可以由企业的综合管理部门牵头，由所有的职能部门共同开展，与下属分公司、子公司、项目部等形成联动，共同推进。

3. 建立企业制度标准的学习机制

企业的学习机制应从上而下逐一展开。一般来说，企业的"质量、环境、职业健康安全"等管理体系程序文件，以及各类技术、财务、综合管理制度标准等是企业生产经营工作的重要管理准则，可以由企业的相关职能分管领导牵头组织每个职能部门全体人员逐项学习各类管理制度、标准、程序文件，对重点内容进行重点讲解与领会，确保职责分配清晰，不漏条款，不漏项；对于各管理制度的基本要求，确保完全受控与掌握；对难点部分，确保精准传递管理要求；对于各层面的员工普遍熟悉的管理要点，也要确保"阴沟里不翻船"；对各制度间的内容要融会贯通。

### 4. 营造尊重法律法规和标准制度的氛围

按制度标准办事是基础管理的基本准则，营造尊重法律法规和标准制度的良好氛围，是企业各项管理制度标准得到有效执行的重要保证。营造氛围的方式有很多，比如通过会议、简报、培训等多种方式来营造尊重法律法规和标准制度的氛围。针对项目部点多面广的分布情况，可以要求各区域的项目部根据当地的施工需要，有针对性地收集国家法律法规及地方各类行政法规的资料，并及时做出合规性评价。对于法律法规和标准制度的遵守情况，是检验一个企业、子公司与分公司、项目部管理运作情况的重要内容。

### 5. 提高基础管理检查人员的业务能力

基础管理检查人员业务能力的高低，直接决定了基础管理是否得到有效保证。企业可以根据检查人员的业务能力，把他们分成两类：一类是资深的检查人员。他们往往具有长期的检查经验，对于标准制度的理解和掌握程度较深，能融会贯通地运用标准制度，并能切实解决项目部各类疑难杂症。这些资深的检查人员通常也是管理体系的内审员，具有相当强的审核、评价、沟通等能力。另一类是正在成长的检查人员。他们往往进单位时间不长，在职能部门锻炼的时间也不长，对于各项管理工作还有一个熟悉的过程，需要老师傅带一下。企业通过提高检查人员的业务能力，来确保基础管理的高质量运行，使企业的各项管理落到实处。

### 6. 提高基础管理检查人员的公信力

执行基础管理检查的相关人员是代表企业在履职，必须具备良好的公信力，并对被检查单位的工作质量做出客观公正的评价。基础管理检查的目的就是推动企业生产经营活动的正常有序开展。对被检查对象在各项管理过程中出现的偏差进行纠正和预防，是基础管理中的方式之一。如果检查人员在检查过程中有了私心或者与某些利益挂钩，就会失去公信力。一旦基础管理检查人员失去公信力，对企业的危害是非常大的，很有可能被检查单位的员工会对企业的管理层失去信任，或者是相关员工学到了某些所谓的应对检查技巧，最终结果是企业的整体管理运行出现偏差，导致生产经营活动受到阻碍，甚至会引起管理上的倒退。对于公信力的培养主要应把握好以下三点：一是加强思想教育，树立检查人员的责任感；二是加强培训，通过相关检查案例的分析，让检查人员正确认识公信力的作用；三是奖惩，对于正确把握公信力的检查人员给予奖励，对于无意中损害公信力的行为给予纠正，对于故意损害公信力的行为人必须坚决清除出检查队伍。

## 三、基础管理检查模式

### 1. 推行基础管理工作的三个"结合"

基础管理的检查模式没有统一的方式，每个建筑企业都可以根据自己的生产经营需要，不断赋予基础管理新的内涵，以提高基础管理检查的质量与效率，满足生产规模不断扩大的需要。在具体推行基础管理工作时，可以做好三个"结合"。第一个"结合"是基础管理与质量、环境、职业健康安全"三合一"管理体系相结合。在日常管理工作中，把"三合一"贯标的要求与基础管理的内容紧密结合在一起，能够有效避免贯标工作书面被查资料与生产运营实际相脱节的"两张皮"现象。在对项目部开展基础管理检查的同时，贯标内审工作也可以同步开展，从而节约管理资源，提高管理效率，避免了重复检查，增强了检查的有效性和针对性。第二个"结合"是基础管理与经济运行的"预算、产值、资金三同步"管理工作相结合。基础管理工作确保了项目部项目管理的有效受控，"预算、产值、资金三同步"管理工作确保了经济运行管理的正常开展。基础管理检查与"预算、产值、资金三同步"检查同步进行，增强了基础管理与"预算、产值、资金三同步"管理信息的关联性，可以系统地发现问题、解决问题，提高项目的整体管理水平。第三个"结合"是基础管理与企业内控管理相结合。通过日常的检查工作，及时发现企业有效运行中存在的各种漏洞，确保企业按照国家法律法规、各类政策要求，以及企业的内部各项管理规定而健康、安全地运行。

## 2. 推行管理交底与基础管理检查并行制度

对每一个项目部来说，如果能够在项目开工之初得到企业职能部门的支持，特别是在各个管理环节上进行有针对性的交底，那么对于项目部高效、高质量地履行项目合同，提升业主的投资价值将是非常重要的。而企业限于各类管理资源的紧缺，对每个项目在一年的周期里进行多次基础管理检查是有相当难度的。因此，为了提高项目管理的质量，对于新开项目，可以在对该项目执行第一次基础管理检查前，先实行管理交底制度。交底内容包括：各职能部门相关条线的管理规定，各管理体系贯标工作的特别注意事项，项目策划的主要构思，人员的培养目标，项目的技术课题立项，相关风险管控，等等。管理交底的内容也组成了该项目管理策划的基本大纲。企业各职能部门从第二次基础管理检查开始，进行正式检查并打分。每个检查人员要核对交底内容的落实情况，找出存在差异的原因。管理交底与检查并行，使项目部能快速走上管理正轨。

## 3. 实行检查队伍专家制与带教制

检查队伍的专业技术知识、管理技术知识、综合能力、审核能力等，决定了基础管理的工作质量，对于项目部各项工作的开展至关重要。因此，检查人员应当是企业内部各项管理的专家，甚至是行业内的专家，必须具备诊断出问题、开得出方子的能力。执行基础管理检查的人员必须全部具备审核技能，有管理体系贯标内审员资格，并有中级以上的专业技术职称。具有多年管理实践经验、管理经历丰富、对规章制度掌握娴熟的检查人员，特别是资深的内审员，可以定为内部的检查专家。由检查专家签发的过程管理诊断描述具有相当的权威性，对于他们的管理意见与建议，项目部必须在整改单开出后及时整改。同时，实行检查队伍带教制，让资深专家与新进入管理岗位的人员进行搭配，由资深专家负责管理内容和检查方法的带教，把企业内部的新人带动起来，使基础管理"后继有人"。

### 4. 明晰管理职责的分配与管理边界的接口管理

企业的各项管理职责涵盖了生产运营的各个方面，管理职责的科学而清晰的分配是保证企业管理各环节正常运行的重要基础工作，也是基础管理执行的重要依托。一般由企业的相关领导牵头，相关职能部门根据质量、环境、职业健康安全"三合一"管理体系的要求，以及企业生产经营和风险管控的需要，经过工作任务分析后，及时调整、发布各部门的管理职责分配，也可以适当参考同行中其他公司的管理职责分配情况，以达到适应或优于同行的管理状态。子公司、分公司的管理职责应该与上级公司的职责分配基本一致，但是在管理执行层面的职责要更清晰。管理边界的接口往往是基础管理中的难点，有时会存在个别部门置边界于不顾的情况。因此，对于各管理部门之间存在的管理边界接口，可实行职能双覆盖管理，即明确以一个管理条线为主，另一个管理条线或其他几个管理条线为辅，但是管理责任同步推行，不分先后，避免扯皮。

### 5. 实行基础管理讲评与奖惩制度

通过基础管理的讲评工作，可以让各分公司、项目部等知道自己在管理上存在的问题，了解自己单位或岗位与其他单位或岗位之间的差距，明确自己管理上需要进一步提升的地方，对各管理流程有更深入的掌握，从而推动企业整体管理水平的提升，提高管理的效率与效用。通过基础管理的奖惩机制，可以有效激励员工、分公司、项目部等发挥主观能动性，挖掘潜在能力，知晓管理的短板和痛点，及时纠正管理问题和预防管理问题的出现。讲评制度可分两个步骤进行，第一步是在分公司、项目部检查的同时，把检查结果及时告知分公司、项目部，便于及时整改；第二步是在公司的办公会上进行讲评，把出现通病的管理问题在整个体系内进行解决。讲评制度强调针对性、时效性和覆盖率。奖惩制度的设计上，可以突出把基础管理考评结果与分公司、项目部有关人员的收入挂钩，与项目部的年终推优评先工作挂钩，且增大权重。在激励制度的设计上，可以考虑对于名列前茅的分公司、项目部等给予免检奖励，以充分认可分公司、项目部的管理水平和管理状态，提高各岗位的管理自觉性，同时也节约了管理资源。

6. 对不同类别的项目进行分档次考评

虽说实施一个项目的基本流程大致相同，但项目与项目之间的管理难度是不同的。因此，需要对项目进行类别的划分，通常划分的依据是施工的技术难度的差异，比如项目的体量大小的不同、地下工程基础深度的不同、大楼高度的不同、机电综合的不同、弱电与智能化应用的不同。其他根据项目性质而划分的依据有：民用建筑、商业建筑、机场、港口、铁路等。根据项目类别的不同情况，在执行基础管理时，应该设立相应的考核制度，使企业内所有类别的项目部都有机会享受优质管理与服务。对于不同类别方式的项目予以分档次排名，鼓励所有项目部都切实根据企业的管理要求，狠抓管理；对于优秀的项目部、项目管理人员予以表彰和奖励。上级公司可以对子公司、分公司所属项目部，根据项目类别实行抽样检查，对项目管理中发生的重大事项进行专题报告，杜绝管理漏洞。

## 四、基础管理检查的实施内容

### 1. 对企业各项规章制度的执行情况

各分公司、项目部对于企业各项规章制度等的执行情况，直接决定了企业的管理运行质量。所以，准确掌握企业所有规章制度的执行情况是基础管理检查的重点内容。企业检查者可以把国家和地区的政策要求、质量环境职业健康管理体系贯标要求、经济运行相关工作的管理要求等融入基础管理检查中，敦促分公司、项目部把各管理体系的运行工作当作基础管理的日常行为。分公司、项目部高质量地执行企业的各项规章制度的要求，是企业良好发展的重要基石。

### 2. 项目管理策划的执行情况

项目管理策划是确保每个项目部正常开展施工活动，项目管理成功实施而制定的详细计划书。项目管理策划的内容可以分为四个部分，一是综合管理策划，明确项目管理组织体系和管理职责分配，提出各项管理目标，包括质量、安全、环境、职业健康、绿色工地创建、人才培养、效益、资金等。二是施工管理策划，是对施工全过程进行谋划，保障劳务、材料等各类资源的合理有效使用，确保质量、安全、绿色、文明等施工管理受控。三是技术管理策划，根据项目的特点、难点，确定适用的技术规范、标准，开展技术攻关，确定各类专项方案，提炼本项目特点的技术成果，确保企业科研经费在项目上的落地，等等。四是经济运行管理策划，重点是预结算、成本控制、资金管理、风险管控等。企业通过基础管理检查工作，进一步提高项目部对项目策划的认知程度，提高执行力。

### 3. 项目部的总体及阶段性目标的落实情况

对项目部各项目标的落实措施、完成情况定期进行诊断是保证项目成功实施的重要方法。在项目策划时，各项管理目标就已经确定，主要有质量创奖、安全管理、文明施工、绿色施工、经济效益等。通过基础管理检查，把项目管理过程中存在的问题、需要协调解决的问题都暴露出来，明确责任人和整改落实时间，确保问题都能及时解决。在开展基础管理检查的同时，企业的职能部门相关人员可以与项目部人员一起探讨、发掘需要立项的管理、技术等课题，包括项目管理的创新、技术攻关与创新、专利申请、质量管理课题及质量管理小组活动等。课题一旦正式立项，报企业有关部门批准后即正式实施。在基础管理检查的同时，部门管理人员与项目部人员可以就立项的课题开展情况共同探讨，以取得更好效果。

### 4. 各类人才成长目标的落实情况

人才成长目标是项目管理各目标中相当重要的一项。通过项目管理过程中的锻炼，从项目经理、项目技术负责人到各专业工程师乃至资料员、材料员等，都会在自己的工作岗位上得到长足进步。因此，建筑企业在开展基础管理检查的同时，必须推进项目上各类管理人员成才的进程。比如：在检查工作中，要求员工在项目开工伊始，就进行相关课题的立项；在项目施工过程中，要求员工开展专业技术论文的撰写，准备注册建造师、注册安全工程师、注册公用设备工程师、注册电气工程师等考试，还要做好专业技术职称的申报工作，处理好员工职业通道晋升的相关事宜，让员工充分认识到自身专业素质和综合管理能力的提高与工程管控关联度的重要性，认识到业务技能的提升与企业快速发展的关联性，使项目管理真正成为培养人才的摇篮。

### 5. 构建企业与员工沟通的重要渠道

随着建筑企业"走出去"战略的实施，全国化、全球化的布局越来越多，与此相应的，项目部与企业的领导、部门等人员之间面对面的沟通机会就显得弥足珍贵。企业开展具体的基础管理检查工作，不仅是检查项目部对各项管理制度标准的理解、学习、再提高的过程，而且能够通过检查这个载体，让基础管理检查的方式成为职能条线、企业有关领导等与项目部人员沟通的重要渠道，增强了信息的互动、互通性。在沟通的过程中，有关领导、条线管理人员与项目部人员共同协调解决项目部在工作中、生活上、思想上存在的问题，很好地凝聚起广大员工，激励大家共同完成项目部的各项目标，从而实现企业发展的大目标。

## 6. 检验企业战略目标的执行情况

对建筑企业来说，各项目部是企业发展战略落地实施的重要阵地。如果企业的战略规划等更多的是在各职能部门之间实行，那么战略目标的实现就成了空话。建筑企业一方面需要在项目上具体落实相关的战略措施，另一方面，还需要检验企业的战略目标在项目上的执行情况。通常，企业在战略规划中，对于分公司、子公司的发展，对于项目部的发展都提出了相应要求，企业的具体发展目标在项目管理的过程中会得到充分的体现。服务好业主、服务好社区的理念以及客户关系管理理念等都在项目部的具体执行中反映出来，项目部成了检验企业战略目标的"试金石"。

# 第二章 总承包总集成

# 第一节　总承包管理分析

　　总承包管理，首先应基于项目管理。我国最早的项目管理始于1982年的鲁布革水电站，其先进的管理方法对国有施工企业的旧生产管理方式直接产生了冲击，并引发了项目管理在全国铺开的局面。而总承包管理的提出，则是属于更高层次的项目管理层面，是我们对整个建筑产业链进行深入思考后所采取的管理方式。应该说，总承包管理更好地体现了综合管理优势，从而达到对项目施工过程质量、工期、成本的控制，企业扩大规模并获取效益的目的。

## 一、总承包管理的内涵

　　总承包管理，是项目管理班子利用其在管理、资金、技术、各类资源等方面的优势，运用制定管理标准、规范管理程序等适当的管理手段，通过资源管理、契约管理、技术管理、商务管理、风险管理等管理途径，合理组织各类资源，对分包实行统一的指挥、协调、控制和监督，最终确保项目完成的一种管理活动。当一次总承包管理完成以后，可以由企业相关部门对该总承包管理的绩效进行评价，并把评价结果反馈给总承包管理班子，以便于今后总承包管理活动的进一步改进和提高。

　　上述"总承包管理"是一个宽泛的概念。自从20世纪80年代末，国家对开展工程项目的总承包提出若干具体要求并批准开展试点工作以来, 中国的总承包模式还是很丰富的, 如 DB (Design - Build) 模式、EPC (Engineering - Procurement - Construction) 模式、PMC (Project – Management - Construction) 模式等。它们都属于总承包管理的模式。

## 二、总承包管理的必然性

对于有抱负的建筑企业而言, 选择总承包管理之路有其必然性。从建筑企业产业链的角度, 企业需要通过总承包管理来加强对项目参与各方的管理, 确保项目成功履约; 从业主的角度, 业主也需要通过总承包管理班子来强化对项目参与方的约束力, 保证自己的项目投资成功。

### 1. 从建筑产业链分析

国际建筑与服务市场的产业分工体系在不断深化。按目前国际建筑服务产业链来划分, 建筑服务基本分为五个环节: 计划、组织、设计、施工、管理。发达国家主要涉及计划、组织、设计、管理等环节, 对于施工环节涉及很少; 发展中国家主要侧重于设计、施工、管理等环节。我国建筑企业主要是在施工这个环节, 只有少数几个特大型企业在设计、管理环节上有成效, 而施工环节却是整个产业链中附加值最低的环节。要提升附加值, 就需要建筑企业增加在产业链中的环节, 走高端市场, 这也就直接提到了总承包的高度。总承包的关键是, 把建设过程的各个环节有机地结合在一起, 提高整个项目的综合效益。从事总承包管理的企业, 必须是一个智力密集型的企业。

### 2. 从中国融入全球化竞争市场来分析

建筑产业是集传统产业与现代服务业于一身的产业, 在国际服务贸易领域中是一个独立的分类。在世界贸易组织框架下, 各国建筑企业参与市场竞争的机会是等同的, 但是参与的力度与方式却是迥然不同的。唯有总承包管理最具生命力，其最主要的原因是，总承包管理所需要的知识含金量最高、涉及的知识面最广。从服务贸易角度看，依靠劳务与依靠知识相比，后者所得到的世界贸易组织体系各国家的支持最多。现在中国大力提倡"走出去"战略，鼓励大型建筑企业参与全球化的竞争，特别是"一带一路"倡议的提出，为建筑企业创造了良好的市场机会。在这个大背景下，建筑企业如果只有单一的某种专业施工管理是很难打开局面的，而总承包管理则为建筑企业融入全球化提供了很好的支持。

### 3. 从业主的角度去分析

对于任何一个业主的项目投资活动来说，业主需要总承包管理。这里撇开某些业主出于某些目的，把工程肢解、切块、分割等情形。如果从完全竞争市场的角度去分析，业主更可能去选择一个具有较高品牌价值的总承包公司来完成其投资的作品，这既是对提升业主投资价值的尊重，也体现了总承包企业强大的管理实力、高科技含量、高附加值的吸引力。由总承包企业来完成整个项目，业主可以确保自己的投资预算基本受控。业主出于对总承包企业品牌的认同，与总承包企业签订总承包管理合同，可以有效降低业主自己的管理成本，同时保证一个高品质的建筑产品能在约定的工期内完成，甚至建筑产品的后续运营维护都有了相应的保障。在此基础上，业主可以把主要的管理资源放在建筑产品后期的开发应用及新建筑产品的投资上了。

## 三、总承包管理的模式

在具体地分解总承包管理各个环节之前，先把总承包管理的模式分析一下。

现在的建筑市场上，业主的需求是决定总承包模式的一个重要因素，而一个企业的发展战略则是决定总承包模式的另一个重要因素。我们把 DB、EPC、PMC 等各种承包模式汇总起来加以分类，则总承包管理的模式可以基本分为三种形式：施工总承包管理、工程总承包管理、项目总承包管理。

## 1. 施工总承包管理

施工总承包管理模式是建筑市场上相当普遍的管理模式，它是主要表现为在工程项目的施工阶段对业主总负责的一种项目管理，内容包括土建主体结构施工、机电设备安装施工、装饰装修施工等。对于如何搞好施工总承包管理，应当以适应市场、适应业主、适应国家和行业政策为准则，发挥建筑企业在管理密集、资金雄厚、人才优秀等方面的优势，增强对项目的前期策划、深化设计、设备采购、风险控制等全过程管理的能力。建筑施工企业通过制定管理标准、规范管理程序、健全管理机构、严格筛选劳务作业队伍、扩大管理幅度等来提高施工总承包综合能力。

## 2. 工程总承包管理

工程总承包管理则是在施工总承包管理的基础上更进了一步。工程总承包管理是指从事工程总承包的企业受业主委托，按照合同约定对工程项目的勘察、设计、采购、施工、试运行（竣工验收）等实行全过程的承包管理，或实行设计、采购、施工等主要阶段的承包管理。简单地说，施工总承包管理加上设计管理等于工程总承包管理。

传统的施工总承包企业按照合同约定，对工程项目的质量、工期、造价等向业主负责。而工程总承包企业则不仅可依法将所承包工程中的部分专业工作发包给具有相应资质的专业承包企业，同时还可以承担施工图设计的重任。从 20 世纪 90 年代末期开始，一些具有一定设计能力的施工单位在做出施工图设计后，报有关设计单位审批同意后进入施工环节。这就是工程总承包管理的雏形。从 2010 年开始，住房和城乡建设部在特级资质企业中推行设计资质的申请，同时在甲级设计企业中推行施工总承包资质的申请。目前来看颇有成效，有一批大型建筑企业已经具备设计加施工承包管理的能力，原来的一些以施工为主业的建筑企业具备了一定的设计能力，同时一些原来以设计为主业的企业也具备了一定的施工管理能力。从 2017 年开始，上海、浙江等地方开始试点工程总承包项目管理，这对于提升建筑企业的总承包管理综合能力有很大的推进作用。2020 年 3 月起，住房和城乡建设部推行《房屋建筑和市政基础设施项目工程总承包管理办法》，进一步推动了工程总承包管理的实施。现在的市场上，已经有一定数量的建筑企业不仅是理所当然的施工总承包企业，事实上也已经进入了工程总承包管理企业的行列。

### 3. 项目总承包管理

项目总承包管理则是在工程总承包管理的基础上再作延伸，它主要指业主聘请有一定实力的工程公司来代表业主对一个项目的全过程进行管理。在这种管理模式下，项目总承包管理商需要帮助业主在项目前期进行策划、可行性研究，在勘察设计、房屋建筑设计、机电设备安装设计、装饰设计、采购、施工等各个环节实行有效的控制，保证项目的成功实施。应当说，项目总承包管理涵盖了建筑产业链的大部分，是一种最高形式的项目管理。当然，它对于项目总承包管理实施者的要求也是相当高的。在 20 世纪 90 年代末，我国建筑市场上对于政府投资的非经营性项目出现了"代建制"，可以说是一种项目总承包管理方式。它要求实施代建制的公司具有相当职业化、科学化的管理水平，对于企业的建筑项目咨询能力、设计管控能力、施工管控能力、全球采购能力、各类资源的调配能力、各种风险的预防与控制能力等提出了极高的要求。在真正的项目总承包管理模式下，业主更多的精力就只放在资本运行上。

## 四、总承包管理的途径

总承包方实施总承包管理的途径主要有资源管理、契约管理、技术管理、商务管理、风险管理等。通过这些途径的实施，总承包方可对分包进行管控并实现项目的履约。

## 1. 资源管理

在总承包管理分解中，虽然总承包方通过各种管理方式作用于各分包商，但值得一提的是，各分包商是属于资源类的。可以这么讲，总承包方通过契约管理、商务与资金管理、信息沟通、风险管理等来实现对各类资源的管理，最终获取相应利益。在管理的过程中，还穿插了总承包文化、对总承包方的绩效评价等活动。显然，对各类资源的管理过程是总承包方管理活动的直接载体。

（1）资金资源与成本管理

资金管理是资源管理中的首要一环，也是收官的一环。从总承包商角度，没有比最终的资金成效更重要的环节了，它是管理绩效的直接货币体现。鉴于资金的时间价值，在整个总承包管理过程中，需要把握好以下几点：一是资金的收取要及时。收取的关键是有依据，所以，对合同的理解、各类签证的收集、与业主及时的沟通等都是需要随时把握的。尤其是遇到拖欠款，一定要有理有节，力求既不伤关系，又有成效。二是工程款的支付要在讲究诚信的基础上，严格控制。三是如果有带垫资的情况，要制订明确收取计划和确定责任人，及时收回资金。四是重视对履约保证金的管理，一旦收回条件具备，就要及时收回资金。

与资金管理密切相关的就是成本管理了，确切地说，资金管理在项目管理的过程中化身为成本管理。作为总承包商，应当以工程合同为依据，明确总承包管理界面、管理职责、权益分配，不断提高项目经济运行质量。在项目管理的过程中要求做到：发挥总承包的组织优势，增强对协作单位的沟通联系和对分包单位的控制能力，减轻成本压力；发挥总承包的控制优势，正确把握项目履约的各个环节，解决影响项目成本的难点，合理消化项目成本压力；发挥总承包在项目管理中的主导优势，积极创造条件，协调各方关系，以调整和优化设计方案，增加项目的经济效益；发挥总承包的综合优势，积极开展事前策划、事中控制和事后评估，提升深化设计、设备采购等能力，增强抗风险能力。

（2）人力资源管理

人力资源是总承包方各类资源中的重要资源，各项管理活动的开展完全通过人力资源的管理来实现。总承包人力资源管理通过三个方面来展开，第一方面是总承包项目班子内部的人力资源管理；第二方面是对各类专业分包的人力资源管理，尤其是劳务资源的管理；第三方面，作为高层次的总承包管理班子，特聘某方面的专家做咨询活动，则涉及对总承包"外脑"资源的管理。

总承包内部人力资源管理是主体部分，往往还需要企业其他职能部门的支撑。一般这方面的人力资源管理主要包含两项内容：一是总承包管理活动的工作分析，即根据工作分析结果制定各岗位工作说明书，明确各岗位的工作性质、任务和责任、工作活动的内容及相应权限、工作职责、上下级关系、任职资格说明，还可以包括工作环境等要素。二是根据各岗位的管理活动，开展持续的绩效管理，即在绩效评价的基础上，不断完善各岗位的管理活动，以达到个体与整个项目班子绩效提高的目的。

作为总承包班子，还要对各专业的人力资源管理施加影响，特别是劳务资源管理，更应引起重视。虽然总承包班子与各专业分包是合同契约管理关系，但为了达到项目绩效提高的目的，总承包还应督促、帮助各专业分包建立工作分析机制，以改善其管理活动。作为一个优秀的总承包班子，不能孤立地仅靠自己的内部管理来完成整个项目的管理活动。在"外脑"资源管理上，总承包方要有宽阔的视野和胸襟，通过适当的方式聘请各方高手为本项目管理服务，进一步提升总承包管理的水平。

（3）材料与设备资源管理

材料与设备资源管理主要涉及品质管理、价格管理、供应管理、库存管理等。具体如下：一是品质管理。其一般可由企业的质量管理体系予以保障。现在大多数的建筑企业都已经开始了质量、环境、职业健康安全"三合一"管理体系的运行，从理论上来说，其品质管理是没问题的。二是价格管理。这直接涉及建筑企业的商务谈判能力。特别是进口设备材料的采购，还需要有高素质的专门人才去承担。按照中国加入世贸组织（WTO）的协议，中国在加入世贸组织五年后，一般的企业都可以从事进口设备材料的活动。因此，采购的大门是敞开了，但后续工作是很繁重的。三是供应管理。在市场竞争机制下，一般的供应环节是不会出大纰漏的。但当大批量采购到来之时，就会有物流管理、供应链管理等方面的问题产生，而现在的很多总承包方在这方面的管理还显得不足。四是库存管理。项目的库存场地有限，如何既满足项目施工的需要，又不过多占用施工场地？这还是会涉及物流管理与供应链管理问题。这方面的专业管理人才，也将是创造项目效益的关键人才。

（4）信息资源管理

信息资源也是重要资源。在项目管理过程中会有层出不穷的信息产生，其范围涉及管理活动的每一个角落，包括项目人力资源信息、项目材料设备信息、项目施工运营管控信息、项目技术应用与开发信息、项目资金管理信息、项目办公自动化信息等。因此，总承包项目如果开发运用项目信息管理系统，并结合现在开始的数字化管理、远程管理等，那么将会改善和提升现场管理技术手段和生产组织方式，在有效整合各类信息的基础上，发挥不可估量的效用。

**2. 契约管理**

契约管理是项目管理的核心。在一个完整的总承包管理过程中，契约管理是贯穿始终的。其中最常遇到的有：与业主的契约；与分包单位的契约（包括与各专业分包的契约、与材料设备供应商的契约）等。

（1）与业主的契约

与业主签订的契约，比较严谨的是应用 FIDIC 条款。但就目前国内来说，大多数的总承包单位几乎都会遇到业主一系列不规范的行为，比如附加各类苛刻条件，对于很多造价高的设备由业主采购或指定采购，违反招标规定任意压缩工期、压低造价，甚至造价严重低于市场价，对工程款支付设置障碍，等等。不管如何，总承包班子对于中标合同的透彻理解是非常关键的。因此，有必要建立合同交底制度，就合同的主要内容、规定、管理程序、责任、工作范围、双方的违约责任等进行详细了解，这样也为以后的索赔创造了条件。

（2）与分包单位的契约

与分包单位签订的契约，范围要更广泛些，主要有各专业工种、设计方、劳务、材料设备供应商等。在这种契约管理上，要注意对文本的分析，如主体是否得当、文字的严谨性、条款是否有遗漏等。有些建筑企业还没有统一的分包合同示范文本，那么就需要借助合同管理专业人士的支持，包括请一些法律专业人员给予指导，以达到管理契约的目的。

作为总承包管理班子，要高度重视契约管理的重要性，必须在项目上健全契约管理制度，对各种契约的审核、签订、履行、变更、终止等进行有系统的、规范的、科学的管理。在处理与业主和分包关系方面，要坚持合同的授权化、程序化、严谨化管理，杜绝管理的盲目性和随意性，要及时转移合同风险，及时补好各类漏洞。在施工生产管理过程中，要坚持施工管理过程就是合同履约过程的意识，不断提高项目的履约能力，提高项目班子的管理、控制、协调、服务水平，切实提高项目管理效益。总承包管理班子还要取得企业内部的支持，让有关部门为项目履约提供必需的人力、信息、技术、设备管理等资源支撑，确保项目的有效履约。

### 3. 技术管理

这里的技术管理，不是纯技术的攻关与应用，而是指总承包项目班子如何通过"技术管理"这一脉络，来实现对各专业工种在技术上的管理。我们可以把技术管理分为五个方面，即技术应用管理、技术支撑管理、技术协调管理、技术优化管理、技术成果管理。

（1）技术应用管理

技术应用管理主要指各专业工种在本项目上应用的主要技术，可以分成三类：一是 A 类技术，指高难度技术、深化设计技术等；二是 B 类技术，如各种专项技术等，科技含量相对较高；三是 C 类技术，主要是一般的、通用的应用技术。作为总承包管理班子，应当在项目管理的过程中跟踪技术的进展情况，不断予以检查和反馈。尤其要关注 A 类、B 类技术，以确保项目的顺利完成。

（2）技术支撑管理

技术支撑管理可以理解为项目上需要专门攻克的技术。比如，项目管理班子碰到了超大、超高、超深的项目，超大跨度钢结构、异性结构，各类新技术新材料的应用等，其施工难度非平常的项目可比，可能是建筑企业历史上首次遇到的技术难题等。这时候，技术的支撑作用将发挥其优势，通过项目部与企业的技术部门共同攻关，来顺利完成项目履约。一般而言，项目管理班子根据项目的特点、难点等，在确定课题后正式立项，依托企业的技术中心、研发部门等，对课题进行专项攻关。

（3）技术协调管理

技术协调管理主要是各专业工种技术之间的协调管理。这方面的"协调"之所以归为技术，主要是因为在项目管理现场，各专业施工都有自己的特点和技术要求，当这些不同的专业碰到一起施工时，如何协调好相关技术和施工将是相当重要的工作。比如，房屋建筑结构与机电安装、机电安装与装饰装修、混凝土结构与钢结构、结构与幕墙等，这些工种之间的施工技术协调可以优化施工，达到降低成本、提高工效的目的。在施工过程中，各专业的深化设计工作本身就属于技术范畴，而通过深化设计，尤其是现代 BIM 技术的运用，可以避免各工种在同时施工过程中产生碰撞，还可以使得施工后空间、管线排布上有较好效果。在数字化管理到来之际，各类智能化技术的应用更需要技术协调管理，如通过 5G 技术，把智能家居、智能空调、智能会议系统等协调起来，形成智能化建筑。在管理上，通过技术协调，把物联网、3D 打印、材料管理、综合管理等建立在统一的平台上，从而极大提升企业的核心竞争力。

（4）技术优化管理

技术优化管理的重点是突出项目班子如何通过技术方案的优化，来达到项目降本增效的目的。技术优化管理可以体现在五个方面：一是优化施工路径，如施工流程的优化，让不同的专业施工在流程上做出最优选择。二是优化专业施工方案，当同一专业进行施工时，进行工艺的优化，节省材料与工期。三是优化劳动工效，根据劳务作业人员的职业技能水平，在进行技能水平提升的同时，进行优化组合，让高级技工解决核心施工内容，让年轻人承担更多简单重复的施工内容，并以老带新。通过劳动组合的优化，降低人工投入。四是优化施工操作过程，让人体工程学真正进入建筑施工企业，为工人创造更好的作业环境，提升职业健康水平，达到安全管理、高效施工。五是充分利用现代先进技术，优化整体技术水平，如运用 BIM 技术达到绿色施工的效果，运用 3D 打印技术拓展施工管理人员和作业人员的施工思路，从而直接提升建筑业的整体技术水准。

（5）技术成果管理

技术成果管理主要指建筑企业和项目管理班子要善于根据工程的特点、难点，抓住各类课题，及时予以总结，不断从施工实践上升为理论指导。要及时取得有关的技术成果，包括各类专业技术论文、QC 成果、作业指导书、施工工艺、图纸、标准等，并经过团队的努力，申报各级别相关技术的工法，向国家专利局申请各类专利等。技术成果对于整个技术管理能够起到画龙点睛的作用，是企业知识管理系统中的重要组成部分，对于构建企业的核心竞争力，保持企业的持续发展能力是至关重要的。技术成果管理要抓好三个环节：一是技术课题的策划。根据不同的项目特点，尽早策划不同的技术课题，并在施工过程中进行课题的调整。二是施工过程中技术难题的攻关。结合施工难点，尽早进行技术创新、技术攻关活动，认真收集、分析技术活动中各项数据，在满足施工需求的同时，为取得成果打下扎实基础。三是成果的总结与提炼。要及时把技术活动后的各项课题内容进行归纳、总结、提炼，形成有质量的、有一定行业领先性的成果。要注重成果形成后的推广应用工作，提升成果的现实应用价值，为企业发展和行业发展服务。

**4. 商务管理**

（1）商务管理的主要内容

商务管理是总承包管理中的重点工作。在商务管理活动中，总承包班子将直面业主、各分包、咨询、供应商等单位，因此，总承包班子要抓好预先策划管理、过程商务管理和竣工商务管理等工作。第一个环节是预先策划管理，主要抓好针对业主的预算、针对各分包的预算管理，能够从大局上基本把握本项目的成本盈亏点、主要盈亏部分、让利部分等，为后续过程商务管理提供支持。第二个环节是过程商务管理，针对业主，主要抓好签证、沟通、二次经营等工作，并为后续的结算和索赔工作打好基础。针对各专业分包，要重视分包方提出的签证要求，及时沟通信息，为与分包的最终结算和反索赔工作早做准备。过程商务管理中，需要把施工、预算等管理内容完整结合起来，增加过程预算、过程结算的准确性，为最终结算打好基础。竣工商务管理是最后一个环节，主要抓好结算、索赔等工作，切实维护好项目班子的整体利益。在整个商务管理活动中，要经常与造价咨询单位保持沟通，为整个过程中预算、结算等工作的顺利进行创造良好条件。要做好法务相关工作，确保项目管理活动和履约过程符合国家法律法规、地方规范标准、相关承包合同的约定，规避法务风险，维护正当利益。

（2）索赔管理

索赔管理是总承包班子商务管理中的一项重要内容，是一个成熟的总承包管理班子所必须具备的能力。索赔管理的主要内容有：一是明确索赔责任人员，将索赔管理贯穿于项目全过程。二是积极收集索赔证据。有关责任人要彻底了解招投标文件和合同条款，积极寻找索赔证据。索赔证据包括：招标文件、合同、工程图纸、各种变更、签证、技术规范、会议纪要、往来信件、工程施工部位的照片及录像、技术鉴定报告、不可抗力等。三是关注索赔资料的完整性、真实性和有效性，把项目履约过程中的相关资料予以保存，既不杜撰资料，也不遗漏重要信息，保证索赔资料有效可用。四是索赔报告的合法与合理性。要提供完整的索赔依据、详细准确的索赔金额，整个索赔报告要完全符合国家相关要求。五是注意索赔过程中的沟通。要经常地与业主或业主的工程师进行沟通，及时获得有关签证和文件资料。六是在必要时及时采用仲裁或法律手段。国内很多建筑企业往往碍于情面，不喜仲裁或诉讼。而作为 WTO 规则下的契约主体，仲裁或诉讼是解决争议的一剂良方。

## 5. 风险管理

（1）出现风险的主要情况

作为总承包管理中的风险管理，应该引起足够的重视。通常，其风险管理可分为以下七种情况：一是契约风险。如总承包合同中有重大遗漏事项、合同文本中有表述含糊之处、对总承包合同的理解出现偏差等。尤其是外文合同，更易出现理解差错，有的合同没有规定中文与外文文本中的优先适用文本；与分包的合同中，出现合同主体有问题；与供应商的合同中，出现供货及时性或材料设备价格重大变化等问题。二是资金风险。如业主出现拖欠款的情况；与分包合作过程中，遇到迟付工程款的风险；资金支付的方式造成资金到账延迟等。三是当地政府、法规等环境风险。主要有材料通

胀风险；若是外币支付项目，会涉及汇率风险；还有政府临时管制
的风险，如遇上"非典"、禽流感等重大公共卫生事件。四是人力
资源风险。如项目本体的主要管理人员跳槽，项目因缺少知识管理
支撑而陷入困境；项目的高级管理人员无法就位；劳务不足或劳务
作业人员的技能不足等。五是技术与安全风险。如项目上缺少必要
的技术攻关能力，不能完整履约；发生重大安全事故，或出现不可
抗力等。六是质量、环境、品牌等公共危机。如贯标体系运行失常
导致严重质量事故；发生重大环境影响事件，员工职业健康发生危
机，发生影响周边社区的事故等，导致企业品牌受损。七是公共关
系风险。项目部不能与当地社区、政府有关部门、媒体等开展有效
沟通，或沟通渠道不畅、沟通内容不能及时正确反映项目部的诉求等，
导致项目部在当地的履约受阻。

　　（2）应对风险的主要措施

　　上述各类风险，有些是由偶然事件引起，有些可能是管理系统失
常引起的。因此，作为总承包管理班子，有必要采取相应措施以及时
应变：一是建立必要的风险防范机制，制定必要的规章制度，成立风
险应对工作小组等。二是认真开展必要的人员知识培训与技能培训，
有些科目可以进行实战演练，提升项目部全体人员的风险意识。三是
建立风险专项账户，积极参加各类保险，以渡过难关。四是建立必要
的社会公共关系网络，加强与社区、政府部门、各类媒体的有效沟通，
及时化解不必要的危机。五是设立预警系统，专门进行各类风险评估。
六是向社会承担必要的责任，做社区友好型项目体。

## 五、总承包管理绩效评价

　　当总承包管理的各项主要管理活动完成以后，应当对总承包班子
的管理绩效做出客观、公正的评价，以利于在以后的总承包管理中扬
长避短，寻求更大的发展。一般可以从以下六个方面作绩效评价。

### 1. 人才的培养

通过总承包的管理过程，有力地促进了人力资源的发展，培养了一系列相关的人才，涵盖各专业施工技术、经济、商务、财会、质量、安全、绿色施工、综合管理等各方面。有多少人能够独当一面并承担起相关职能管理？有多少人已进入到相关领域的专家层面？有多少人成为相关领域的领军人物？本项目部向企业其他关键岗位及其他项目部输送人才的情况如何？这些评级指标是评判一次成功的总承包管理活动中人才培养的关键指标。

### 2. 客户关系管理的进展

业主可以由投资方的股东，以及其下属的中高层、基层管理人员等成员组成。客户关系管理的进展可以体现在三个方面：一为总承包的管理流程是否符合以业主为中心的原则。二为总承包管理部建立数据库，分析业主特点，预测业主需求及发展趋势、信用记录。三为通过项目部的管理、服务与沟通，形成有效客户链，扩大企业的市场份额。

### 3. 外包及供应商的发展状况

要成为一个有作为的总承包班子，对其所管理的外包及供应商的发展评价是必不可少的。总承包管理部的外包及供应商主要有两个方面：一是劳务作业队伍的外包，可以通过评判外包的工人技术成熟程度与技术等级、机械装备的发展程度、外包的获利程度与持续发展、项目的质量安全状况等指标来予以分析。二是材料设备的采购外包及供应，主要的评价内容有供应商的采购供应能力、供应区域、资金实力、对各类风险的承受能力、仓储物流管理能力、关键设备材料的供应能力、对于材料设备价格波动的应对能力、与项目部所在企业的战略合作、影响企业市场经营的能力等。

### 4. 总承包项目班子的最终利润

对于总承包项目班子来说，获取利润是整个项目管理中的重要工作。获取利润的方法有很多，主要有：通过技术创新获得技术上的回报；通过优化方案来降低成本；通过采购获得材料设备谈判上的回报；通过设计施工总承包管理获得集约的利润；通过对各专业承包单位的管理获得管理利润等。通过必要的审计手段来确认项目班子的利润，是项目班子绩效中的一项重要评价指标。评价者还可以通过一定的经验数据获取，来比较出该项目班子的获利能力在本企业、本行业中的水平，并分析出其中原因。

### 5. 社会认可程度

每个总承包项目管理班子在完成一个项目后，都会得到社会各界的评价。因此，社会对于一个项目班子的认可程度，体现了这个特定项目班子的品牌价值。一个负责任的总承包管理班子通过他们的各项管理活动来获得方方面面的认可，如通过质量、环境、职业健康安全"三合一"管理体系的实施，来体现出对业主、社会、员工负责的精神；通过一项高难度工程的实施，体现项目部的技术水准；在项目履约过程中帮助社区解决一些项目部力所能及的问题，与社区形成良好互动，成为社区的有机部分；帮助地区及时处理一些突发状况、公共事件，赢得相关部门的认可。相关的评价工作可以通过第三方的业主满意度调查、政府与社区的评价、企业内部的评审等来完成。

### 6. 影响公司的战略发展能力

总承包项目管理班子是企业实现各项目标的主要阵地，与此同时，总承包项目管理班子也会对企业的战略发展形成影响。可以通过对总承包管理班子影响公司战略发展能力的评价，来促进项目体的健康发展。评价指标可以包括：项目对企业增强竞争优势的贡献能力、品牌延伸能力、项目技术上各类成果的积累、专利的获取、各类管理成果的获取、省部级以上科技成果奖、引领行业发展的能力等。

在现实的建筑市场上，还存在着很多影响或制约总承包管理发展的因素：大量施工单位没有设计能力，或只有一定程度的深化设计能力；企业的融资能力不足；企业缺乏具有丰富的总承包施工经验和设计经验的复合型项目管理人才，缺乏懂商务、法律、外语的复合型人才；资质设计上存在不合理的地方；政府有关部门与企业、社会各界等对总承包市场的培育力度不足；业主的认可程度低，有些业主为了自身的利益去肢解合同等。但不管如何，总承包管理是建筑企业必须去探寻的一条价值提升之路。建筑企业通过实施总承包项目管理，来带动管理能级的提升，带动设计、安装、装饰、机械、材料等专业单位的发展，并相应提高施工和服务能力，实施各类材料统一采购等资源集成，实现效益提高，实现品牌战略，提升市场竞争力。建筑企业可以从完善施工总承包开始，走向工程总承包，并向项目总承包进军。

# 第二节　总集成管理分析

施工总承包企业在发展过程中，会不断面临新技术、新工艺所带来的挑战，有时会遇到业主对建筑功能有全新要求。由于自身拥有的各类资源及相关条件的限制，要更好地完成总承包合同履约，施工总承包企业就需要有总集成管理的思路。建筑企业通过总集成管理，能融合多方资源，可以充分利用其他企业的硬件或软件产品，为客户提供完整的服务和更有竞争力的产品，充分满足业主的需要，甚至超越业主的需求。

## 一、总集成管理的定义

总集成管理是总集成方通过设置管理标准，整合期望的技术标准、性能、参数，以合约等适当的方式对被集成者实施管理，并把被集成对象的产品（指被集成方把资源、要素等加工或管理后的产出品）整合成自身的产品构成部分，并符合集成方的各项管理要求和期望要求。打个比方，就像笔记本电脑的生产商，集成了其他公司生产的芯片，但对外销售的还是该笔记本电脑的品牌和服务。对施工总承包企业来说，可以充分集成社会上的可用资源和产品，为业主提供整体的解决方案，最大限度地满足客户的个性化要求。

总集成管理是总承包管理的有机补充，当建筑企业的总集成能力和总集成产品达到一定成熟度后，可以转换为总承包管理的内容。所以从某种角度看，总集成管理是总承包管理的一个特殊形态。总集成管理可以与总承包管理并列、平行存在，也可以被总承包管理所包容。当施工总承包企业自己能提供完整的产品和服务时，原来总集成的内容就成为总承包管理的内容，企业还是总承包商。

## 二、总集成管理的基本类型

总集成管理主要分为技术的集成、要素或资源的集成和智力的集成，当然还可以存在信息集成、管理文化集成等形态。

### 1. 技术的集成

总集成管理中，首要的也是最重要的就是技术的集成。在实施总承包管理的过程中，要把尖端的、前沿的技术和相应的成熟产品，集成到现有项目中，为业主提供高端的建筑产品。技术集成的关键是解决好接口，把其他公司的高技术产品整合到自己的产品中去。施工总承包企业要与被集成方共同探讨技术参数的设定、期望目标实现的可行性，重点要控制好管理程序、技术标准和管理标准，共同达到期望目标。技术集成的过程，是施工总承包企业完善科技创新与管理体系，大力开发、应用前沿技术，提高科技成果应用水平的过程。比如，建筑企业在实施超高层建筑的施工时，需要集成混凝土泵车制造企业的技术能力，共同攻克混凝土泵送技术；当建筑企业在开展高端办公楼、住宅、医院时，需要集成智能办公、智能家居、高端医疗设备等前沿成果。另外，当施工总承包企业在实施技术管理的过程中，需要引进其他企业的工法或专利，以解决具体技术难题，这也是技术集成的一种体现。

**2. 要素或资源的集成**

总集成可以是要素或资源的集成。建筑企业在实施总集成管理时，不是简单地采购要素或资源，而是通过设定技术标准、管理标准、管理流程等，把自己还不具有的要素和资源整合为自己产品的组成部分。比如，总承包管理企业可以采取制造业贴牌生产的方式来集成劳务资源。完成建筑产品，关键是做好项目的过程管控，确保合约的履行。总承包管理企业应用各类计算机信息系统或管理软件的过程，也是一种资源集成，比如对 BIM 技术、VR 技术的应用，实质是把软件公司的产品作为资源，集成到本企业的管理中来。为确保要素、资源的质量，就需要对要素、资源进行必要的评估分析，对于劣质资源当然要予以排除，对于相当高质量的资源也未必一定要进行集成，关键是看资源的适用性。

**3. 智力的集成**

总集成可以是智力的集成，在表现形式上，可以是人才的集成或者对设计、产品外观、专利等的集成。人才是一种特殊的资源，一般的资源是用于消耗的，而人才是可以不断追加投资且不断提高效用的资源。因此，人才的集成，是对预期人才效用的集成。当一个项目部由各专业人才组合而成时，是对人才集成的基本诠释。对专利、工法等的集成，实际上是对技术集成的一种别解。还有就是对设计的集成，比如根据住房和城乡建设部关于特级资质标准要求，特级施工总承包企业可以申请建筑行业甲级或专业甲级设计资质，从初始起步阶段来看，其实质就是总集成管理的思路在施工总承包企业中的应用。毕竟，绝大多数的施工总承包企业在设计管理的成熟度上是不能与设计院相提并论的，但其可以通过控制设计流程、确定设计标准等，来达到设计集成的目标。

#### 4. 工艺流程、管理流程的集成

总集成可以是工艺流程、管理流程的集成。施工总承包企业在项目管理过程中，需要把一道道工序、工艺完整地集成在一起，来完成对总承包业务的管理。另外，管理流程也同样可以集成，不同的管理流程有自己的特性，通过管理流程的集成，可以优化流程，减少臃肿环节，突出关键线路，达到经济、高效的目的。当集成不同的技术、要素、资源、智力等时，需要对相应的工艺流程、管理流程进行更新、整合、再造，通过评价整体合理性、可行性、有效性、经济性、前沿性等，来完成对相关流程的集成管理工作。

#### 5. 信息的集成

在总集成中，还有各类信息的集成，集中反应在各类信息系统的集成上，实现各系统之间数据的共享。施工总承包特级资质在试行之初，就要求相关企业在综合项目管理系统、财务管理系统、人力资源管理系统等不同的信息管理系统中实现集成，以真正达到数据共享、快速便捷、决策高效的目的。随着5G技术、云计算技术、大数据管理等在社会各界的逐步普及，建筑企业与业主、咨询、监理、政府有关部门之间相关信息的集成也是水到渠成的。

当然，在不同企业间实施集成管理时，还会存在管理文化的集成，通过整合，达到管理文化的统一，提高集成的效率，改善集成的效果。文化集成的关键是找到不同文化所蕴含的共同特点，引导不同文化趋向一致，找到或实现不同文化的相容性，使不同文化在新的平台上实现融通共生，减少管理的交易成本，极大提高管理的效率。

### 三、总集成管理能力和总集成管理的对象

#### 1. 总集成管理能力

总集成管理能力是指企业在社会化大生产、高度分工的前提下，以自己的专业特长为基础，整合社会资源和社会产品的能力。要实

施好总集成管理，总承包管理企业必须具备以下能力：一是对技术参数性能的设定能力。总承包管理企业必须对集成产品的各技术参数、性能等有详细的了解，并对被集成方提出相应的控制管理要求，确保集成产品的质量。二是对集成所需资源的管控能力。实施总集成，需要对大量的资源进行管理，从哪里获取、采购途径、品质保证、资源整合、性价控制等，都是集成管理的关键。三是对集成信息的整合利用能力。在集成管理过程中会产生大量的信息，总承包管理企业要进行筛选，过滤无效信息，对有用信息进行及时分类处理，提供管理决策。四是对集成过程的管控能力。要对全过程特别是关键流程进行严格管控，确保集成产品高质量完成。五是资金支付控制能力。在实施集成的过程中，所有活动的资金支付处于受控状态，总承包管理企业要确保资金安全，保证效益的顺利获取。

### 2. 总集成管理的对象

总集成管理的对象是自己暂时无法具备完全管理能力的实施体，但这些被集成的对象恰恰是总承包管理企业为了提升自己的管理能级、服务能力和竞争实力而需要去自行遴选的，难度再高也需要咬牙坚持。实施总集成管理对于企业来说是个大智慧，总集成管理的过程是个吸收知识、提升管理内涵、提高服务能力的过程。总集成在实施时，总集成方主要是控制管理标准，设定管理目标、原则目标，如期限、期望使用功能等，可以与被集成方共同设定工作标准、技术标准，以满足最终产品的要求。

## 四、实施总集成管理的方法

### 1. 成立实施总集成管理的工作小组

实施总集成管理是一个系统工程，因此，建筑企业应当成立相应的工作小组，明确小组成员的职责分工，包括捕捉市场信息、分析客户需求、研究产品潜在发展方向、了解被集成方产品的特性与定价、实施总集成管控、集成后客户意见反馈等。

## 2. 定期捕捉市场上的各类集成相关信息

对于具有前瞻性、对本单位产品有互补作用、能提升本产品综合性能、能赢得客户个性需求的信息，应及时收集、整理、归类、分析。对各类信息的集成与管理能力本身就体现了集成方的综合能力与实力，应当予以高度重视。总承包管理企业除了要对总承包范围的业务进行关注外，还要对市场前沿的各类技术、材料、管理等各方面信息进行收集和分析，特别是对新技术、新材料、新工艺的应用，以及国家产业政策导向的产品，要时刻进行分析研究，拓展集成广度与深度。

## 3. 分析市场前景及客户个性需求

实施总集成方应当保持本单位产品的市场前瞻性，需要及时了解当前市场的产品走势、技术潮流分析、国家的政策鼓励导向、客户的个性化需求。如现在总承包管理企业的大多数产品，从外观来说，表现形式只是一栋大楼或建筑群体而已，但是建筑物内部的产品应用是非常广泛的，特别是弱电系统、信息管理系统、高智能化系统的应用，这是总承包管理企业普遍存在的管理短板，急需通过实施总集成管理来提升自己的总体管理能力。

## 4. 加强与被集成方的实质性接触

总集成管理方要主动加强与被集成方的实质性接触，要具体了解被集成产品的特性、功能、使用要求、价格、与本单位产品的互补关系。特别要虚心接受被集成方产品所蕴含的科技含量，尊重对方的知识产权，以赢得市场空间和缩短推出新产品的时间，最终赢得客户的认可。另外，总集成方还需要了解被集成方对各类资源的需求量，包括技术管理人员的要求、技术工人的要求、物资设备的要求，掌握被集成产品的生产工艺流程、技术标准等，为总集成管理的实施打好基础。

## 5. 制订总集成管理计划

制订好总集成计划，总集成管理就正式开始实施，总集成管理方要根据被集成产品的生产工艺流程，分解集成产品的功能，了解每一步的集成完成时间，编制符合客户要求的集成时间节点，出台总集成管理总计划与各类分阶段管理计划，为后续的总集成管控提供支撑。所制订的总集成管理计划，应当经过总集成方的技术、生产、资源配置等各方面管理职能部门的评审，保证总集成计划编制的合理性和具体实施的可行性、可靠性、经济性等。

## 6. 收集集成相关信息、数据，随时调整措施

这是实施总集成管理的实质性操作阶段，根据总集成的计划分阶段实施，实现与本单位产品的集成。这一阶段的管理重点，是让被集成方根据技术要求、客户要求等，推进集成产品的实现，以便总集成管理方达到集成目标。在集成实施阶段，要认真收集集成相关的各类信息、数据，根据需要及时进行分析、试验、验证、确认等工作，分析集成目标的完成情况，随时调整措施。实施完成后，需要进行总集成管理的评价工作，总结本次集成管理的得与失，集成新产品的市场前景、效益分析、相关人才培养进展等，适时提出下一阶段的集成计划。

## 7. 收集市场及客户对集成后产品的意见反馈

在总集成管理基本完成以后，总集成方要及时收集市场、客户等对于新产品的意见，以进一步调整集成线路，提高集成质量，并对集成产品在质量、安全、环境等方面的影响做出评价。作为总承包管理企业，要有海纳百川的气度，广泛听取各类意见，以不断提升自己的品质，继续赢得客户和市场的认可。

总之，通过总集成管理的思路和实施，可以帮助总承包管理企业解决技术难题；解决企业规模做大、占领市场的需求；满足市场需求，生产出客户所需的个性化产品。可以说，总集成管理是在自身技术有

限、资源有限、时间有限的情况下完成建筑产品而且达到业主要求的极好途径。

# 第三节 融合管理分析

融合管理主要是指企业广泛吸收、融合其他行业的知识等，从而为客户提供更好的服务，并以此来提升本企业的价值链，促进企业更好地发展。建筑企业可以利用面向所有行业的契机，尽可能地掌握客户的战略、业务、生产经营、关键技术等，形成对业主的全方位了解，并积极站在业主的角度去理解、实施业主的建设工程，充分提升业主的投资价值，使建筑企业自身的知识技能更上一个台阶。

## 一、融合管理概述

### 1. 融合管理产生的背景

如今是信息爆炸的时代，是数字技术高速发展的时期，是建筑这一传统行业向新时代迈进、积极拥抱信息技术和数字技术的时代。在新时代里，每一个行业都面临着技术边界模糊化的问题，都有着与其他行业、技术相融通的可能。建筑企业的业主，来自大量不同的行业，行业之间的融通趋势愈发明显。一个管理人员，特别是高级管理人员，其知识储备不再局限于某一个专业，而是把多专业知识融合在一起。就技术层面来讲，建筑企业的业主所掌握的知识是相当的专业和丰富，甚至不亚于建筑企业本身所掌握的知识。在这样的背景下，融合管理应运而生。

## 2. 融合管理的定义

融合管理主要是指企业内部的管理者，特别是高层管理人员、技术管理人员等，在自己具备的专业知识的基础上，充分利用信息媒介，广泛吸收、融合其他专业知识，特别是来自不同行业的、与客户有关的技术与管理知识，更深入地了解客户的生产、经营情况，熟悉客户的技术储备和发展前景，及时洞察客户的战略发展等，从而为客户提供更好的服务，并以此来拓展企业的价值链，打开企业的业务界面，提高企业的竞争能力，提升企业的价值，促进企业的发展。

## 3. 融合管理的特征

融合管理的主要特征是快速、跨界、互通。"快速"主要是因为融合管理、融合过程的相对低成本。融合管理是信息技术高度发展以后促成的新管理方式。在信息化社会，人们能够以较低的成本快速地了解外部世界，掌握自己所必需的知识，从而推动一系列融合的发生，如技术在融合、数据在融合、思想在融合、方案在融合等。"跨界"主要是因为融合管理把不同的行业、不同的专业等相关知识、技能、信息糅合在一起。通过融合管理，可以更好地满足业主的各种需求，特别是个性化需求，在提升业主价值的同时，拓宽了企业本身的业务领域，在市场上提高了竞争能力。"互通"主要是因为融合管理在实际操作时，不仅需要去了解其他行业、其他企业的相关知识、技能，还需要把自身的技术在一定程度上分享给其他企业。由于互通的存在，使有志于融合管理的企业在各自的业务领域共同得到提高和发展。

## 4. 融合管理的主要支撑点

融合管理的主要支撑点有四个：跨界思维、信息技术、资源整合、高效执行。跨界思维是首要的支撑，企业要实行融合管理，关键是高层管理人员在战略上要具备跨界思维，敢于把不同行业的知识、技能融合进本企业的生产经营模式中。跨界思维有时是深思熟虑之后的成熟方案，有时是转瞬即逝的灵感乍现，但都体现出冲破原有技术束缚的勇气。信息技术的快速发展，为融合管理提供了快速沟通的重要支撑。人们通过对当代信息技术的运用，使技术知识的普及和快速获取成为可能，使客户对本企业的技术有了越来越多的了解和掌握，同样让本企业对客户的核心技术有了更好的掌握，进一步推动融合管理的发生。在融合管理的实施中，资源整合是至关重要的。整合的资源有人力资源、关键材料资源、核心技术资源、重要信息资源等，通过不同行业不同资源的整合，使融合管理具有实质意义。最后一个重要支撑是高效执行。在融合管理的过程中，纵然有千万条良策，要具备现实价值就需要高效执行，在企业员工理念上进行统一之后，把融合管理渗透到各个环节，保证融合管理的有效推进，确保融合管理的成果转化。

## 二、建筑企业的融合管理

### 1.建筑企业融合管理的内涵

建筑企业的融合管理指建筑企业在面向所有行业的业主进行服务的过程中，企业内部各层级的管理人员、技术人员等，充分利用各类信息技术，通过多途径广泛吸收其他行业的专业知识，尽可能地掌握客户的战略、业务、生产经营、关键技术等，并把客户的专业知识、业务技能知识等融合到本建筑企业的管理、技术中去，形成对业主的全方位了解，掌握业主的真正所需，达到融会贯通的境界，并积极站在业主的角度去理解、实施业主的建设工程，充分提升业主的投资价值，从而为业主提供更好的建筑产品和服务，并使建筑企业自身的知识技能更上一个台阶，保持在行业中的竞争优势。

### 2.建筑企业融合管理的关键点

建筑行业是传统技术与现代技术互相交融在一起的行业，说传统，建筑行业已经存续了数千年，是人们都需要的一个行业，打基础造房子是建筑行业最基本的工作；说现代，建筑行业不断与时俱进，当代最新的科学技术往往能够在建筑中得以体现，如 BIM 技术、3D 打印、各种高科技材料、先进的管理方法等不断涌现在当代建筑产品中。所以，建筑企业融合管理的关键点有：一是好奇心，作为建筑企业的高层管理人员，应当与各层级的员工一样，保持对本行业先进技术、外部行业先进技术、各类管理知识的新鲜感，有不断吸收新知识的冲劲。二是时代性，一个建筑企业要融合其他先进技术与管理知识，必须推动自身的技术、管理跟上时代的步伐，不断强化自己的管理能级，提高技术水平，为融合其他管理、技术做好准备。三是有包容心，建筑企业内部员工要用充分的包容心态去看待融合过程中发生的各种问题，不能遇到困难和挫折就打退堂鼓，要坚信融合管理完成后对企业带来的生机。四是敏锐度，建筑企业的各管理层对外部世界要保持敏锐的触觉，随时感受到自己面临的危机，并借融合管理的思路去寻找新的发展模式，提升技术管理能级。五是韧劲，全体员工特别是高层管理人员要看准了融合的内容不松劲，锲而不舍，直至成功。

### 3. 建筑企业融合管理面临的主要挑战

建筑企业在实践融合管理的过程中，主要面临的挑战有：一是思想上的认同不一致。很多建筑企业的员工还没有把自己所处的行业定义为现代建筑业，在思想上没有做好融合管理的准备。由于思想上意见相左，造成融合管理举步维艰。二是企业高层缺少融合管理的洞察力。由于缺少战略上的洞察，缺乏对于周围其他行业的了解，不知道自己的企业是否应当实施融合管理。三是对于融合管理的内容不清楚。企业的管理者在具体实践中不知道融合怎样的知识、技能，不知道融合的深度，看不到融合管理实施后对本企业将带来怎样的变化。四是找不到融合的路径。高层管理者想实施融合管理，也找到了融合管理的方向，但是不清楚融合管理的路径，无从下手，对于制定怎样的策略感到茫然。五是实施融合管理的能力不足。由于企业管理者自身的知识储备不够，知识的广度、深度不足，造成本企业的各方面管理还不足于融合其他管理、技术等。六是受到的干扰多。由于缺少对于融合管理的正确理解，造成了很多干扰，比如有非议的、有拖后腿的、有不合作的、有缺少信息的等。只有充分了解各种挑战，建筑企业才能早做准备，知难而上，推进融合管理的实施。

### 4.建筑企业融合管理的主要时机

开展融合管理的时机把握得好，可以达到事半功倍的效果，因此，可以简单用"顺、逆、高、做"四个字来反映四个较好的时间段。"顺"，是指建筑企业的相关业务处于较好、较快的扩张过程中，此时，建筑企业往往处于多元化，特别是同心多元化的时期，及时开展融合管理，全体员工易于接受新生知识，乐于闯关夺隘，打出业绩。"逆"是指建筑企业遇到业务瓶颈时，正是企业高层痛定思痛、反思管理和技术等的时机，及时实施融合管理可以走出困境，找到新路，破解难题。"高"是指建筑企业当前的各业务单元都有较高的业绩水平，表现为市场份额占有率大、盈利水平高、现金流充足等，此时实施融合管理，对企业来说是底子厚、有干头，万一遇到挫折，也是承受得起，更何况融合管理过程本身就是企业的一次重生机遇，企业在这个时刻的融合管理更能达到好的效果。"做"是指建筑企业在推进总承包、总集成管理的过程中实施融合管理，因为建筑企业的本身强项业务没有变，在推进总承包、总集成管理时，可以巧妙地融合其他业务单元知识、技能，并再次扩大业务范畴，减少融合管理中的风险，用最合理的投入收获最大的价值。

## 三、建筑企业做好融合管理的前期准备

### 1. 做好跨界的准备

思路决定出路，建筑企业要实施好融合管理，员工一定要在思想上做好跨界的准备，多专业的融合势必让员工的技术和综合管理能力得到提升。如果竞争对手在跨界融合方面率先走出一步并取得一定的成绩，那么故步自封者必定遭到淘汰。所以，做好融合管理最重要的是打开思维上的禁锢，向全行业敞开怀抱。在技术上，建筑企业要跟得上时代的节拍，要借助打造互联网建筑企业的思路，通过跨界融合让本企业与业主的需求达到高度的契合。在管理上，建筑企业要有专门的职能部门指导、考核、推动融合管理在本企业的实施。

### 2. 致力于丰富融合管理的内容

融合管理的具体内容是在建筑行业本身各类专业知识的基础上，包含了本企业以外的专业知识、技能等，因此，要让本企业的融合管理做得更为出色，更有成效，就需要企业的各级管理层致力于丰富融合管理的内容，这里的内容，不仅指行业外的专业知识、技能，还包括以下三点：一是融合的能力，即企业要在思想、人才储备、管理方法、相关环境等方面做好准备，有能力去实施融合管理；二是能够整合资源的能力，即当外部专业知识、技能已经到达本企业所触及的范围时，要有足够的能力去整合资源，才能达到融合的目的；三是能够利用新技术去创造新的商业模式，比如在融合的过程中运用数字化的思维模式，去构建一个数字管理的建筑企业，使融合管理插上翅膀；四是在融合管理实施之后，让本企业能够真正实现超越，包括理念超越、业绩超越、技术超越，并实现持续发展。

### 3. 不断拓展融合管理的路径与渠道

融合管理的主要优势在于其知识的宽泛性，所以，建筑企业

要不断拓展相关的路径和渠道，让更多的新知识、新技术等进入视野。主要的拓展路径和渠道有：建立行业领先的技术联盟，通过联盟的设立，来不断巩固本企业在技术上的领先优势，为融合管理的实施奠定基础；积极吸纳各专业的人才，包括跨界专业人才、本专业的精英、不同领域的管理人才等，为融合管理提供足够的人才支撑；设立跨专业论坛，让各界领军人物在论坛上分享他们的创新思路和成果，为融合管理创造足够的空间和前景；实施各专业的数据共享与分析共享，通过信息化手段，让不同的知识点都为本企业所用，快速推动融合管理的实施；进行资本驱动融合管理，通过资本的运作来掌握市场上难以获取的知识，使本企业的融合管理成果保持领先。

### 4.提升本企业员工受教育程度

要做好融合管理，需要员工的理念能跟上融合的步伐，员工的知识储备能接纳融合，所以，努力提高企业全体员工的受教育程度，就为融合管理提供了人力资源保证。提高员工受教育程度的方法有：直接通过高等院校、科研机构培养，企业需要融合怎样的专业，就由相应专业的导师带教；企业可以委托社会培训机构开展专业培训，从知识储备和职业技能上为融合创造条件；企业设立相应的智库，为融合管理进行战略上的引导，实施路径上的帮助；开展有效的海外专业培训，与国外高质量的专业机构或组织进行对接，拓展员工视野，使融合管理跟得上国际节拍；邀请不同行业领先企业中的技术与管理精英到本企业授课，直接打开融合管理的窗口；推动本企业内部各职能部门做到融会贯通，为融合其他专业打通内部关节。

## 四、建筑企业融合管理的具体实施与发展

### 1.思想上的融合是融合管理实施及发展的首要前提

从心智管理的角度来说，建筑企业高层在战略上达到怎样的高度，

整个建筑企业的融合管理便会达到相应的境界。企业的各级管理者要了解外部世界，不做井底之蛙，要在思想上积极吸纳新的知识，敢于脑洞大开，把整个世界、诸多行业的前沿思想等纳入思考的范畴，真正做到海纳百川，吐故纳新，保持领先。在思想的融合上重点要考虑的是：价值链管理、客户关系管理、人力资源开发与管理、风险管理、服务管理、总承包与总集成管理、知识库管理、供应链管理等，通过思想上的融合，使建筑企业的管理在传统管理的基础上实现现代管理的升华。

**2. 各种资源的融合是融合管理实施及发展的必要手段**

融合管理的实施过程主要是把各种资源融合在一起，这里的资源是宽泛的，如：人力资源的融合，使本企业的管理者能够掌握多种知识与技能；作业人员资源的融合与使用，可以在不同的项目上实现多工种的合理流动，且保持作业人员的使用平衡，使人员的使用与管理精确而不多余；信息与网络资源的融合，使建筑企业能在多地开展协同办公，快速协调生产运营，提前预判风险，解决问题；材料资源的融合，使建筑企业可以根据建筑工程的实际施工需要，以低成本获取高品质材料，实现零库存。

**3. 客户知识与价值的融合是融合管理实施及发展的价值体现**

可以说，建筑企业融合管理的使命就是提升客户的价值，提高建筑企业自身的竞争力、获取更多的盈利、提升本企业人才的价值等都是随着企业所服务的客户价值提升而得来的。所以，建筑企业要虚心地向客户学习，把客户的知识与价值融合进本企业的管理中。建筑企业在融合客户专业知识、技能的同时，还要注重融合客户的管理理念，博采众长，为我所用。通过融合客户的知识、提升客户的价值，来拓展建筑企业的价值链，为客户提供更好的咨询、设计、施工、采购、运行维护、设施更新、建筑物生命周期延伸等服务。

#### 4. 各种新技术的融合是融合管理实施及发展的重要突破口

建筑企业融合管理的关键在于对各类新技术的融会贯通，使外部的最新技术成为本企业的看家本领。当前建筑企业需要融合的重点方向有：互联网＋技术、人工智能技术、虚拟现实模拟技术、装配式组合建造技术、机器人施工技术、大数据应用技术等。建筑企业要通过与当代先进技术、管理理念的融合，创造全新的商业模式，在为业主提升价值的同时提高建筑企业本身的价值和竞争力，这也是融合管理的初衷。

# 第四节　内部交互管理分析

在建筑企业内部的职能管理上，是有着明确的职责分工的。每一个职能部门、每一个岗位都蕴含了其他管理职责、管理岗位的内容。尽早认识到交互管理的客观存在，将有力推进企业各职能管理的协同融合，促进企业的健康快速发展。因此，各级管理者应当了解建筑企业交互管理的内涵，清晰地知晓各职能部门之间的交互现象，针对各种不交互管理的现象要有相应的对策，并建立企业的交互管理体系，不断提高交互管理能力。

## 一、建筑企业内部交互管理的内涵

### 1. 传统的职能管理思维

绝大多数人都已经习惯了企业内部的科层制管理和职能制管理，纵然现今有很多企业在提倡扁平化管理，但科层制还是存在的，只是科层在减少。在这样的一个组织结构里，一个员工就会从属于某一个科层的某个部门，人们几乎不假思索地认为，自己在这个部门里，按照岗位说明书认真履行岗位职责，完成岗位任务和上级交办的任务即可。在这种传统的职能管理思维模式下，不同部门的员工们在按部就班地工作，但是管理的界面有时很难划清，管理的接口处存在管理盲点，容易引起各种部门之间的工作冲突。这种传统思维忽视了一个客观存在的事实，即各部门之间是存在内部交互管理的。

### 2. 交互管理的提出

这里所称的交互管理，是指企业内各管理部门、有关的管理职责分工等，在彼此有管理联系的基础上，还隐藏着其他管理部门、管理岗位的相关内容，因此，在实际的管理过程中，不是简单地进行管理分工，而是存在着管理的交互，即相互之间有交叉管理，有一定的重复管理，有一定的跨界管理。交互管理的实质，是在每一个职能部门、每一个岗位，除了本身应当做好的各项工作，还都蕴含了企业其他职能部门的工作内容，乃至于企业整体的管理内容。

之所以提出这个理念，就要从企业管理的本原上来分析：假设一个企业刚成立，很微小，那么一个人就有可能承担作为企业运营来说的所有职能。当这个企业逐步发展起来，就会有简单的几个必要管理部门，而这个时候的每一个部门的管理职责是很宽泛的，基本都要包含很多其他职能部门的事情。当企业发展到一定规模以后，职能部门齐全了，为了更好地完成工作，就需要各部门、各岗位的员工各司其职，分工协作，而往往在这个时候，管理层、员工等意识不到还有内部交互管理的存在。

### 3. 建筑企业内部交互管理的定义

建筑企业内部交互管理，可以理解为在建筑企业内部的职能管理上，每一个职能部门、每一个岗位都蕴含了其他管理职责、管理岗位的内容。部门管理人员，还要具备对于现场生产运营管理的知识；生产一线的员工，需要对部门的管理知识有所掌握。任何一个普通的员工，如果他对于其所处岗位的认识是建立在对于整个企业运行的基础上，而且对于每一个岗位的职责及其运行相当了解，那么这名员工是具有企业大局观的。这样的员工也一定是优秀员工，应该能很好地履行岗位职责并达到高绩效，而且是有能力来胜任更高层级管理工作的。

## 二、交互管理的主要表现形式

### 1. 企业综合管理与各部门之间的交互

企业内部的综合管理主要包括企业管理、战略管理、文秘管理、信息化管理、基础管理等内容。综合管理部门是与其他部门交互最为显著的部门。从企业管理的角度来说，如果不能对其他部门的管理职责、管理流程等有相当的熟悉和了解，那么，在具体管理实践中，就会遇到各种困难，比如质量、环境、职业健康安全"三合一"管理体系的贯标工作流于形式，各类管理制度的制定会显得空洞。就战略管理而言，需要对企业所有的管理内容都了然于胸，好借助各部门的力量来剖析企业的管理问题和发展方向。文秘管理也是一门学问，对文书来说，多了解其他部门的管理内容，可以对上级要求撰写的文章有更深入的理解，也更接地气；对秘书来说，站在企业不同部门的角度来处理事情，既能更好地贯彻上级的要求，又能为企业各部门提供更好的服务。信息化管理本身就需要对所有的管理流程、管理输入与输出有清晰的了解。良好的基础管理更需要对企业内所有的业务管理进行统筹掌握，洞察部门之间存在的问题，确保企业的生产经营活动朝正确的方向运行。

### 2. 人力资源管理与各部门之间的交互

人力资源管理的基础是岗位说明书的编制，必然需要人力资源部门与各职能部门通力合作，在做好详细工作分析的前提下，做好相关职务说明。人力资源管理主要涉及招聘、培训、绩效、薪酬管理等职能。要招聘到适合企业发展的人才，人力资源部门就需要对企业的战略有清晰的掌握，对各部门当前的人才需求、人才与岗位的匹配度等了如指掌，对各部门、各岗位的职能相当了解。在开展培训工作时，人力资源部门需要与各部门多沟通，掌握各部门的培训需求，以保证培训的适宜性。而绩效考核更是涉及每个员工的切身利益，影响到员工的工作积极性，所以，考核方绝对不能只是坐在办公室里进行相关的打分，而是需要在了解部门、岗位工作的重要性、繁杂性、压力等基础上，做出细致的评价。可以说人力资源部门与其他部门之间的交互性是相当明晰且重要的。

### 3. 财务管理与各部门之间的交互

先把财务管理中的理财职能放在一边，财务管理部门了解并熟悉各职能部门的管理是大有裨益的：一是成本控制，如全面预算的管理，可以准确地指导各部门进行全面预算的编制、中途预算的控制、财务年终的全面预算核对与总结等，特别是各部门管理工作的开展，就更接地气；熟悉施工生产过程，可以控制各种材料设备、人工费用等的成本；了解技术工作，可以对技术研发的投入、技术设施设备的购置等有良好管理；清晰人力资源工作，可以准确预测人员招聘、引进、清退等费用；掌握施工生产的知识，对于项目成本的控制会有一个全面掌握。二是资金管理，特别是财务人员对于项目管理有比较深入的了解，那么每个项目的资金收取、支付等，可以处于比较有序的状态。反过来，各部门的管理者熟悉相应的财务知识，那么，该部门的全面预算管理等将会受到很好的控制，预算与最终结果会比较接近，纵使有偏差，那么其原因也是清晰可理解的。项目部人员了解财务知识，对于项目的成本管理、资金管理等会产生极大的推动作用。

### 4. 商务管理与各部门之间的交互

商务管理是企业经济运行的主要管理部门，特别是对业主的商务报价与结算管理、对各类分包的投标报价与结算管理等。商务部门熟悉企业管理，可以很好地对各类报价与结算等有宏观的把握；熟悉文秘等知识，对于各种应用文的写作、各类文本的规范性与合规性等有极大帮助；熟悉施工生产，可以精准地出具报价与结算书，可以对分包有良好管控；熟悉技术，同样可以优化报价、控制好各类结算；熟悉材料管理，可以很好地适应业主的需求，对于分包也有很好的管控，不至于被忽悠等；熟悉人力资源管理，可以较好地开展本部门各类人才的培养工作，既后继有人，又英才辈出。更重要的是，商务部门一定要熟悉经营工作，为市场经营提供支撑，保障企业的经营开拓顺利进行。

### 5. 市场经营管理与各部门之间的交互

市场经营管理部门是面向业主、积极推介自己企业，并赢得用户信赖的关键部门。因此，该部门如果熟悉企业管理，就能从宏观上对企业的运作有较好的把握，从而能够向业主完整地介绍企业的管理以及各种资源优势等；熟悉施工生产和技术管理，则成为内行，在向业主推荐企业的生产管控、项目履约、核心竞争力等情况时，容易赢得业主的信任；市场经营部门的员工熟悉商务管理，则可以和商务部门的员工一起形成合力，联手进行合理报价，共同应对竞争对手的挑战；市场经营人员熟悉材料管理，对投标时各种材料设备的采购、报价、供应、仓储等有精准把握，则能在同等条件下更胜一筹。

### 6. 施工生产管理与各部门之间的交互

施工生产管理部门与其他各部门之间的联系非常紧密，交互作用非常明显。无论是质量、安全、环境等体系管理，还是计划统计、劳务等要素管理，施工生产管理人员熟悉施工技术，可以很好地运用技术来支撑质量管理，保持质量领先；可以很好地发现现场存在的安全隐患，提出纠正和预防措施；可以有效开展绿色施工，使环境管理落到实处；可以根据工程需要，合理安排各项资源，尤其是保证施工高峰期的多工种交叉施工顺利实施。施工生产管理人员熟悉企业管理，可以根据企业战略发展和年度生产经营目标，统筹各类资源供应与管理，对企业的其他管理进行前瞻性考虑。施工生产管理人员熟悉经营与商务管理工作，可为控制项目的成本提供保障，为项目预算结算工作给予支持，同时也可以指导项目部精心服务好业主，为企业的投标工作出力。施工生产管理人员熟悉人力资源管理，不仅可以为生产运营中的各类人才成长提供指导，还可以为劳务工匠的培养目标、培养过程提供支持。

### 7. 材料管理与各部门之间的交互

材料管理部门是与施工生产、经济运行等职能密切相关的部门。因此，材料管理人员熟悉施工生产，能够很好地根据施工进度、项目需求等开展材料采购工作，能够很好地把材料设备的性能、价格等与施工生产有机结合，对于相关材料设备的供应管理和库存管理等得心应手。材料管理人员熟悉商务管理，则对于整体项目成本的控制有独到方法，并为项目的预结算工作提供支持。材料管理人员熟悉市场经营工作，能够主动结合经营工作的需要，做好材料设备的价格大数据，并为经营中材料设备的报价提供支持。材料管理人员熟悉集成管理，对各类材料品牌的应用驾轻就熟，使各类材料设备特别是智能化设备等成为项目的有机组成部分，提升项目的整体价值。材料管理人员熟悉金融知识、关心财经消息，可以合理利用材料价格的周期性波动来锁定采购价格，为企业争取宝贵的利润。

### 8. 技术设计管理与各部门之间的交互

技术与设计管理部门是体现企业核心竞争力的主要部门。因此，相关管理人员熟悉生产、运行等工作，可以紧贴企业战略发展和实际需求，开展相关技术攻关、设计管理等工作，紧贴项目一线的需要，为项目履约和降本增效服务。技术设计管理人员熟悉市场经营工作，可以为投标工作提供更好支撑，尤其是在技术标的编制上，可以根据业主和投标项目的特点精准提出技术方案，使个性化的技术标在竞争中更有优势。技术设计管理人员熟悉商务管理、财务管理，可以真正实践技术经济管理一体化，为项目部的盈利提供保证。技术设计人员熟悉企业管理与人力资源管理，可以为企业整合各类资源、打造跨部门人才提供坚实基础。

## 三、管理中常见的"不交互"现象及其对策

### 1. 管理中的不交互现象产生的原因

在日常管理过程中，管理的不交互现象是常见的。而管理不交互的主要根源，更多是产生于心理上的，如每一个职能部门认为自己是独立运行的，与其他管理部门没有很多的关联。这是一种管理孤立的思考行为，缺少系统性的思考。在企业管理实践中，经常有部门或员工不是站在企业的角度去衡量自己的工作运行情况，或者是出于部门小团体的利益而故意把管理接口的责任推卸给其他部门，这也是导致产生管理不交互现象的原因。当然，还有一种原因就是员工主观上的不作为，缺少协同管理的思维，导致正常工作无法有效开展。

### 2. 管理上主要存在的不交互现象

在企业管理中不交互的现象还是挺多的，主要有：一是"推诿"，具体表现为员工针对在职能管理中的很多事务，尤其是具有交叉性的管理事项，往往认为不是本部门尤其是自己的管理范畴，让其他部门的人去干。二是"否定"，明明是其他部门已经完成的工作或业绩，置之不理，予以否定，不承认其他部门的作用。三是"包揽"，主观地认为工作上几乎所有的业绩，主要是由自己完成的，否定其他部门的作用。四是"拖延"，无故拖延应该在正常时间内完成的事务，让别的部门难以开展工作；或者是通过拖延，造成加班的假象，以期得到上级的认可，实则是工作效率低下的表现。五是"设障"，自己无法完成某项任务，又不期望其他部门完成，便故意设置障碍，拖大家的后腿。六是"抱怨"，对于正在开展的工作，不断埋怨，又无法表

达清晰的诉求，说不清是缺少哪些工作要素或资源支撑，纯粹是心理上的发泄。七是"装傻"，在进行相关工作的同时，对于其他部门要求配合的，故意装作看不见或者是装不懂。八是"攻击"，当其他有关部门取得一定的业绩时，不是主动去分析自己的差距和不足，反而要攻击他人的业绩，贬低他人，存心找碴。九是"停滞"，自认为自己的工作开展得不错，又不愿学习新的知识，尤其是不愿学习其他业务管理知识，造成管理上的相对停滞。

### 3. 针对不交互现象的相应对策

面对上述种种管理不交互现象，作为管理者应当认真剖析原因，采取适当的对策来加以防范、规避或处理。主要采取的对策有：一是"引导"，从思想上引导各职能部门、岗位上的管理人员重视相互间管理的支撑。二是"学习"，通过学习管理知识，尤其是学习其他部门、岗位上的相关知识，从而清醒认识到管理上客观存在的交互现象，以积极的姿态来面对各类交互管理。三是"协作"，大力提升部门之间、员工之间的协作效能，通过一个阶段目标的设置与努力，来实现管理的效果。四是"优化"，主要是优化管理流程、管理环节，尽量减少交互管理中不规范的空间，为管理的流畅执行创造条件。五是"奖惩"，对于积极处理交互管理工作内容的员工，给予物质和精神激励，反之则予以一定的处罚，以促进交互管理的顺利进行。

## 四、切实提高管理中的交互管理能力

### 1. 客观认识相关职能管理背后的交互支撑

良好经营工作背后的交互支撑有：企业良好的品牌影响力、出色的工程质量，包括创精品工程能力；企业有一支优秀的管理团队，拥有优秀的人力资源管理；企业扎实的基础管理，有低成本经营的底蕴；强大的材料设备采购能力，为经营提供支持；优秀的深化设计能力、技术管理和研发能力，使得经营工作好上加优。在项目管理背后的支撑有：高质量的市场经营成果，在区域上、项目的品质上给予的先期支持；商务管理部门的支持，包括项目实施中的过程预算、结算工作等；综合管理的支持，确保项目部在文件管理、法务管理、信息管理等方面保持良好运作；施工技术能力与技术创新能力、科研成果的应用能力等的支持，保证了项目部在履约过程中，攻克一个个难题；人力资源过程管控能力、财务与资金的支持等，保证了项目所需的人力资源要素、资金要素的正常到位。在人力资源管理背后的支撑有：各职能部门专业能力的培养与提升、各专业指导老师和各岗位说明书制定的直接参与者等，各部门都建立了新进员工的实习基地，相关人员成为员工招聘的直接面试者，也是员工绩效考评的主要考评者。在技术管理背后的支撑有：由经营工作知晓业主对于当前施工技术的主要需求；由施工生产过程知道需要技术攻关的课题、施工技术的前沿发展趋势、技术成果的应用载体等；由人力资源管理部门来帮助协调员工职业生涯晋升通道，由人力资源部门来组织培训工作；由商务管理部门来控制技术经济的合理性，解决优化施工方案等。在商务管理背后的支撑有：由经营工作知道当前项目的主要构成；由技术部门提供技术优化线路，从而达到降本目标；由人力资源部组织培训来提升商务管理人员的能力等。

**2. 从员工和企业两方面提升交互管理能力**

交互管理是客观存在的，要提高交互管理能力，可从两方面着手：一是对员工个体来说，应当提高对交互管理的认知技能，从心理上接受它，学会服务他人，学会借力于他人；在管理过程中，既要明确自己的角色定位，又要保持开放性思维，接纳他人的观点和管理思路；要提高团队协作技能，保持管理中的亲和力，要换位思考，及时补位。二是对企业管理者来说，应当从企业文化建设的角度来支持交互管理，以企业发展的使命感促进交互管理的和谐开展；各级管理者要打破非此即彼的线性思维，争做优秀的交互管理者，使企业保持和谐统一的管理；在交互管理的过程中，体现全息管理思维，认同各项管理的交叉性、包容性、共生性和相对独立性；条件成熟时，可以建立交互管理账户，记录交互管理的痕迹，保障交互管理的有序推进，促进企业健康发展。

### 3. 建筑企业应建立的六大交互管理体系

为了使企业管理更加顺畅，建筑企业应当建立起相应的交互管理体系。一是企业外部市场竞争体系，该体系涵盖了市场、经营、技术、商务、施工、材料、设计等相关职能条线，目的是在市场竞争过程中充分展示企业的综合竞争能力。二是企业内部资源配置体系，该体系主要包含人力、资金、材料、机械、施工工艺与程序、信息等各类资源配置条线，旨在让企业的生产经营工作得到最充分、最优化的资源保障。三是企业产品输出体系，要整合施工生产、材料、技术、商务、人力资源、企业管理等职能条线，达到工程项目优质、低耗履约的目标。四是企业品牌输出体系，把企业管理、市场经营、施工生产、技术、文秘宣传等条线集合在一起，在市场和客户心中树立良好的品牌形象，为未来的市场打好基础。五是企业风险管控体系，把法务、技术、经营、市场、商务、工程等各职能资源整合，保证企业的各项工作处于受控状态，防范风险。六是企业战略发展体系，让所有的职能条线都动员起来，为领导层的战略决策提供有力依据，并践行好各项战略措施，促进企业的良性发展。

# 第四章　服务支持

# 第一节　客户关系管理分析

很多建筑企业整天把客户和客户关系挂在嘴上，似乎不说"客户关系管理"，就要落后被淘汰了。但是，真正理解客户和客户关系内涵的却不多。很多人还是停留在低层面的管理上，以为平时有公关之类的活动，就是客户关系管理了，其实这样的理解是有失偏颇的。当前的建筑企业对于科学的客户关系管理还处于探索阶段，需要探析客户关系管理的内涵，要与客户保持良好的合作关系，不断提升客户的投资价值，保障客户的安全感，提升客户的体验感。

## 一、客户和客户关系管理

### 1. 客户的概念

客户是能够给你成长机会，能够帮助你完成营销，能够让你有增值机会，能够让你有盈利可能的对象。企业失去了客户，也就失去了生存可能。客户似水，到处都存在，但水能载舟，亦能覆舟。客户在市场上是客观存在的，如果他不能成为你的客户，他就会成为别人的客户。有时候缺少需求了，那么整个行业的客户都会转移到其他地方。对建筑企业来说，每个客户都是其生产经营活动得以持续开展的源头，是建筑业生态链中相当重要的一环，建筑企业唯有依赖客户才能完成自身发展、获得效益、培养人才、塑造品牌、服务社会等各项工作。

### 2. 客户关系管理的概念

要理解客户关系管理的概念，不妨看一下与它有关的英语单词的含义。英语单词"relation"是"关系"的意思，另一个单词"relative"是"亲戚"的含义。从汉语的字面及含义来分析，"亲戚"不正好有"客户"的意思吗？那就好理解了，与客户之间的关系，那好比是亲戚之间的联系：有付出、有收获；有呵护、有摩擦；有利益纠葛，有共同利益。走动少了，会产生误解，互相冷落；要频繁互动，增进了解与合作，产生更多的动能。客户关系管理就是通过各项管理活动，高质量地完成合同履约，实现建筑产品交付，让客户的投资价值升值，赢得客户的满意，把已有的客户留住，把潜在的客户吸引过来，把未来的客户培育出来。

### 3. 建筑企业和客户之间的关系

社会上有这么一些说法：客户就是消费者，客户就是上帝。这么一来，建筑企业只有被动的份儿了。如果面临的是绝对从高处俯视企业的客户，似乎建筑企业只有诚惶诚恐地服务好客户，也就是投资方。其实，建筑企业与客户是良好的合作关系，建筑企业可以运用自己的专业知识、经验、管理等综合因素，帮助客户提升自己的投资价值，实现客户投资的充分增值。建筑企业不仅可以完成投资者的投资意向，让其变成现实，更可以引导客户的消费观、思想、行为、投资观念，契合科学的发展理念，共同为完成一个独一无二的建筑作品而努力，为社会留下一份珍贵的资产，为后人留下一份宝贵的理念和成品建筑。这样的建筑作品，应当是百年建筑，值得品、值得赞，使用价值高，审美价值高，与环境交相融合，与人文相得益彰。

## 二、保障客户的投资安全

### 1. 巨额投资的安全保障

确保投资安全是客户关系管理的核心。由于建筑行业的特性所致，每个建筑的投资额都是一笔巨资。如何保障投资的安全，是每一个客户都会慎重考虑的问题。扣除商业保险的因素，客户选择怎样的承包商，就是在选择他投资额的安全保障程度。一个成熟的建筑承包商，会运用该企业现有的资质、以往的工程业绩、当前各类资源的整合能力、先进的管理方法、工程品质的保障能力、安全管控能力、绿色施工能力等，来充分展现其对于客户投资安全保障的综合能力。建筑企业如果还有良好的企业文化、勇于担当的社会责任等，则是在增加其保障能力的砝码，以取得客户的信任。

### 2. 让客户的投资价值增值是最好的安全保障

建筑物的特性除了投资额大，还有就是选定承包商后的变更性小。除非不得已，很少发生一个工程项目的主要承包商变更的情况。因此，客户对建筑企业的选择是慎而又慎，没有一套周密的招标过程，是很难决定承包商的。而一旦做出了决定，客户和建筑企业就联系在了一起，纵然过程中会有很多的磕磕碰碰，也很难改变关系。如果建筑企业除了完成作品，还能让客户的投资价值增值，那么，客户的投资安全保障度就会得到最大满足。

## 三、提升客户多种场合的体验感

### 1. 客户对建筑企业办公地点的体验

与建筑企业初次接触的客户，格外在乎自己的体验感。这里有个大前提，那就是建筑企业的工程品质是肯定有保证的。若品质有问题，那么客户关系管理的基石就崩溃了。为了增强确认程度，客户需要对建筑企业进行考察，包括对企业办公场所的考察，那是在实地观察企业的软文化，具体包括：企业的办公环境如何、员工的精神风貌如何、企业的内部管理是怎样的状态等。接待流程反映出企业的管理水准，办公的地理位置显示企业的财务实力。企业的汇报活动也在传递着重要信息：精心制作的 PPT、笑容可掬的接待者、专业的汇报释疑过程等，都在显示着企业的管理精细程度。

### 2.客户对建筑企业在建工程的体验

在建工地上传递的信息无疑是真实的，能展现出建筑企业的施工管控能力。毋庸置疑，客户将在工程现场看到施工的场景，观察到管理的每一个细节，管理代理公司将会从专业的角度打量施工企业的质量、安全、环境、绿色施工等管理能力。客户将会联想到自己未来的工地是个怎样的状况，自己是否能够接受这样的施工场景，同时也在暗暗地掂量自己投资的安全保障度。若把在建工程看作一个工厂生产车间，那么客户就好比是在车间的流水线上进行认真感知的人。

### 3.客户对建筑企业已竣工交付工程的体验

建筑产品是具有唯一性的，客户考察建筑企业已竣工项目，特别是同类型项目，那是在憧憬着自己未来产品的样子。这样的体验是新鲜的、兴奋的，若看到某些不足之处，是会有些许焦虑或担忧的。从这些项目上，客户看到的是未来，或许还能修正自己的某些理念。已经竣工项目的业主的意见格外重要，他们的评价，将直接左右新客户的决定。这也意味着，建筑企业必须对每一个客户高度负责，不能有丝毫闪失。

### 4.提升客户体验感的方式

每一个客户都弥足珍贵，建筑企业的各级管理人员和作业人员在与客户或潜在客户接触时，必须把心智模式切换到客户及客户代表的模式，以提高客户的体验感，这也是一种换位思考。要设置客户接待的基本流程，如谁负责迎接、谁负责介绍企业、谁负责技术咨询、谁负责管理咨询、谁负责参观等。再仔细些，要考虑让客户看什么资料、会谈多长时间为宜、怎么介绍项目情况等。还有，为客户准备什么样的资料、客户对色彩的偏好、当天的天气、如何回复邮件、敬辞如何使用等细节，都要有所考虑。必要时，要考虑互联网的作用。虽说是网络时代，但客户对互联网的认识和运用是有差异的，可以对客户进行分层管理，切实提升他们的体验感。

## 四、做一家"职业"的建筑企业

### 1. 明确建筑企业"职业"的含义

"职业"一词用来修饰企业，类似于修饰足球俱乐部，这里的"职业"一词，也可以用"敬业""专业"等词来替代，但"职业"更能传意。"职业"，说明这家企业是成熟的、有经验的、有资质的、有管理能力的、有风险抵抗能力的、有偿债能力的，是负责任的、有担当的、经得起考验的、有社会品牌度的、有公众广泛认可度的。作为一家职业的建筑企业，将围绕确保客户投资的安全、提高品质和提升客户的投资价值，紧张有序地开展工作，赢得客户的信赖，并为下一次的合作打好基础。

### 2. 尊重客户

这里有两层含义：一是对客户企业的尊重，不论客户是来自哪一个行业的，没有贵贱之分，没有大小之别，都是建筑企业的贵客；二是对客户代表及客户企业员工的尊重，因为企业本身是由各类专业人才来运营、管理的，所以客户代表及客户员工本身就代表了企业，他们来自五湖四海，专业、年龄、经历等各不相同，有的经验老到，有的初出茅庐，但他们都必须得到足够的尊重。

另外，或许客户是非常专业的，对于建筑及施工的了解程度很高，对于建筑技术也了如指掌，甚至对于前沿技术和建筑的未来走势都很清楚，那么，作为建筑企业要尊重客户的知情程度，对于客户的前瞻需求要积极配合，尽力提高自己的职业程度，让客户满意。或许客户是不专业的，对于建筑和施工缺乏了解，这时作为建筑企业应当是谦逊的，要充分理解客户的需求，要利用自己的专业知识帮助客户达到他们理想的要求。唯有发自内心的尊重，才能赢得客户的青睐。

### 3. 传递"重要"信息

这个"重要"是指客户的重要性，建筑企业从接触客户伊始，就要真诚地传递出"客户是如此重要"的信息。无论客户来自哪里，从事哪个行业，当客户决定投资项目的时候，于社会、企业、个体等是做出了很大贡献的。另外，从建筑企业的角度，获得开展新项目的机会，就是自身再发展的机会，是检验和提高管理水平的机会，是提高员工能力的机会，是获取必要利润的机会，是技术水平向前跨越的机会。因此，每一个客户都是如此重要，要真诚地服务好客户，感谢客户所给予的机会。

### 4. 做自信的建筑企业

职业的建筑企业，应当从骨子里透出"自信"的信息，这既是企业本身综合实力的体现，也是一种对客户尊重的表现。要做到自信不容易，建筑企业必须有技术上的追求，有先进理念的运用，有管理上的提高，有服务好客户和社会的能力。"自信"的体现是全方位的，也就是说，从企业的员工到各种软文化，再到各类硬件，都要留给客户"自信"的感染力。从客户的角度，自信的建筑企业是其"职业"的基本体现。自信的建筑企业，其所有员工都会洋溢出做好工程品质、提升客户价值的底蕴，是赢得客户的无形感染力。

## 五、留住客户的做法

### 1. 为客户提供高质量的产品与服务

为客户提供什么？从营销的角度，就是提供产品和服务。对建筑企业来说，可利用其总承包和总集成的能力或专业施工能力，为客户提供可靠的工程项目，提供超越客户期望的服务，提供能增值的产品。因此，在刚接触客户时，建筑企业要向客户明确自己的定位和发展趋势、自身拥有的总承包与总集成管理能力和各专业施工管理能力、企业的技术发展水平、企业在行业中的地位，让客户知晓自己以往的业绩以及客观的第三方评价等。

### 2. 确保数据和信息准确无误

信息化时代，建筑企业尤其要重视媒体、网络的作用，特别要维护好自己的网站，每天专人、定时更新数据，包括图片和文字。要有自己专门的渠道收集企业有关的信息，不能忽视子公司、分公司、外地区域公司、项目部的各类重要信息。对于网站上的各类链接，也要专人去维护，确保没有过期的链接，纵使链接有99%的正确率，但若客户正在查看的是其余1%的内容就糟糕了。

### 3. 重视收集施工过程中的各种信息

施工过程中的各类数据是客户关心的焦点。比如客户会关心：项目总负责人是谁，谁负责现场的施工，以及技术负责人、专业施工负责人、图纸设计、深化人员、质量安全环境的负责人是谁等；客户也关心以下问题：材料的品质有保障吗？有更换品牌、偷工减料吗？有物流管理乃至物联网的管理吗？有项目管理信息系统在运行吗？项目上有各类的管理预案吗？这些预案有真实的演习与评价吗？材料和人工的价格在变化吗？客户还关心企业的领导对该项目的重视程度，甚至有的客户还会关心政局、社会的影响等。

### 4. 编制客户手册

建筑企业要善于利用项目进度表，并且要实时调整进度计划，让业主随时能知晓自己项目的进展和预计竣工、开业的日期。项目竣工后，建筑企业可以编制一份内容详尽的客户手册，运用BIM、App等技术手段，清晰而又简洁地让客户知道房屋的结构、机电系统的布置、装修的内容，包括具体某个部位所用的材料，施工的单位乃至具体的作业人员都可以找到。要有各类系统的流程图，有解决问题的途径，有咨询单位、人员的联系方式等。要告知客户，建筑物运行多长时间了，应当更换什么零部件；再过多长时间应当对系统进行维护；到什么时间应当做其他的保养，甚至是重新装修、更换机电系统等。要建立大数据库，收集、分析不同类型的客户可能遇到的问题、解决的方案等。建筑企业把便利给了客户，把麻烦留给了自己，也留住了客户的心。

### 5.培育未来的客户

未来的客户在哪儿？似乎很好回答，撇除房地产业主和政府投资项目，未来的客户遍布在各行各业。对建筑企业来说，有两类未来客户是值得重视的，一类是处于快速增长期的企业，特别是处于新兴产业中的高速发展企业，他们的资本积累速度快，无论是从固定资产投资，还是从不动产投资的角度，他们都是未来重要的客户。另一类是需"从娃娃抓起"的企业，这些未来的客户或客户代表，现在固然很年轻，但他们通过媒体、周边事物等能了解到关于建筑企业的故事，建筑企业要善于做营销、做推广，让本企业的品牌扎根于这群未来的客户心中。

### 6.培育并亮出企业的使命

留住客户特别是核心客户的关键是要让他们知道本建筑企业的使命，到底是个怎样的公司，想要做什么，远景目标是什么。这个使命将是建筑企业未来持续发展的支柱，是留住管理资源、提升管理能力、吸引客户资源的核心。要让客户了解建筑企业的企业文化，知道其前进方向、奋斗目标，感知建筑企业的社会责任。一个有清晰使命感的建筑企业，能很好地留住客户。

## 六、正确对待客户的抱怨

### 1.明确客户抱怨的原因

客户为什么抱怨？因为建筑企业的产品有瑕疵，或其服务有遗漏或疏忽，总之是建筑企业提供的产品与服务没有达到客户心中的理想状态。有时，建筑企业的员工感到自己已经尽职尽力了，但客户却感觉一团糟。这是由多方面原因造成的。有可能是员工的知识面、经验、阅历不够丰富而导致服务不到位，导致客户感到其付出没有得到相应回报；也有可能是员工在技术上太专业了，而客户却无法理解具体内容和内涵而导致"鸡同鸭讲"。因此，建筑企业要明确客户抱怨的原因，及时对症下药消除抱怨。

### 2. 及时处理抱怨及反馈

处理抱怨是有时间限制的，处理得越早、越得当，抱怨就消失得越快，有时还能赢得客户的赞许。面对抱怨时，建筑企业要及时反馈给客户重要信息，包括建筑企业的处理方法、完成时间、责任人等，要有进一步的预防措施。哪怕来不及改进，也要及时沟通、跟进，让客户明白企业正在努力，最好给出解决方案的时间表。

### 3. 理性看待客户的抱怨

每一次抱怨和投诉，都是建筑企业改正和提高的机会。千万不要对客户造成在进行专业考试的错觉。有的员工在处理客户的文件时，会以为发个邮件，附上附件即可。要知道，很多客户是没有那么专业的，要把邮件、文件资料的信息全部串联起来，那等同于让客户参加了一场考试，这样的处理方式效果会很差。所以，建筑企业要尽量以言简意赅的表达方式，以最快的速度和清晰的思路来处理抱怨。平时，建筑企业要有危机意识，化抱怨为机会，通过积极行动和努力，树立起建筑企业的正面形象。

## 七、建筑企业应修炼的"内功"

### 1. 建立专业的客户服务机制

建筑企业应建立专业的客户服务机制，设立客户服务部门，明确职责分配，每次执行任务要有任务分配表，明确哪个部门、哪个岗位应当做什么事以及完成期限等。要建立客户服务平台，让客户需要解决的事项能及时得到解决和回复。要建立客户服务应急预案，一旦客户发生了投诉，要有相应的解决渠道和责任人。每件事情都要有回复，做到每事必清。要设立事件跟踪与回访机制，定期回访客户，询问客户的感受，提出下一步改进的方向和措施。

### 2. 科学建立客户关系管理信息系统

要建立一套完整的客户关系管理信息系统（CRM），可以根据客户的行业属性、地域分布、投资额度、建筑设计偏好、建筑功能、管理模式与程序、对材料的控制、对签证与索赔的认可度、客户最新投资的意向等进行大数据的收集、整理、分析、统计。当数据达到一定程度后，可以用来对新项目进行预测、对在建项目的管理进行改进、对客户未来动向进行分析等，从而更好地、有针对性地服务好客户。同时要保障数据安全，确保服务安全。

### 3. 服务好每一个客户

从营销学的角度，客户有大小之分，但中国的商业经营上有个词叫"童叟无欺"。引用到建筑行业，对待小客户必须像对待大客户一样，绝对不能敷衍。如果对小客户也能服务好了，让他们的投资价值增值了，何愁不能服务好大客户。何况，小客户也能成长为大客户。认真服务好每一个客户，建筑企业在市场上的口碑将会很好地回馈自己。

### 4. 用实力吸引客户

客户关系管理是一门综合性很强的学问，对客户关系管理的理解也是仁者见仁、智者见智，但说得再好，如果建筑企业自身没有过硬的核心技术和管理水平，那么客户关系管理也只能是纸上谈兵。所以建筑企业还是要坚持提升自身的核心竞争力，不断提高管理水平，致力于创新发展，特别关心未来的发展趋势，在工厂化装配式、以 BIM 为主导的信息技术、绿色低碳施工、总承包和总集成能力、数字化管理、智能建造等方面下功夫，要以追求最高品质、最佳服务的精神，以过硬的本领赢得潜在客户和未来客户。

# 第二节　品牌建设分析

建筑企业的品牌是一直存在的，具有优质品牌的建筑企业自然受到业主的青睐。当业主要对工程承包商做出选择时，其对于一个建筑企业的品牌格外关心。品牌随着建筑企业的诞生而存在，如果任其自然存在，那么品牌知名度的积累过程是相当漫长的。而对品牌进行系统的建设，建筑企业可以有效提升自己的知名度。建筑企业可以通过品牌定位、品牌聚焦、品牌竞争、品牌传播等，加强品牌建设，向外界推广品牌，培育品牌的客户群、培育品牌文化，从而建立一个优秀的建筑品牌，让客户感到放心，从而在做决策时减少风险。

## 一、建筑施工企业品牌建设现状

品牌是企业在成立之后以及在生产经营活动过程中，逐步积累的产品与服务或者是它们之间的组合所对外界的影响力。品牌也是企业的竞争优势通过长期积累后得到的自然结果。良好的品牌会提升企业的形象，增加企业的绩效，增强员工的凝聚力。有影响力的建筑施工企业在长期的生产经营活动过程中，通过建造各类建筑产品，特别是一些大型、超大型的标志性、重大工程等，在社会上逐步积累施工企业的知名度，形成良好的对外辐射力，企业形象不断提升，形成了建筑施工企业特有的品牌。

品牌一般由三个部分构成，一是品牌的价值观；二是管理体系；

三是创意传播。但在建筑施工行业，真正对企业品牌做对外推广的企业还不多，更多的企业只是停留在口碑阶段。口碑，其实是企业品牌价值观的一种表现方式，完美演绎企业品牌价值观的建筑施工企业当下是少之又少。

### 1. 建筑施工企业的品牌内涵

建筑施工企业的品牌内涵，主要有品牌类型和品牌识别两个部分。

一是品牌类型。当前国内市场上建筑施工企业的品牌类型相对单一，特别是在大型国有控股企业中，基本上都是企业本身的名称，很少有产品的品牌，或某个体系的品牌。尤其是由历史产生的各序列编号公司，其序列编号多少反映出企业曾经的来历：或许是部队转制的，或许是计划列出的。少量的民营企业抓住市场机遇，成立了相应的一些品牌企业。目前在市场上常见的是可以看到企业名称的品牌，如"上海建工 SCG"，或者企业名称与子公司联合的品牌，如"上海建工一建集团"等。后者在市场上更易被接纳的是其简称"上海一建"，这也是中国人取名的习惯。

二是品牌识别。品牌识别是对品牌类型进行区分后，所反映出的对企业独特标识的认知。社会各界可以通过建筑施工企业完成的产品，来达到对该企业品牌的认可。特别是标志性建筑、精品建筑、品牌员工的出现，是对建筑企业品牌识别的主要渠道。品牌识别，有时也是对专业化的识别。例如，对超高层建筑的施工，市场识别结果可能是"上海一建"居领先地位，这是该公司在成功完成若干超高层建筑后的市场回报。

### 2. 建筑施工企业的品牌形象

建筑施工企业的品牌形象，是由社会各界逐步认可的，并在长期的生产经营活动中，被反复强调的一种标识。早期施工企业的品牌形象（其实早期还谈不上品牌形象），是"苦""土"，这其实反映了建筑施工企业在以前阶段的技术低下，劳动力技能一般，组织管理水平不高的情况。反观一些发达国家，如美国，在 20 世纪 30 年代，建筑业就已经到达了当时世界的巅峰，纽约帝国大厦、芝加哥西而斯大厦等百层以上建筑绝对地傲视群雄，建筑业成为国家的三大支柱产业之一。我们的建筑施工企业发展到了今天，随着一大批超高难度建筑的完成，其品牌形象也得以完美树立。

以大型建筑施工企业为例，其品牌形象是由全体员工在各个历史时期共同塑造的，主要有：一是超强的技术研发能力。在超高、超深建筑上的作为，施工工期的掌控，高难技术的攻关与应用，发展到现在的工业化装配的运用、BIM 技术的应用、信息技术集成、数字化应用，通过施工技术获取额外超值利润的能力等。二是超强的过程管控能力。在实施总承包、总集成管理的过程中，体现优秀的过程管理，包括大质量管理、精品创建能力、绿色施工能力、安全保证能力、风险防控能力等。三是卓越的服务能力。充分体现施工企业满足客户心理需求并超越期望、连续赢得业主口碑与后续项目的能力。在服务客户的过程中，蕴涵着提升客户投资价值的能力，这其中也包含了设计能力、优化能力、降本能力、综合能力，以及有灵魂的创意及新颖工艺运用过程。四是社会责任承担能力。作为大型的建筑施工企业，尤其在抗震救灾、抗台风、支援落后地区等方面，表现得有担当、有作为、有贡献，是赢得社会认可的极佳途径。五是媒体关系。大型的建筑施工企业都善于与各类媒体打交道，利用媒体来宣传自己的理念，赢得品牌声誉。有些企业还会通过公益广告来推进自己的品牌形象。六是员工成长及员工精神面貌。如果说企业标识、围墙、标语的张贴是硬件，那么员工着装与精神面貌、与外界得体的交往等则是软件。有抱负的建筑施工企业都有关于员工的培养方案，让员工成为企业品牌的无声代言人。

## 二、品牌战略的研究

品牌，会给建筑企业带来很多正面效果：方便客户辨识不同竞争力的企业、吸引目标客户;品牌是具有知识产权的,为品牌使用者带来便利和效应;品牌可以击溃竞争对手,可以影响业主的行为;等等。品牌战略,是建筑施工企业为了进一步拓展市场,赢得客户的主动行为。一般来说,品牌战略可以简化为四个方面,即品牌定位、品牌聚焦、品牌竞争、品牌传播。

### 1. 品牌定位

品牌定位是建筑施工企业告诉社会:本企业是一个怎么样的企业,有什么样的核心竞争力,与其他企业比较优势在哪里,项目管控能力、服务质量、低成本消化能力、为业主创造价值的能力如何,等等。简单来说,就是让业主在决策时能够基于对某施工企业的品牌的考虑,特别是对于质量、成本、工期、技术、管理等的感知度。一个建筑施工企业有清晰的品牌定位,就能在建筑市场上明确亮出自己的身份,让客户群和潜在客户群能快速在众多的竞争企业中找到自己,达到占领市场的目的。

### 2. 品牌聚焦

品牌聚焦,是指收缩品牌的焦点。一个企业,可以有自己的企业名称的品牌,也应当考虑在某一个或几个专有市场上建立品牌。比如某建筑企业,可以聚焦超高层建筑的总承包管理,在超高层建筑上培育品牌;也可以聚焦超高难度施工工艺,如多曲面清水混凝土的施工,形成自己的市场品牌。可以说,品牌聚焦也是市场细分的竞争需要和竞争结果。由于品牌聚焦,业主可以在较快的时间里关注和青睐建筑企业,或者在基本条件相等的情况下锁定建筑企业。

### 3. 品牌竞争

品牌竞争是当一个品牌诞生后,不可避免地在市场上与行业内其他品牌开展的公开或不公开的竞争。一个建筑施工企业的品牌,要亮出自己的旗帜,祭出自己的法宝。它与其他品牌的区别,与自己的定位和追求有密切关系。作为客户,肯定关心某个建筑施工企业的品牌与其他品牌的区别，那么，两个不同品牌之间必然产生竞争，其竞争的激烈程度与该品牌的培育过程、发育程度有关。

现在市场上同质的品牌很多，品牌带有地域名称的，往往会与该地区的经济、技术发展程度相关联。举例说，"上海一建"与"广西一建"，人们很自然地联系到两个不同的地域，对企业内部员工的素养、管理的层级与水准、技术的含量等会产生不同的联想。笔者没有任何歧视的成分，事实上任意一家企业只要努力了，都会超越其他企业。另外，"上海一建"与"上海四建"除了序列号上的不同还有什么区别？这样的品牌竞争是惨烈的，因为你的标识不清晰，是赢在价格上？赢在技术上？赢在服务上？再比如，"上海建工"与"中建"各公司，除了央企与地方企业的标识，还有什么区别？是产品的区别、承建高度与难度的区别，还是人脉资源、工艺技术的区别？这样的竞争同样剧烈。一个好的品牌，应该是容易被记住的，富有内涵的（包括视觉和文字形象），是适应当今时代跨区域、跨文化发展需要的，同时受到法律保护的。

### 4. 品牌传播

一个品牌的传播渠道不同，其传播效果是有很大不同的。目前建筑市场上的品牌传播大多数是被动型的，其主要传播的渠道有：业主口口相传，这是施工企业赢得的口碑；媒体公开报道，包括随有关人员出访、大型活动揭幕、突发事件的处置与应付等，这是临时的传播；建筑企业利益相关方的传播，包括自己员工的评价、社会反馈、供应商与合作伙伴的评价等；劳务作业方的感受，比如通过开展劳务基地建设、海外基地建设、员工评级（技工评级）等进行传播。现在的传播方式还有网络传播，比如各种平台、直播等，时效性相当强，几乎每一个人都能够直接参与。因此，对于品牌的传播渠道与方式，建筑企业必然要高度重视。

### 三、品牌建设的建议

一个建筑企业的品牌建设，可以分为品牌内核建设、品牌外围建设、品牌联想建设三个部分。品牌内核建设是建筑企业品牌建设的核心，失去内核或内核欠佳，那么该企业品牌是注定要失败的。品牌外围是附着在建筑企业身上的，是为提高内核质量而产生的相关工作。品牌联想是该品牌的附加值。

#### 1. 品牌内核建设

品牌内核建设中最重要的是产品质量，产品质量过硬，深得客户信赖，就可以成为精品，铸就名牌。在商品市场上，任何产品只要做到顶尖，就有机会拓展利润和发展空间。无论什么商品，一旦成为名牌，身价就会倍增。很多企业之所以底气不足，是因为没有创出品牌。千方百计提高产品与服务的内在品质，经过时间的检验和发酵，就能创出自己的品牌。另外，建筑企业可以抓住很多契机，在重大项目上拿到国家级或省部级的科技进步奖、各类专利的实施、行业标准的编写等，都是增强品牌内核的重要途径。

在品牌内核建设过程中，有一个重要的方法是，建筑企业要成为解决方案的供应商。过去建筑企业向客户提供实物产品，是把知识作为后台，让知识凝固在产品之中销售给客户。向客户提供解决方案是让知识走向前台，通过为客户提供解决特定问题所需的知识，即解决方案，把所需要的实物产品整合到知识体系之中，使实物产品成为实施解决方案的物质条件。客户所需要解决的内容有：满足居住、质量稳定有保证、安全可靠、绿色环保、舒适、便捷、信息联络方便、数据处理快、应急有保障等。建筑企业提供的解决方案包含三个层次，第一层是最外层，就是解决方案的品牌标识；第二层是知识层，提出某个领域问题的技术解决方案，包括设计方案、相应软件、管理方案、给客户带来的利益等；第三层是产品包，是各类产品的整合，或者说是各类专业的集成。

### 2. 品牌外围建设

品牌外围建设往往是建筑企业在社会上逐步扩大自己影响力的过程，扩大市场占有率是品牌外围建设的主要渠道。另外，通过承担社会责任等方式，也可以提升自己的品牌形象。品牌外围建设是服务于品牌内核的重要措施。一般地，建筑企业可以通过以下方式来开展品牌外围建设工作：建立企业大学（学院），让员工的智力、能力、智慧、素养等得到提升，并与企业的品牌文化相一致；建立劳务培训实习学校，提升劳务作业层的职业技能；与具有专业特色的高校、科研机构等合作，建立企业的智囊团，使企业品牌拥有硬核影响力；建立研发基地，志在长远，保持品牌的生命力；建立客户联盟与论坛，如技术论坛、管理创新论坛、与业主共同承担社会责任论坛等，树立起品牌的形象；借助体育交流（可与业主共同开展）、重大体育赛事、知名公益性活动、广泛信息交流渠道等，拓展品牌的外围建设空间。

### 3. 品牌的联想

品牌的联想，是建筑企业赋予一个品牌的附加值。建筑企业通过对自身品牌的建设，不论投入多少，都会让客户产生品牌的联想。最重要的是能让客户产生积极的、有利于自己发展的良好联想结果。因此，建筑企业要关注自己所施工生产产品的品牌，每一个建筑产品的生成，都是一件事关品牌生命、事关企业长远发展的重要事项。在建筑施工过程中，要不断关注企业自身品牌的作用，多增加高附加值影响力，防止品牌的损坏。一旦发生质量事故等对单一品牌造成严重影响的事件，要有及时的危机处理手段，在第一时间消除不良品牌联想。

## 四、品牌的推广

品牌推广是建筑企业向社会、客户推荐自己的主动行为，要致力于吸引专门的客户群，培育品牌文化，保护已有品牌的含金量，拓展品牌推广的影响范围。

### 1. 培育忠诚客户群

每一个建筑企业都要思考自己的客户群体是哪些，要着重培育自己的忠诚客户群，这些客户是自己企业腾飞的重要力量。在培育忠诚客户群的过程中，要加强品牌联想的扶持与创新，让客户由品牌联想到"精品、超高、优质服务"等符号，使自己成为客户的第一选择。要加强与文化挂钩，通过建筑企业的具体名称，让员工、客户等联想到一定的文化、一定的故事等。要建立与品牌相关的内部管理标准，给自己的建筑产品下定义、定标准，提示客户使用什么样的队伍、采用什么样的材料、应用什么样的标准，会铸就什么样的品质。要赋予品牌以精神，让业主认知品牌所蕴涵的意义、个性、情感、品位，培育品牌人物和产品。

### 2. 培育品牌文化

构筑一个成功的品牌与构建一个精美的建筑是相通的。把品牌比喻成一个建筑，就先要打好品牌的基础，即文化，这是一个建筑企业的灵魂。一个缺少先进企业文化的品牌是很难有长久发展的。要为建筑企业的品牌文化装上腾飞的引擎，就要高度重视企业的科技应用与整体管理水平。没有科技含量的企业，是谈不上品牌发展的。此外，还要重视品牌的倍增效应，通过设立建筑博物馆等方式，来驱动品牌的超值使用，以助推企业获得更多收益。

互联网时代建筑品牌文化的推广，还应注意利用互联网的社交媒体，要用开放、透明、合作的态度来建立良好的口碑。国外有个"1：25：8：1"的说法，即1个满意的老顾客，可以影响25个顾客，诱发8个潜在消费者产生购买动机，其中至少1个人产生购买行为，相反，1个不满意的顾客会打消25个潜在消费者的购买意愿，由此可见口碑在品牌文化中的重要性。口碑是费用最低、感染力最强、传播速度最快的推广方式，是品牌文化推介的重要载体。而互联网的传播速率将大大超过传统媒体的传播速度，志向高远的企业应该利用好互联网来成功培育自己的品牌文化。

### 3. 保护已有品牌的含金量

每一个品牌的诞生、培育、发展都很不容易，因此保护好已有品牌的含金量是项重要工作。企业要树立品牌资产的概念，珍惜品牌的点滴积累，使品牌资产逐步扩大、增值；要通过合法的途径保护好专项品牌。建筑企业可以借助业主、政府有关部门等渠道，来进一步巩固品牌的地位；还可以细分市场，占领专门领域，使品牌的含金量继续增加。要保护已有品牌的含金量，建筑企业要主动出击，可以联合政府有关部门、所在地区的行业协会等，研究制定各类施工生产、服务品牌标准；掌握话语权，并采取专门措施保护自己的品牌。要逐步建立品牌资源数据库，为建筑市场提供优质服务。在品牌的推广过程中，注重品牌文化的宣传、战略品牌合作，不断提升自有品牌在市场上的知名度。要建立和完善品牌呵护机制，逐步开展品牌体验活动，采取具体实施发展品牌，加强与高端品牌的合作等，使已有品牌的含金量不断增加。

### 4. 重视品牌推广的效用

品牌在推广以后，要明确告知受众，本企业的价值表述是什么，有哪些竞争优势，企业的形象是什么，企业已具有哪些知识管理的优势等。在品牌属性上，要让客户快速分辨出该品牌的内涵。要关注与产品有关的特性，如建筑企业下面的不同专业分类；也要关注与非产品关联的要素，如价格、使用联想、个性化服务等。建筑企业将从品牌中获得收益，如功能收益，使建筑产品在使用功能上被肯定；象征收益，附加在该品牌上的超值部分，收获良好社会效益。一个建筑品牌，能让客户感到放心，让客户在做决策时减少风险，包括建筑实体风险、使用功能风险、财务风险、使用者心理风险、工期风险等，那么这样的品牌基本上是一个成功的建筑品牌。

# 第三节　服务管理分析

　　服务，广泛存在于各行各业。服务业市场经济占比，在整个国民经济中越来越高。很多人认为，服务业是属于第三产业的，而建筑业是属于第二产业的。如果把服务与建筑联系在一起，显得有些勉强。实际上，服务管理在建筑企业中广泛存在：企业要为客户服务，为各类相关方服务，内部职能部门之间相互服务，还要为劳务作业人员服务等，这些都说明现代建筑业恰恰需要"服务"的理念，建筑企业需要服务管理。建筑企业的服务管理有其自身内涵，建筑企业的对外服务、内部服务、信息服务、品牌服务、全生命周期服务等都需要去探索、实践。在互联网时代背景下，面向未来的液态化服务将是服务管理发展的趋势。

## 一、建筑企业的服务管理

### 1. 建筑企业的服务管理贯穿管理全过程

　　不同于科层管理的层级性，服务贯穿管理的始终。带有服务意识的管理，可能更适应现代管理的节奏。主要表现为：从建筑企业外部来讲，是本企业服务于业主，做好客户服务管理的各步骤。从建筑企业内部来说，有上一层领导对下一层管理者的服务，如管理信息的共享、决策的参与度等；下一层管理者对上一层领导的服务，如决策信息的事先准备与充分准备、管理程序的策划参与等；同层管理者之间的服务，如执行力的补位措施等。所以，建筑企业的服务管理是贯穿管理全过程的。

### 2. 建筑企业的服务经济

　　提高服务水平会带动经济发展。与大的服务产业相比，建筑企业内部的服务经济是微观的，它对于建筑企业内部经济的带动情况，目前尚没有专家学者做统计或相关性分析。但在生产经营的过程中，服务经济至少是建筑产值的组成部分，或者是推动力量。至于建筑企业对外部行业的拉动影响，清华大学的孙风教授、哈尔滨工业大学的王要武教授的研究显示，建筑业每增加 10000 元的产量，对国民经济其他行业产生 7345 元的直接拉动，间接拉动更是达到了 24053 元，可见建筑企业服务经济的重要性。

### 3. 建筑企业服务管理的分类

建筑企业的服务管理主要分为：建筑企业的对外服务，包括客户源头服务、对业主员工的服务、个性化服务、施工周期服务等；建筑企业的内部服务，包括科技研发服务、施工过程中的服务、机电系统的服务、对外包的服务、对内部员工的服务等；还有对服务本身的深度服务，如管理信息系统服务、信息支持服务、品牌服务与信用服务、全生命周期服务；液态化服务，这是适应互联网时代背景、满足客户个性化需求的贴身管家式服务。

## 二、建筑企业的对外服务

### 1. 客户源头服务

客户关系管理的重要组成部分就是对客户的源头服务。源头服务又分为第一次接待客户、过程中服务客户以及一个项目完成以后对客户的服务。第一次接待客户，是源头服务中的源头，接待客户讲究真诚、自信，服务的底气来自自身的核心竞争力，来自包容、学习、合作、共赢的心态。要留给客户好的初始印象，仔细推究每一个服务细节，不留遗憾，让客户愿意留下来继续合作。过程中的服务，是体现自身项目管控、合同履约的能力，把自己的看家本领使出来，高效管理、精益产出，为业主留下精品，为项目所在地区赢得赞誉。项目完成以后，服务主要体现在楼宇系统运行维护能力、各种修补的及时反应能力，不拘泥于一时的得失，着眼于长远的合作。

### 2. 对业主员工的服务

对业主员工的服务，关键是有换位思考，业主的员工是业主的代表，他们服务于自己的上级，需要的服务是信息的对称与流畅、处理事情反应快捷、合乎业主代表的身份、维护好业主的权益。因此，对于业主员工的指令，要迅速处理，事实依据充分，流程合乎规范与合约。与业主员工构建利益共同体，大家都是为了完成一个精品工程，要有大局观。

### 3. 个性化服务

在满足总体建筑功能的前提下，不同的业主对于局部的建筑功能要求会有所不同，尽显个性化需求。尤其是在使用功能上，有需要绿色环保的、智能的，有需要便捷使用的，有需要色彩变化的，有需要隐私保密的，等等。在满足业主个性化要求时，建筑企业要真正成为一家总承包商、总集成商和总服务商，能充分掌控项目全局，能集成不同专业领域的供应商，能随时为业主提供各类建筑功能服务。特别是互联网时代的智能家居、智能空调系统、智能机器人等的应用，以及整个建筑各系统 BIM 的使用，将在个性化服务上全面提升能力。

### 4. 施工周期服务

在整个施工周期内，按时履约、完全履约、高质量精品工程与服务的提供，是对业主信任最好的回报。在施工周期内，要确保质量管理体系、安全管理体系、环境管理体系的高效运作与有效运行。建立业主诉求通道，对各类修改指令等有即时反馈机制。确保高效执行力是服务的重点。在施工周期内，要重视工业化产品的使用，以提高制造过程的服务水平，这是顺应绿色施工的必经之路。

### 5. 建筑物交付后的服务

主要有建筑物的运营维护与保养管理，运营维护的周期长，主要可以借助 BIM 系统，对整个建筑物的结构、机电系统、使用功能、危险源管理、各系统部件的使用寿命、保养情况等建立大数据库，并在精确的时间，用精心准备的备品备件等，为业主提供舒心的交付后服务。建筑物的运营维护与保养环节，也是建筑物生命周期中的重要环节，这项服务工作做好了，可以延长建筑物的生命周期，提升业主的使用满意度。

## 三、建筑企业的内部服务

### 1. 科技研发的服务

科技研发往往是建筑企业核心竞争力的重要组成部分，其对于建筑企业生产经营的支撑作用一直很大。从服务的角度，"设计"是建筑企业中科技管理的核心，包括前端设计、深化设计、BIM、装饰创意设计等。在各种类型的设计中，除了满足国家规范、地方标准等基本要求外，还要能很好地体现出对于施工环节的考虑，能优化施工方案，有助于提升施工效率，减少和避免系统的碰撞，为交叉施工提供空间和时间；节约材料的使用，体现低碳、绿色的理念，能减少垃圾、粉尘、噪声等产生，符合人体工程学的要求，便利工人的施工，方便各类运输等。现在方兴未艾的 BIM 技术的运用，将成为设计、施工人员的必备工具，要减少设计错误，统筹协调好各专业之间的关系，把"服务"的理念做深。

### 2. 施工过程中的服务

施工过程中的服务，主要体现"把困难留给自己，把方便留给他人"的理念。在施工过程中体现出本单位是有社会责任担当的企业，是值得业主、各参建单位、周边社区等信赖的企业。在施工过程中的服务主要表现为：在自己履约的同时，为他人的履约创造良好条件，包括工序的安排、时间的搭接、施工环境的创造、绿色施工、方便他人施工材料的临时仓储与运输、方便作业人员的运输与施工等。作为总承包单位，在履约的同时要考虑为机电、装饰、幕墙等专业单位的施工创造良好条件，做好相关协调工作。机电、装饰等专业单位等要精心策划、密切配合，服务好业主和其他专业施工单位，确保建筑产品的成功交付。

### 3. 机电系统的服务

施工过程中承担重要角色的还有机电安装、系统调试、系统集成等内容。机电安装的精准到位、美观整齐，为后续调试、维护等创造良好条件。系统调试是检验整个安装效果的重要环节，用高超的技术为调试保驾护航，实际上是为整个建筑物的成功运行提供高质量的服务，为后续竣工、交付、结算等打好坚实基础。系统集成能力，是企业拓展技术竞争力的关键，集成能力越强，业务范畴越大，为业主提供服务的能力越高。要集成的内容至少包括各类弱电系统、建筑智能系统等，使建筑物的智能化和人性化得到保证。

### 4. 对外包的服务

很多建筑企业把一部分工作内容外包，所以要关注承发包模式的变化，界定哪些工作内容可以外包，对承担怎样的责任与风险进行评估等。在外包的工作中，特别重要的是劳务工作的外包。但几乎所有的施工企业都认为，在与劳务单位的谈判中，自己居于绝对的支配地位，甚至连谈判都说不上。实际上，劳务发包与劳务承包的双方是平等的关系。不仅平等，建筑企业还要对外包单位提供相应的服务。例如：施工技术交底的服务，业务能力培训及技术等级晋级的服务，评优的服务，对工人食、住、行的服务，医疗、保险的服务，综合治理的服务，等等。细心的还有对其家属的关心服务等。

### 5. 对内部员工的服务

"服务"总是让人感觉到是服务外部的员工和企业，其实，对本单位内部员工的服务也至关重要，从一定程度上说，如果建筑企业服务好了内部的员工，那么，员工将会以更好的状态和工作质量来服务外部的单位和员工。要服务好内部的员工，很重要的一个方面是搞好本单位的企业文化建设，让优秀的企业文化在本单位扎根，让员工能体会到优秀企业文化的价值所在，然后通过实践来反馈至外部。服务好内部员工有很多方法，比如提供在行业内有竞争力的薪酬、为员工创造提升职业技能的培训机会、职业发展通道等，还可以改善员工的工作环境、就餐环境等，为员工提供休息区域，做好职工体检，为员工提供良好的福利待遇，创造宽松的内部交流氛围等，以此来提升服务内部员工的质量。

## 四、对服务本身的深度服务

### 1. 管理信息系统服务

建筑企业要充分开发和利用各类管理信息系统，以提高管理的效率，增加管理决策的有效性。使用办公自动化系统，提升办公信息流的处理效率，促进员工间交流，增进企业文化建设。使用项目管理系统，提高项目管理的过程监控能力，增加履约能力。使用财务管理系统，开发合理的客户端，甚至与银联等合作，提高资金使用效率，增强成本管理能力。使用 ERP 系统，提高精益管理能力，提升效益空间。使用电子商务平台，减少寻租空间，提高职能管理效率。开发应用建筑物联网，提升管理全流程的业务协调性，提高管理效率。开发应用建筑企业"管理云"，提高知识库的集聚性、企业管理的时效性、数据应用的便捷性，降低管理成本。运用管理程序，实现远程管控，精确锁定机电物业管理的故障点，提高维修效率。实现对劳务作业队伍的精细化派工管理，增强对作业人员的考核评价科学性。

### 2. 信息支持服务

建筑企业的生产经营活动会产生大量的数据，有些数据可以直接使用，有些数据需要通过统计分析后才具备使用价值，并提高精准管理的实效性。各类管理之间是交互的，要统筹运用各类信息系统产生的大数据，在多部门之间实现共享、流通。通过对多类型数据的分析，来提升管理能力，实现数据的增值使用，扩大数据在管理中的辐射作用和乘数效应。如通过大数据的分析，可以得到影响安全生产的高危行为，得到不同客户的管理重心，分析出经济运行的关键点、日常企业管理的主要问题与运行趋势等。各类数据的分析应用，还可以为企业的战略决策服务。

### 3. 品牌服务与信用服务

首先，要忠于企业的品牌，为企业的品牌服务。一个企业在竞争激烈的市场上立足，关键在于其在客户群中树立了品牌，是值得客户信赖的，能保障客户的投资安全并使客户的投资价值增值，所以，企业各部门、项目部的所有员工都要为维护企业的品牌做好工作，体现高效管理、工匠精神。其次，良好的品牌会助推企业管理的有效运行，推动管理升级。好品牌会对员工的行为产生约束力，是一种无形的管理控制，敦促员工高品质完成工作。在管理工作中要重视信用服务的作用，通过高信用的实现，来极大地降低企业与客户之间、内部员工之间的交易成本，节约宝贵的管理时间，提升管理质量和管理效用。

### 4. 全生命周期服务

这是需要建筑企业的高管们、智库们与社会各界共同协作推动的事：培育适合建筑企业可持续发展的生态环境，把底价恶性竞争归于价格欺诈的范畴，使企业有能力把合理利润中的一部分用于进一步提升服务质量；找准国家、世界的经济发展脉搏，使投资价值充分体现，提升投资服务于全社会的能力；提高设计咨询服务能力，确保客户投资的有序进行，保障客户投资的安全性；提高施工过程管控能力，实现建筑企业研发服务化，为建筑施工、机电安装与调试、系统集成、数据集成、装饰、绿化等提供全方位服务，促进客户投资价值增值；提高材料设备采购服务能力，在保障材料设备品质的同时，降低采购价格；提高 BIM 等运用能力，使楼宇机电设施管理能力、建筑物运行保障能力大幅提高。

## 五、液态化服务

### 1. 液态化服务的内涵

不同于规模化、标准化的服务，在互联网时代，各类个性化的服务在快速出现。如果服务跟不上节奏，加上信息的损耗，会导致决策的失误。为了克服这些困境，跟上快速变化的节奏，服务需要在组织中实现跨阶层信息流动，在分工上实现互相帮助、支撑，在服务的观念上实现无障碍沟通，就像液体一样，能够渗透到每个角落，且没有固定的模式。

### 2. 液态化服务的运行

随着建筑企业自身规模的日益增长，其组织架构会不断发生变化，最多的变化可能就是组织层级的裂变，产生更多的分公司乃至分公司。如此，则管理信息流会产生时滞、业主的需求信息会被误解、项目运行管理的真实性会被曲解等。这种信息失真对于企业的发展是不利的。因此，企业的组织架构需要向液态化方向演变或靠拢，让决策和资源配置速率与业主需求、项目运行管控等的变化相匹配，让项目一线的员工也能参与到生产经营的决策中，从而打破组织的僵化，解除层级结构对管理行为、员工行为的束缚。互联网时代的到来，也让企业每一个员工对业主的贴身管家服务成为可能。员工通过服务质量的提升来保证企业的运行质量，从而促使企业转型升级，进入企业发展、产能扩大、运行质量提升的良性周期。

### 3. 液态化服务的延伸

液态化服务不仅是指建筑企业服务业主，而且使企业内部员工之间的交互服务成为可能。互联网时代让信息的对称性成为现实，除了组织内部的层级界限淡化，还使各类管理观念无界限，员工的分工界限也淡化了。这样，一个开放、参与度高的建筑企业，其适应业主、紧贴业主的服务能力将大为提升。建筑企业可以找准服务的切入点，使服务深入被服务对象的内心；不断提升提供服务的能力，使被服务对象感受服务内涵与质量的精细；拓展服务的外延，不仅服务于本企业，也服务于社会、国家发展的需要，使被服务对象延伸至各个领域。

# 第四节　信用管理分析

信用是这个时代重要的生产要素，特别是在竞争激烈的市场环境中，当资质相同的建筑企业之间职能管理能力、项目管控能力和技术水平等基本趋于一致时，能够赢得业主和社会信赖的重要权重就是信用。建筑企业应当重视信用的管理，构建信用体系，发挥好信用的财富作用和社会价值，通过适当的路径来建设好企业信用，并且让信用支持企业的生产、经营工作，推动企业和社会的发展与进步。

## 一、信用的含义及其重要性

### 1. 信用的含义

信用是发生在不同的两个及以上个体之间或个体与组织之间、组织与组织之间，对于某种行为、思想、观点、价值观等存在高度的认可，继而形成的一种认同感、放心感、依托感，并由此而产生的一种组织关系或生产关系。它无法用精确的数值与量值来表述，但是在社会关系中普遍存在。信用的程度有大有小，有一个逐步积累的过程。一般来说，信用程度高的个人或组织，其在社会上得到的认可度也高，容易开展各种工作，让其业务对象、社区等依赖。

## 2. 信用的传统理解

中国古有"无信不立"之说。言而有信是做人最起码的准则，"大丈夫一言既出驷马难追"，是对信用的很好诠释。在没有契约的时代，交易就凭借双方的信用而完成。一个人若没有信用，便无法在社会上立足。没有信用，便有了"无赖"的嫌疑。在日常生活中，张三向李四借钱，李四有借有还，那么李四就是有信用的人，下次再借钱就很方便；若是只借不还或者是再三拖延还款，那么李四就是没有信用的人。再举个例子，人们平时所用的"信用卡"就是与个人信用有关，提前消费之后要准时还款，否则，个人的信用记录将被染上污点，以后在社会上办事会处处遇到障碍。保持良好的信用是个人与企业都必须认真考虑的事情。

## 3. 信用是当今时代的重要生产要素

从传统意义上说，生产要素是企业开展生产经营活动时所必需的各类资源，比如人力资源（包括管理人员和劳务作业人员）、材料设备、土地、资金资本、知识成果等，都是生产要素。在宏观环境、管理水平一定的前提下，谁拥有更多的生产要素，谁就能获得更多的生产经营成果。而随着互联网时代的到来，企业获取传统生产要素的难度在降低，特别是产能过剩时代的到来，在保证产品高质量的前提下，信用演变为全新的生产要素，拥有高信用的企业将更容易获得生产经营机会，实现企业扩张和效益盈余。

# 二、建筑企业信用管理的必要性

## 1. 这个时代的建筑企业需要信用管理

建筑企业的市场地位在悄悄地发生着变化：在 20 世纪 90 年代之前，因为社会上需要大量的施工来进行城乡建设，建筑企业不愁没有活干，尤其是计划经济时期，大量的单位必须求着施工单位尽早为自己施工，那时的建筑企业只要排好施工计划就行。随着市场经济的到来，建筑企业需要通过自己的精细施工，为业主提供高质量的建筑产品来获取业主的信赖，并以此来拓展市场。如今，由于大量建筑施工企业的出现，政府主管部门和市场已然划分出各种资质等级的建筑施工企业，企业之间的竞争日趋激烈。就同一资质等级的众多建筑企业来说，由于在人才、技术、资金、装备等方面的差异不是特别大，企业要更胜一筹的加分项就是信用了。建筑企业需要通过信用来获取业主、市场的认可，而且要通过信用管理来支撑信用获取的持续性。

### 2. 建筑企业看到了信用的财富作用

现在很多业主对建筑企业往往会提出很苛刻的条件，特别是垫资的情况比比皆是。业主通过银行商票、期票的运用来实现自己的资金运作计划。所以建筑企业要完成一个工程项目，相当重要的一项工作是要准备好充足的资金。暂且把建筑企业本身就拥有足够资金的情况放一边，如果建筑企业自身的信用好，就能够通过银行获得相当的信用贷款，甚至是协议低息贷款。建筑企业利用好这个信用贷款，可以顺利度过一段资金空窗期。如果在众多项目的资金头寸上调度好，建筑企业还可以顺利进行生产经营的扩张，等于调动了社会资金来实现自己的成长。这就是典型的"信用的财富作用"。

### 3. 建筑企业需要利用好信用的社会价值

建筑企业为了自身有更好的发展，需要向外界突显一个标记，即自己是个有良好信用的企业，建筑企业利用好信用的社会价值，就为自己打开了成长的空间。信用的社会价值对于建筑企业来说，是面向社会各界的，它持续存在并一直处于建设中。信用的社会价值主要体现在社会的广泛认可和支持上，比如一个企业是否在当地社区受到欢迎、政府有关部门是否乐意支持该企业的发展、当公共突发事件发生时该企业可否起到中流砥柱的作用、能够充当就业稳定器的角色、企业对于当地税收的支持力度、各类供应商是否乐意主动让企业赊账等。

建筑企业如果缺少信用的社会价值，那么在其生产经营活动中是很难大展身手的。

### 4.建筑企业的内部管理需要信用

建筑企业与外部打交道需要信用，对内开展管理活动也需要信用。对内的信用主要体现在四个方面：一是生产经营活动是否讲究诚信。如果企业通过一些小伎俩来开展生产经营活动，员工看在眼里，其行动上就会打折扣。企业总是出安全事故、质量事故、环境事故等，将直接导致企业信用的下降。二是员工薪酬福利与绩效考核是否公正，这考验的是管理层的信用。如果管理层能够很公正地对待薪酬福利、绩效考核，那么员工努力干出业绩也是可期待的；如果有拖欠工资行为，绩效考核等环节夹杂私心，那么管理层的信用将跌入低谷。三是企业的核心价值观是否得到真正实施。如果企业在管理过程中所表现出的行为与企业核心价值观一致，则企业进入高速发展的轨道；若管理行为与核心价值观相悖，那么则会影响企业的发展。四是信用在各层级之间的传递是否顺畅。企业是一个整体，每一个岗位上的员工都确保本职的信用，那么企业则是个高效运作的团队。企业执行力的高低一定程度上反映了信用传递的顺畅程度。

## 三、建筑企业信用体系的构建

### 1.建筑企业信用体系的主要构成

建筑企业的信用体系是立体的网络，主要分为内部、外部两个体系。内部信用体系是由企业高层、中层管理人员和基层管理人员、项目部人员等构成。企业内部员工个体的行为、思维，以及众多个体构成的部门、项目部，乃至由各部门、项目部所构成的分公司、子公司、总公司、集团公司等，他们之间所表现出的相关关系和共同价值观构成了企业的内部信用体系。在内部信用体系中，个人、部门、项目部、分公司、子公司、总公司、集团公司等的信用流向是双向、多向、交互进行并发展的，共同构成了企业的信用。外部信用体系是由建筑企业本身、业主、设计方、监理方、各类供应商、劳务作业单位、社区、银行、政府部门等构成的。在外部信用体系中信用流向更多是单向的，即由建筑企业向这些相关方输出，再由这些相关方做出对建筑企业的信用评价。但是这些相关方也有自己的信用表现，他们会影响到建筑企业的自身信用，如果相关方选择不当，会对建筑企业的信用产生不利。

**2. 建筑企业信用体系有关各方的作用**

建筑企业的高层要有本企业信用体系的框架概念，对于信用的建设与传输渠道有清晰的计划，并规范地向各部门、下属各单位传递信用建设的相关信息，构建企业信用与外界互动的渠道，及时评估信用建设、信用传递的效果，并根据情况及时调整信用建设方案。企业的中层要积极贯彻高层的信用建设计划，确保信用相关信息建设与传递中的正确性、公开性、及时性，积极维护好与各相关方的关系，充分利用好社会媒体、网络、第三方平台等外部单位为本企业信用加分，对于项目部的信用建设情况进行指导、帮助、督促。项目部是企业信用建设面向社会、业主的直接窗口，要全面贯彻企业的信用建设方案，维护好与各供应商、劳务作业单位、设计监理方等的关系，让信用在项目施工的过程中不断增值。

**3. 构建信用的四个维度**

建筑企业的信用体系要发挥好最佳效用，就要重视构建信用的四个维度：一是信用的传播速度，建筑企业在持续积累信用的过程中，要利用一定的渠道把信用快速传播出去，让相关方很快得到企业的信用信息，以利于建筑企业的生产经营活动。二是信用传播的持续时间，当建筑企业的信用信息传播出去以后，要尽量维持这些信用信息传播的持续时间，增加受众面，发挥好信用的效用。三是注重信用的建设高度，对于信用建设和积累是个持续的过程，鼓励更多的信用正向叠加，使得企业的信用建设达到更高的高度，树立起良好的信用形象。四是信用的纠偏力度，在信用建设过程中不免有一些不理想的状况发生，甚至会产生负面影响，建筑企业要及时启动纠偏机制，加大纠偏力度，防止企业信用效用下降。

### 4. 建立防止建筑企业信用透支的机制

当建筑企业的信用体系构建基本完成，随着企业生产经营活动的正常开展，随着各业务单元、分公司与子公司、职能部门、项目部等信用的逐步积累，企业的信用会快速增加。在面向社会各界、业主、供应商等的生产经营交往中，企业会不断尝到信用带来的好处。由于企业信用的积累，越来越多的业主、供应商等会主动给予企业更多的交易便利性，或者是给予更多的让利。在这样的情形下，企业的信用会一定程度上产生透支，企业必须立即采取适当的措施来及时进一步提高信用，以弥补信用透支。如果企业的管理环节出现问题、信用管理体系出现纰漏，则会产生严重的信用透支，使企业失信于外界，造成各类交易费用急剧增加。因此，企业在信用体系构建中必须建立防止信用透支的机制，使之成为信用增加的稳定器。

## 四、建筑企业信用的建设路径

### 1. 建设利他性信用增长机制

当建筑企业完成信用体系构建后，其信用管理的核心工作就是企业信用的增长，而其中利他性的信用管理工作是构建企业信用的最好路径。利他性的信用管理工作渗透在企业生产经营的方方面面：在市场经营上，建筑企业应当珍惜每一次业务机会，践行客户关系管理的理念，努力提高客户的投资价值，并取得合理的利润率，杜绝恶意的索赔，维护好客户的社会关系和社会形象。在项目管控上，要以建设精品工程为导向，管理好生产链的每个环节，提升建筑产品的运行效用。在建筑产品的运行维护上，要立足建筑物的全生命周期，从客户和业主的角度去完善建筑物的使用功能，提高为客户提供个性化服务的能力。在与行业、政府部门、社区的交往中，要提升服务的意识，为解决建筑业发展的困境，为政府有关部门的管理提供力所能及的支持，为社区的发展提供解决方案。通过一系列利他性的管理，来有力地推动企业信用的增长。

### 2. 建立信用评价体系

建筑企业的信用评价体系，可以由两个部分组成。一个是企业内部的信用评价体系，它可以由企业的综合管理部门牵头完成，也可以由独立的信用管理部门完成。内部评价相当于自评，评价的内容应当包括：各职能部门、分公司与子公司、项目部等在生产经营活动中信用的增长情况、信用透支情况、信用负面影响等。信用初评结果出来后，由不同的部门、项目部等互评后出结果。内部评价的优点是对于企业内部信息掌握精准，特别是对不宜对外披露的信息进行评价，缺点是难以站在他人的角度去评判。另一个是企业外部的信用评价体系，它可以由独立的第三方评价机构或者行业协会等牵头完成，评价人员可以邀请业主代表、供应商、政府有关部门、高校专家学者、独立咨询人士等组成，以年度为评价周期开展工作，评价内容也是企业在生产经营活动中信用的增长情况、信用透支情况、信用负面影响等，第三方评价还可以给出信用建设、防范信用风险的相关建议，第三方评价报告可供业主、供应商、政府部门等使用。外部评价的优点是客观、公正，缺点是信用的深层次信息不易获取。企业高层根据信用的内部、外部评价结果，经综合判断后提出下一步信用的建设要求。

### 3. 未雨绸缪，及时应对信用危机

建筑企业在生产经营活动中，会有很多问题暴露出来，而这些问题将直接损害建筑企业的信用。这些潜在或已经存在的问题有：

不诚信的经营活动，如冒用资质、伪造虚假工程业绩、虚报自己的生产管控能力来获得业主青睐等；生产管控上问题频发，如安全事故、质量事故、环境事故、卫生防疫事故、职业健康事故、使用伪劣材料等；商务管理问题，如虚报产值、结算猫腻等；财务管理问题，如拖欠供应商款项、资金收付管理问题等；人力资源管理问题，如职称造假、绩效考核不严密或虚假、职务晋升猫腻等。这些危机一旦发生，对建筑企业的伤害是很大的，如果危机累加、危机发酵，则可能让建筑企业难以翻身。因此，建筑企业要未雨绸缪，不能放过任何一个蛛丝马迹，及时处理每一次细小的危机点，把危机最小化。建筑企业还要正确辨别信用危机是由于企业管理执行中的不力或偏差所造成的，还是企业管理体系、管理程序上的问题所导致的，以便正确采取处置措施；要化危为机，向员工、业主和社会各界等宣告自己的正确处置方式和处理结果，表明企业一贯的立场，以重新赢得信用。

## 4. 做好网络时代的信用建设

信用主要依靠各类信息来进行转播，当信息传播处于图文时代时，有大量信息是可以被美化的，比如文字可以修饰，图片可以拼装等，所以，信息的增加量是有限的。而到了网络时代，信息传播方式发生了很大变化。网络时代的主要特点是信息传播速度快，互联网可以在瞬间让毫不起眼的一条信息产生轰动爆炸的效应。对于建筑企业来说，用好网络传播是相当重要的，用得好，企业信用可以在企业内部、客户、社会各界之间倍增；用得不好，企业信用将会受到严重制约。要做好网络时代的信用建设，建筑企业要做好三件事：一是把好每条信息的质量关，必须慎重对待每一条传播信息，确认其是否对本企业形成正向效应。二是用好网络时代的传播方式，除了微信、微博、网页等，还有一个非常重要的方式是直播，直播是企业与受众之间的直接互动，中间的关键要素就是信用，如果信用不佳，直播就会加速负面影响。

三是快速反馈客户、政府部门、社区等的每条诉求、要求，不拖拉，形成企业敢于担负责任的正面形象。

## 五、推动企业信用为企业管理提供支持

### 1. 信用为企业战略服务

建筑企业往哪儿走、走怎样的发展路径、中长期发展到怎样的规模、企业在行业中的地位、企业在社会上的定位等，这些战略上的思考，都需要有企业的信用来提供保证。无法想象，一个信用不高的企业能够在市场上走得很远、做得很大很强。信用为企业战略服务，有以下几个方面：信用提高了企业的战略高度，企业信用强，企业有自信心去做更大的布局，放眼世界、胸怀天下；信用可以让企业承担更多的责任，特别是当社会遇到了很大的困境时，比如失业率上升、行业不景气、国际环境不利于发展、特大自然灾害、重大公共卫生事件等，此时，信用高的企业可以发挥自己的引领作用，支持社会渡过难关，并由此收获更多信用；信用让企业获得了战胜竞争对手的额外资源，企业通过自己的高信用，更容易获得客户和社会的信任，特别是在投标时成本控制相当的情况下，更胜一筹；信用评价结果，让企业从独特的维度来审视自身不足，从而及时采取防范措施，获得健康发展的机会。

### 2. 信用为市场经营服务

商场如战场，特别是在当今时代，建筑企业在市场上的相互较劲、博弈是非常艰苦的，有很多企业为了订单，投标时不惜拼命压价，甚至压到投标价低于成本价。此时，一个拥有高信用的建筑企业将会得到业主的青睐，因为业主也明白，有很多建筑企业在投标时拼命压价，但在施工过程中会通过各种小动作来获取所谓的"签证"，或者在投标时故意埋下很多"伏笔"，通过停工索赔等手段来弥补低价中标的亏损。况且，经常故意索赔的建

筑企业，其在业主心中的信用也会降低，可能会丧失后续的市场机会。另外，一个有高信用的建筑企业，往往意味着其总体运行是健康的，有着明确的市场定位，有着宏大的战略目标，有担当、有作为，万一在项目施工的过程中因一些偶然因素出现不利于业主的局面，它也能帮助业主渡过难关。因此，市场的天平肯定会偏向有着良好信用的建筑企业。

### 3. 信用为生产运营服务

建筑企业在生产运营过程中，涉及资金周转、材料采购、劳动力安排、施工计划编制、施工过程（包括进度工期、质量、安全、环境、员工职业健康等）管控等一系列工作。在整个施工生产环节，会不断地产生各类问题，如资金周转困难、材料紧缺、劳动力短缺、质量安全控制与工期安排的矛盾等，这时，一个拥有高信用的企业在处理这些问题时将会游刃有余。企业可以利用它的信用，向银行、业主等单位寻求资金支持；在资金短缺的情况下，向材料供应商提前拿到施工材料；在劳动力矛盾突出时，获得劳务企业的劳动力优先安排；在工期紧张，质量安全面临挑战时，可以得到业主、同一项目上其他兄弟单位、政府有关部门的共同支持，包括资金支持、交叉施工协同、政策倾斜等。当企业能够克服生产运营中的各种困难，高质量地完成履约，又将进一步提升自己的信用，形成良性循环。

### 4. 信用为人力资源管理服务

建筑企业的良性快速发展，一定有赖于雄厚的人才储备。怎样拥有出色的人才群体，除了大家熟知的人力资源开发与管理之外，很重要的一条就是企业拥有高信用，而且这个信用不仅是对企业外界展示的，更多是让企业内部员工感知的。这样的信用，表现为企业是真诚对待自己的员工，珍惜每一个员工所拥有的技能和价值，企业的管理者从上到下对于有一技之长的员工是尊重的、惜才的，企业尽可能为员工搭建成长与施展身手的舞台。这样的信用，也表现为企业有运行甚佳的绩效考评与晋升机制，让员工的价值充分展现。这样的信用，更表现为企业重用忠于企业的员工，让根植于企业土壤的资深员工迸发活力，传承企业文化，助推企业发展。在良好的信用环境下，企业可以广纳天下人才，让更优秀的专业人士进入企业，与企业共同发展。

### 5. 信用为社会服务

任何一个建筑企业，其存在的重要意义之一就是为社会创造价值、提供服务，推动社会发展和进步。因此，拥有高信用的建筑企业，更要树立为社会服务的理念，承担起更多的社会责任。当社会碰到各类困难时，比如就业问题、公共卫生危机、突发事件，建筑企业要挺身而出，展现一个负责任企业的形象。通过为社会担当，建筑企业又可以得到更广的赞誉，积累更多的信用，从而使企业和社会共同进步，一起发展。

# 第五节　软实力管理分析

软实力是和而不同、文化交融、理性互动、理解沟通等。建筑企业软实力的构成，包括品牌、沟通、人力资源管理、文化、员工形象、服务营销、管理执行等方面。企业可以通过高层重视、制定建设方案、资源投入、推进渠道建设等方法来做好企业的软实力管理及软实力推广工作。

## 一、企业软实力的内涵

### 1. 企业软实力的概念

企业软实力主要是指企业经过培育、发展、提炼、历练后所形成的、非物质层面的向外宣示的能力。这样的能力，是企业在生产经营过程中，特别是在向上发展的过程中必须具备的一种张力；是企业市场拓展、业务延伸的一种利器；是企业吸引人才、服务客户、快速扩张等必须具有的一种底气；是企业立足本行业、在社会上体现企业价值的立身之本。如果说经营订单、科技研发、运营产能等是企业硬实力的话，那么企业的品牌建设、企业文化、企业内部协同作战、企业与外界的相处之道等就是企业软实力。不同于硬实力可以显性存在，让人直接看得到，软实力更多是无形的，是要人去感悟、体会的。

### 2. 建筑企业的软实力

建筑企业的软实力就是指建筑企业在发展过程中逐步积累起来的服务理念、品牌优势、企业核心价值观、人才培养方式、与社会的融洽度等综合优势，是每个建筑企业独有的无形综合能力，很难用货币的形式直接来衡量，但恰恰又需要企业投入大量的资金、大量的人力资源等，它需要管理层高瞻远瞩去引领、开发，也需要全体员工践行与呵护。建筑企业的软实力与生产管控、经营开拓、经济运行、科技进步等硬实力结合在一起，可以使建筑企业保持相当的竞争力，并在行业中行稳致远。

### 3. 建筑企业软实力的作用

软实力意味着"和而不同"，在企业里面体现出管理者对于各种管理思路、不同意见的尊重与包容，是在对管理差异性认可的基础上，推动企业发展。软实力蕴含着"海纳百川"，这是企业做强做大的内在属性，特别是在走出去面向世界的时候，是接纳世界、实现企业全球化的强大支撑。软实力体现着"文化交融"，当企业生产经营处于快速扩张时期，特别是兼并其他企业的时候，不仅可以用本企业的核心价值观来影响新来者，还可以更好地把外部的文化精髓融入本企业的核心价值观中，形成企业前进的动力。软实力可以是"理性互动"，是建筑企业与当地社区、政府部门、行业机构等相互之间的合作共赢，共同解决面临的行业困境、发展难题，推动企业与行业、地区、社会的健康成长。软实力也可以是"理解和沟通"，可以化解企业在发展过程中面临的资源供给、环境保护等方面的危机，也可以化解企业内部各层级之间的矛盾。软实力是员工金点子的孵化器，可以为员工的创意提供温床，鼓励创新，推动企业卓尔不群。一个建筑企业，对于软实力的建设与应用理解得越透彻、践行得越彻底，那么这个企业基本上是属于"企业心智"的成熟者，是能够在市场大海中驰骋远航的；悟得透彻的企业，就算在初期是弱小的，后期也能够快速成长。

## 二、建筑企业软实力的主要构成

### 1. 品牌软实力

建筑企业通过在不同时间阶段所建造的大量建筑产品，在业主和社会上建立起自己的品牌。这样的品牌有很多特质，比如有高品质施工、快速建造能力、超高层建筑的特长、绿色施工能力等。品牌也是建立在一定的科技实力上的，比如要进行设计采购施工一体化服务、总承包总集成管理、超高超深的建造等，通过建筑企业的精心耕耘，这些硬实力巧妙地衍生出了品牌软实力，成为被大家传颂的品牌故事，而且由良好的品牌软实力来助推企业的发展。一个具有良好口碑的建筑企业，其品牌可以直入人心，成为赢得业主认可的金牌，并经由老业主的传播而赢得更多客户的信任，从而建立起更多的品牌软实力。

### 2. 沟通软实力

很难让人相信，沟通也属于软实力。实际上，沟通是架起人与人之间思想的重要桥梁。这里的沟通主要指三大方面，第一个是建筑企业本身与业主之间的沟通，通过沟通，可以建立起建筑企业与业主之间的互信，减少交易成本，业主可以尽快实现自己的目标传递，建筑企业可以更好履行一个成熟承包商的职责；第二个是建筑企业与社会、行业之间的沟通，通过沟通可以让企业在业界树立起自己的良好形象，在行业中有更多话语权，在社会中赢得更多声誉；第三个是建筑企业内部的沟通，通过沟通可以让企业内部的员工达成更多默契，形成一股强大的正能量，推动企业的生产经营工作，促进企业发展。沟通具有良好的渗透作用，可以及时传递正确信息，消除误导。要做好沟通也要主要三个方面：一是企业各层级要提升沟通的能力，这是个不断建设的过程；二是需要企业拓展内外沟通的渠道，及时疏导，扬正弃邪；三是要注重沟通的方式，重视沟通结果的反馈，提高沟通的效用。

### 3. 人力资源管理软实力

在企业运营管理过程中，每个企业都要倾注大量心血的是对各类资源、要素、流程、执行等的管理，但大多数不能归为软实力，而对于人力资源的管理则是企业软实力的有力体现方式之一。人力资源管理软实力主要分为：薪酬管理软实力，具有竞争力的薪酬可以吸引更多优秀的人才为企业所用；绩效管理软实力，科学的绩效管理可以有效激发人才的潜在活力；职业生涯设计管理软实力，为每一名员工打造一个可期待的未来，发挥个体的最佳效用；团队打造软实力，通过科学的人力资源开发与管理，形成企业内部的众多专业团队，再整合成企业团队，通过有效的内部协同形成企业前行的强大动力。

### 4. 文化软实力

通常来说，文化软实力是企业软实力中最核心的部分。对建筑企业而言，构建一个被内部员工和外部社会、业主广泛认可的核心价值观是非常重要的事情。优秀的企业文化并不是嘴上说说就能实现的，而是需要从基层员工到高层管理者共同探索、一起实践的要事。企业有怎样的企业文化，就能够吸引怎样的人才，就能够为气场相同的业主、社会人士等所关注、青睐。企业文化要亮明自己在各方面的相处之道：对业主是怎样让其价值增值、对社会是做出怎样的贡献、对员工是如何让其得到发展等。建筑企业要通过提升文化软实力，对内增进员工的凝聚力，对外加大文化的影响力和传播力，为企业的走出去服务。栽好梧桐树，引得凤凰来，建筑企业要用好文化软实力的魅力来服务企业发展。

### 5. 员工形象软实力

要想知道一个建筑企业的总体管理水准是怎样的状态，不妨去观察一下那个企业的员工形象。老到的业主通过了解建筑企业的员工形象来判断是否要增加偏向该企业的砝码。因此，企业员工的形象是一种软实力。员工形象软实力主要有：一是企业领导者的个人魅力，领导者有着长远的发展眼光，有独到的用人之处，有科学的管理方法，有包容天下的胸襟，有做一番事业的情怀，其所散发出的个人魅力是一笔巨大的财富；二是普通员工的气质，当企业的员工对企业充满感情，对岗位尽心尽责，乐观向上，相互协同，倾情回报社会和业主，这样的员工形象在市场上是很受欢迎的；三是企业聘用的形象代言人，用心的企业通过聘用恰当的形象代言人来向社会和业主传递本企业的价值观、产品和服务的质量，同样可以收到很好的效果。

### 6. 服务营销软实力

建筑企业在建造高质量产品的同时，可以通过服务营销来进一步得到业主的认可。服务营销是渗透人心的管理方式，它主要体现在四个方面：一是充分了解客户的需求，把自己的成熟建造经验及行业发展信息与客户分享，把客户的需求挖潜出来，延伸建筑企业的建造机会；二是充分满足客户的个性化要求，尤其是在信息化的时代，建筑企业要贴近客户的专业需求，为自己赢得更多的建造空间；三是提升客户的价值，通过客户关系管理的开展，让客户的投资升值、整体价值提高；四是引领客户向更高阶的方向发展，这是服务营销的甚高境界，建筑企业通过完善的服务营销管理体系和自己员工所拥有的综合知识、技能，构思更精巧的建筑产品，促成客户在自己的专业领域有重大突破，实现建筑企业与客户在建造上的升华。

### 7. 管理执行软实力

一个成熟的建筑企业一定拥有一整套成熟的管理制度，但这些制度的执行状态则取决于每个执行者，而执行者的心思可谓复杂难测，很难用精确的度量值来衡量执行时的力度，也很难用精准地语言来描绘执行时的心思。因此，一个企业如果有很强大的制度、指令执行力，那么该企业的管理过程和结果应该是令人敬重的。要锻造良好的执行力，首先需要统一员工的思想，培养员工对企业、对专业、对岗位的执着；其次要有明确的员工岗位奋斗目标和企业中长期奋斗目标，让员工看得到经过一番努力后可以达到的光景；再次要有善于鼓舞人心的鼓动者，企业的高层要有强大的号召力，在管理执行过程中要有吹号手；最后还要有激励人心的措施，如各项管理的执行结果与薪酬、职务晋升等挂钩。正所谓"兄弟齐心，其利断金"，管理执行软实力的确会助推企业的生产经营上台阶。

## 三、建筑企业软实力建设的方法
### 1. 企业高层的重视

当建筑企业尚处于初创时期或者是市场份额还很不起眼的时候，几乎很少有人会想到软实力建设的相关工作。但如果企业管理层特别是高层很早就意识到软实力建设的重要性，并切实付诸实施，企业的发展肯定会走上一条快速健康之道。所以，建筑企业高层领导对软实力管理的重视程度，直接决定了企业软实力的建设质量，也对企业的整体发展带来巨大推进作用。企业高层的重视，不仅体现在思想上的重视，还要重视具体的建设推进计划和诊断评估措施，不怕走弯路，不怕摔跟头，通过持之以恒的努力才能让企业的软实力建设走上正轨。

### 2. 软实力建设方案的制定

软实力建设的过程，需要策划，需要渐进式推进，因此，制定软实力建设方案是整体建设中的必要环节。软实力建设方案中要明确相应的管理组织架构，规定相关人员的管理职责，制定有序推进的时间表，明确短期、中期、长期的推进目标和推进任务，确认推进的切入点，根据管理需要落实推进过程，开展阶段性的推进结果评价，对于有突出表现的有关部门和人员要及时给予奖励，对于推进不当的人员和行为要及时进行纠正、指导。在实施一段时间后，对于原来的建设方案进行总体评价，并适时修订新的建设方案。

### 3. 必要资源的投入

企业软实力建设，光有理想的点子是不够的，还需要有必要的资源投入，才能收到实效。这些资源主要有：一是人力资源，建筑企业要发挥好自己从上到下所有的人力资源，让每个人都有软实力建设的意识，都有代表企业展示自己的想法。这里的人力资源也包括劳务作业人员。企业要支持各级人员参与软实力的建设活动。二是物力资源，要搞好软实力建设，建筑企业要搭建必要的舞台让员工施展身手；需要设置统一的服饰、标志标牌，参与各类展会，提供交通工具等。三是财力资源，建筑企业要准备必要的经费来支持软实力建设。四是信息资源，要重视互联网时代各类信息资源的整合与提供，建设必要的互联网平台、各种管理的算法支撑等。五是时间资源，软实力建设是一个较长的过程，要有充分的时间去积累、沉淀、提升。

### 4. 相关推进渠道的建设

企业软实力的推进渠道主要分为两大类，一个是企业的内部推进渠道，该渠道的主要职能是确保软实力建设的相关工作能够在本企业内顺利推进。这样的渠道可以是纵向的，从上而下，自高层至基层，从总部到项目部构建；也可以是横向的，在控股的不同企业之间、不同的区域之间、不同的项目部之间构建。另一个是企业的外部推进渠道，该渠道的主要职能是确保本企业的软实力建设得到社会各界、本行业、政府部门、社区、学校等的支持。这样的渠道基本是向外的，如宣传口径、行业信息跟踪、政府部门协调、社会各界的推介、向社区输出企业价值观、与学校的互动等。企业可以设置专门的软实力管理部门来负责内外部推进渠道的工作，也可以让综合管理部门来负责。

## 四、建筑企业软实力的推广

### 1. 员工的口碑

对建筑企业来说，每个员工对企业的各方面管理状况知根知底是毫无疑问的，企业在管理上是表里如一还是内外有别，员工最有发言权，因此，企业软实力的推广有赖于员工的口碑。一方面，企业要善待员工，通过多种方式，如领先的管理模式、科学的员工职业的发展通道、较高的薪酬福利等让员工真真喜爱自己的企业，增强员工对企业的认可度。这时候员工的口碑是对企业软实力的最好肯定。另一方面，让员工充分了解企业的核心价值观，了解企业的发展远景，知晓企业软实力管理的相关内容，再向外讲好企业软实力建设的故事，这样的员工口碑是对企业软实力的极好推广。

### 2. 媒体的推广

媒体的受众面广泛，在网络时代又可以不受时间、空间的限制。媒体的报道往往具有及时性、客观性等特点，建筑企业能够用好媒体的话，对于其软实力的推广是有很大价值的。媒体的推广形式有很多种：纸媒体，这是很传统的方式，通常具有很高的权威性，这种平台上的软实力是很有说服力的；平面媒体，这是特指纸媒体以外的一种平面宣传方式，往往在一定的阶层有固定的受众，有时会出现在公众比较聚合的场所，像公园、体育场、高楼大厦等，其特点是在特定场合的说服力强，有助于体现企业软实力的精髓；网络媒体，这是互联网时代的产物，传播效率高、速度快，特别是现在第三方平台、人工智能推送等的推出，使其成为当今企业软实力推广的重要载体。

### 3. 客户的口碑

客户是受企业软实力影响最大且给予企业经营机会的重要群体，客户的口碑几乎决定了一家企业在市场上的生存质量。对于建筑企业来说，认真开发客户的口碑渠道，巧妙利用客户口碑的推广作用，将使企业走上快速发展的道路。建筑企业应当主动设计客户口碑的推广渠道与方式，主要有：认真服务好来自不同行业的业主，为他们提供高质量的产品，为良好口碑奠定扎实基础；完善建筑产品的运营维护服务，持续赢得客户的信赖，获取经营推荐机会；搭建专业性的平台，与业主开展专业技术、业务推进等交流，增进共识；与业主互换员工到不同岗位轮动，极大推进建筑企业的能力与客户专业技术能力的融合；与客户共同构建面向社会的服务渠道，共同实现社会价值的提升，使口碑推广更具现实意义。

### 4. 行业与社会的评价

建筑行业对于一个建筑企业的评价几乎是不带偏见的，因为建筑行业所服务的对象是全部建筑企业，手心手背都是肉，评价是客观公正的。如果建筑企业能够得到本行业的高度认可，那说明其软实力建设在本行业内是属于出类拔萃的。社会是由不同行业组成的，社会对于不同行业的评价会不同，但其对某一个建筑企业的评价总体上也是客观公正的。同样，建筑企业如果能够得到社会的高度认可，那说明其软实力建设也是相当出色的。建筑企业要充分利用好行业与社会这两个软实力推广的良好渠道，在行业和社会上建立良好的信用，树立良好的形象，起到标杆作用，获得客观公正的第三方评价。

### 5.企业的主动作为

建筑企业软实力的推广，最关键的是企业自己认识到软实力推广的重要性，有推广的策略，不能抱有"酒香不怕巷子深"的传统理念，而是要主动出击来展现自己的软实力。建筑企业要主动走进客户，向客户推荐自己的软实力建设内容，赢得客户的信赖；要主动走进社区，让社会各界了解自己的软实力，赢得相关方及未来客户的信任；要主动走进媒体，宣传企业软实力，为企业发展创造良好的舆论环境；要主动走进员工内心，号召全体员工关注软实力、投身软实力建设，与员工形成软实力共同体，一起推进企业发展。

# 第六节　标准化管理分析

标准化管理是企业知识管理的重要组成部分，也是推动企业高效管理的基础。任何一家企业，从小成长为大企业的过程必然伴随着标准化管理的过程。一项管理活动或者是一项科研活动的开展，一个运行周期的重要结果之一就是标准化。各类管理成果或科技成果通过标准化程序以后，就有了推广的基础，企业的知识成果就能得到很好的传承。

从建筑企业的角度，标准化管理是其发展壮大、向外拓展的重要管理基础，也是企业管理中相当重要的基础管理内容。从前的建筑企业更多的是停留在工匠们的口口相传，才使得各种建筑技艺流传下来，但是这种方式的效率是低的，传承的对象是有限的，传播的速度是慢的，传授的内容也是有限的，更谈不上跨界知识的整合与传承。而现代建筑业所承担的建筑施工任务是非常繁复的，难度越来越高，总承包、总集成的内涵也愈加丰富，因此，建筑企业通过标准化管理工作，可以迈向知识管理，实现精益管理，推广信息化管理，使企业形成新的核心竞争力。

## 一、建筑企业标准体系的基本内容

### 1. 建筑企业标准体系的主要构成

一般来说，建筑企业标准体系主要有技术标准、施工标准、管理标准、企业文化标准等。人们往往认为只有技术标准才是企业的核心竞争力，而事实上，正所谓血与肉是无法严格分离一样，这四个标准的完美组合才是企业真正的核心竞争力。技术标准提供了建筑技术上的支持，如房屋建筑工程技术标准；施工标准为产品满足业主需求提供了保证，如《现行建筑施工规范大全》；管理标准是企业统筹各职能管理、协同发展的基础，比如企业内控管理制度等；而文化标准是企业强大向心力、为员工和社会提供精神与物质支持的重要保障，如企业形象设计规范等。建筑企业通过对各项制度设计的规范性、流程的建立与修正，实现知识的固化，形成标准化体系。

### 2. 建筑企业标准体系的特性

通常来说，建筑企业的标准体系有四个特性，一为系统性，各主干标准与子标准之间是既独立又互补，相互支撑，构成完整体系；二为逻辑性，同一体系下的标准之间有较强的逻辑性，可追根溯源；三为实用性，所有的标准应当为企业的生产经营管理等各项工作服务，提高工作运行效率；四为先进性，企业能够在现有标准体系应用的基础上，体现真正的核心竞争力，并在行业中具有一定的引领作用。

### 3. 建立企业标准体系的基本步骤

企业应当有建立大的标准体系的思路，这个标准体系的基本框架，包括标准体系主干和标准的应用两部分。标准体系主干有技术标准、施工标准、管理标准、文化标准等；标准的应用就是各种标准在企业生产经营过程中的具体实施。建立标准体系，不只是有关职能部门的工作，更重要的是企业高层领导的重视，由企业高管直接领衔负责。标准体系的主要负责部门可以设立在企业管理职能部门，由该部门负责体系主干内容的扩充、修订、完善、维护等工作。企业的档案管理部门负责标准体系的存档管理工作。标准体系的应用管理，可以由企业管理部门牵头，由所有的职能部门共同开展，与下属分公司、子公司、项目部等形成联动，共同推进。

## 二、建筑企业标准体系的建立

### 1. 技术标准体系的建立

技术标准建立的重点在于技术创新、各类成果的标准化，使得各项成果的推广运用有一个良好的平台，它是构建企业核心竞争力的重要内容之一。技术标准将为施工生产、经营开拓等提供保证，为降低单位消耗提供支持。企业级技术标准的建立，要有大的格局思考，首先要考虑企业技术标准的范围要宽于行业、国家的标准范围，尤其是在专业上要具备更大的深度和精细度，比如公司在超高层领域有优势，其标准可以涵盖超高层领域内的所有内容；其次是在建筑技术难度上，不仅是满足企业自身的生产经营需要，更是要在某些技术方面达到引领行业的高度，是具有相当难度和技术先进性的。在技术标准体系的范畴上，一般可以有技术管理标准、设计管理标准、计量监视测量标准等。作为新时代的技术标准，企业还应当具有一定的前瞻性，特别是对于人工智能、信息技术等有一定的超前考虑和技术储备。

### 2. 施工标准体系的建立

施工标准的落脚点在于确保生产运营的顺利进行，所有本施工企业的各项作业指导书、施工工艺、施工程序管理、质量管理、安全管理、环境管理、绿色施工、进度管理等，都是施工标准的内容。对于超大型项目而言，还有施工巨系统标准的管理，比如上海中心项目就属于巨系统标准的范畴，这样的巨系统是远远超越一般的建筑施工内容，它把总承包、总集成管理的各专业内容通通纳入，甚至还要把高等院校、科研机构的施工研究成果、超大型项目建成后的运行维护等也一并考虑。施工标准中还有一项重要内容是作业标准的建立，目的是通过标准化来提升作业层的施工水平，让具备高作业素养的技术工人充分展现才能，实现因标准化而提高作业效率的目的，而且保证作业质量，有利于过程管控、检测等。作业标准也是工匠形成、工匠技艺传承、工匠创新发展的重要基础性工作。

### 3. 管理标准体系的建立

管理标准是个大概念，在这里特指企业各职能管理的标准，范围主要有：企业管理、人力资源管理、经营与市场管理、财务管理、材料管理、商务管理、合同管理、总务管理、信息化管理等。这里的"企业管理"特指企业内控、职能程序设计与管控、对标准化管理实行管理等。人力资源管理标准着重招聘、薪酬、绩效管理的标准建立与完善。经营与市场管理标准化，体现在客户管理、企业形象展示、业务介绍、投标管理、风险管理、商务推进等有规范程序操作。财务管理标准化，实现流程统一，按照标准模式进行账务处理，使核算的流程、方法、口径一致，数据真实有效，财务管理透明，消除公司内部的财务信息不对称现象。材料管理标准化的重点是，推行采购、验收、服务等环节的运行标准，实现品质高、服务优、成本低的目标。商务管理标准重点是建立企业内部定额，使各类要素的使用有单位消耗标准；实现量价分离，把生产过程中的各类要素的消耗量、采购价进行分开，精准掌握企业的经济运行情况。合同管理的标准化，确保合同文本严谨周密，确保依法合规，避免重要约束条款的遗漏，保障合同各方利益，保证合同履约的顺利进行。总务管理标准使后勤服务程序化、标准化，降低各类采购成本，提升服务品质。信息化管理标准化是各类职能管理标准化的输出结果，表现为管理标准化、标准程序化、程序信息化；也是确保管理标准成果的重要保障。

## 4. 文化标准体系的建立

一个企业，其文化标准的建立就像一支队伍有了统一的服装、军令、号角，它可以唤醒每个员工内心深处对于企业的使命、自身价值实现的渴望。企业文化的精髓在于其核心价值观的形成，在形成过程中，需要企业员工进行提炼、凝固。文化标准的重点不仅要反映企业核心价值观的提炼、凝固过程，还要把核心价值观的诠释、发展、传播、实践、反馈等内容予以确认。一旦核心价值观通过企业上下的认可，应以标准形式进行发布、诠释，并在企业内外进行传播，由企业全体员工实施。在文化标准中，还要重视企业文化的演变内容、实践过程、发展路径、传播途径等，通过标准的形式，使得文化传播更为规范、有效，使得实践、发展过程更为顺畅，使得反馈更有针对性。在文化构建与传播上，要从全局出发，要着眼当前的最新成果，强化整体企业文化的研究，形成企业自己的特色。在文化标准中，要重视导向意识，对于传播的内容、对象、渠道等予以规范，以取得更好效果。文化标准体系的建立，将使企业上下统一思想、统一行动，树立良好的企业形象，形成企业品牌的对外张力和凝聚员工的聚合力。

# 三、用标准化助推企业快速发展

## 1. 标准的评价与发布

为了确保企业内所有的管理职能都能推进标准化工作的开展，确保标准的质量，企业应当设立标准化管理的领导机构和评价机构。领导机构是保证标准化管理在企业内部的全覆盖，保证标准化管理的发展方向、发展路径、运用推广的正确性，保证标准化体系的有效运行和有序执行；评价机构是保证标准化工作输出结果的质量，保证各类标准的规范性、有效性、适用性、可靠性、兼容性，并且恰当评估本企业标准与国家和行业规范、标准的关系，保持本企业标准在地区、行业等范畴内的先进性。标准的发布要确保权威性、时效性，科学区分新标准发布与实施之间的时间间隔，以保证新、老标准的无缝连接，保证管理工作的正常有序推进。

## 2. 标准的推进与执行

标准制定得再完美，如果缺少有效的推进与执行，那么就无法转化为现实的生产力，不能在企业的生产经营中发挥应有的作用。标准的推进，是由点到面的展开，是新标准替代旧标准的过程，使企业的各个管理层面都能有标准可执行。标准的执行，是企业的每个管理层面、管理岗位、作业点等，在对于相关标准理解的基础上确保标准的规范运行，实现企业标准价值与效用的过程。标准在推进执行过程中，要确保所需标准的完整性，做到不漏用；应用标准的适宜性，做到不滥用；适用标准的正确性，做到不错用。通过各类标准的推进与执行，保证了企业生产经营各项工作的正常开展，提高了人、财、物、信息等资源及工艺、方法等的有效利用，提高了工作效率，保证了执行的工作质量，减少了试错成本。在标准执行完毕以后，应实行科学的评估，进一步检验运用标准的完整性、适宜性、正确性，评价标准的执行效用，特别是对于推动生产经营、降本增效的结果，为标准的修订、补充及新增标准提供客观依据。

## 3. 促成各项标准之间的融会贯通

虽然从分类的角度，可以把众多标准分成不同的类别，但是从总体来看，不同类别的标准之间肯定存在着交错、交互的现象，甚至有"跨界"的现象。所以，促成各项标准之间的融会贯通是有着现实意义的，不要把技术标准、施工标准、管理标准、文化标准等割裂开来，它们本就浑然一体，是企业发展的重要基石。每一个独立的标准中，都会蕴含着其他类别标准的基因，不同标准间建立起融通的渠道，不仅仅是制定标准时要考虑的因素，更是在推进标准的过程中所必需的手段。通过多类别标准之间的相互通融，可以解决不同职能、不同学科之间的差异，还可以解决不同客户、不同区域之间的差异，有利于标准之间的协同管理，有利于标准体系的规范管理，从而提升各标准的运行效率和运行价值。

### 4. 充分发挥标准化的作用

各项管理的标准化是推动企业高效管理的基础。建筑企业通过标准化管理的工作，可以取得一系列良好的效果：在标准化的过程中，进行了知识的收集、整理、推广、应用，做到了知识的传承与统一，让企业迈向知识管理，并向精益管理方向发展；企业在标准化管理基础上，创造新的价值，是企业智力资本积累的重要基础性工作；标准化也是企业推进装配式设计与施工的重要基础工作；标准化管理是企业信息化管理的关键环节，有助于企业实现工作流程化、流程标准化，进而标准信息化；标准化也使企业形成了新的核心竞争力，是管理分析中在人机料法环测之外的又一重要维度，大型企业，特别是集团型企业的扁平化管理铺上了轨道，可以实现使管理精英为一线技术、管理人员提供强力支持，从而实现为客户提供精准服务的目标，保障了业主所需要的高品质；小企业通过标准化的途径，能具有市场意识敏锐、反应快、竞争力强的能力，实现快鱼吃慢鱼的目标；标准化的实施，也有利于企业制定科学的衡量标准，使企业内部的各项管理顺利推进。应当说，标准化管理是企业适应现代竞争的必然过程，是企业拓展市场、缩小地区间管理过程与结果输出差异的利器，也增强了企业在各类标准制定中的话语权，为拓展市场尤其是全球市场做了准备。

第五章　人才发展

# 第一节　人员配置管理分析

　　做好人员配置管理是企业人力资源管理中的重要工作，是企业提高劳动生产率的重要保证。但如何科学地做好人员配置，涉及因素太多，让很多建筑企业感到难度不小。从很多企业的实践来看，同样的部门设置，有些单位一个部门里只有几个员工，而有些单位相同的部门里有一二十个员工。所以，合理配置相关管理、技术人员成为建筑企业应对激烈市场竞争的一个重要课题。在现实工作中，很多企业不能很好地把握人员配置关，往往是碰到了什么问题，就医治什么问题，缺少科学性、计划性。在实务操作中，会遇到需要配置多少专业人员、需要怎样的人员、如何合理分配人员工作量等一系列问题。那么要使人力资源配置达到科学、合理配置，并保持人员的精干高效，可以从企业的发展战略层面、人员与工作的总量配置、结构配置、质量配置、负荷配置等方面去把握。

## 一、从企业的发展战略层面考虑配置工作

　　企业的发展战略是企业确定发展目标、制定发展措施，并号召全体员工共同为之奋斗的纲领，所以，人力资源的配置管理首先要服从企业的发展战略需要，并根据企业的发展战略来制定相应的人力资源战略规划。这一步工作中，需要企业综合考虑将来发展的方向、生产

经营扩张的需求、现实的环境影响、竞争对手的能力、现有的人力资源状况及应对能力、企业文化等各种重要因素，为接下来要开展的工作做好铺垫，包括为人员总量配置、结构配置、质量配置等环节打好基础。例如，企业若要发展成为一流的机电总承包企业，则要考虑：市场上有多少机电总承包企业，他们的实力如何，怎样进行各项管理运作，拥有什么样的人才，有着怎样的市场影响力等；国外同类企业的战略如何，人员如何配置；国家的经济、法律、政治等环境对企业生存发展的影响；怎样的管理模式才能保持一定的市场占有率、维持较好的劳动生产率；等等。在战略层面上，企业应清楚自己是否有充分的能力去获得足够的信息以做出正确的判断。

## 二、人员与工作的总量配置工作

### 1. 人力资源的供给分析

人力资源的供给，通俗地理解就是企业现在拥有多少适用的各专业管理、技术人员。这里有两个比较重要的标志：一个标志是拥有的数量，对于一般的建筑企业来说，几乎就是企业拥有的员工数量了。另一个标志是适用性，因为企业可以有大量的员工，但真正适用工作岗位的员工会出现变数，这是由企业的岗位设置、员工的个人专业能力等决定的。随着时间的推移、行业的发展，同一岗位对于员工的岗位要求也会发生变化。如果员工的技能原地踏步就会显得"不适用"；而如果员工的技能发展速度超过岗位所需求的技能发展速度，那么该员工在原来岗位上就显得"技能溢出"，很可能的结果是该员工不用付出全部精力就能轻松应付岗位要求了，或者是该员工需要更高职位或技能要求更高的岗位了。人力资源部门等应当科学地做好人力资源的供给分析工作，这样的供给分析，需要人力资源部门与其他职能管理部门、项目部等一起来分析，而且必须对员工逐一进行分析。一般地，可以充分利用企业已有的人力资源信息库，通过与职能部门、项目部等共同分析来获取供给信息。比如，房屋建筑工程师的拥有量、电气工程师的拥有量、暖通工程师的拥有量和给排水工程师的拥有量。人力资源部门也可以运用马尔科夫模型做人员供给分析，即通过分析历年来各专业工程师的年平均变动概率，求得该岗位的未来变动趋势，最后获得当前与未来若干年的人员供给量。当然，如果人力资源部门拥有足够多的专业人才年供给量，通过建立经验公式，也可以分析并预测出人员的供给。

### 2. 人力资源的需求分析

人力资源需求是建筑企业在生产经营活动的开展过程中，为了满足市场拓展、项目履约等各类管理活动所需要的各岗位上适用的员工需要数量。这里的"适用"是指每个岗位上的员工必须具备与岗位相称的专业技能和管理能力。如果只是人员数量上满足需求，但岗位技能不足，那么人力资源需求分析就无法真正满足企业的管理需要。为了做好人员需求分析，可以由各部门、项目部等在做好工作分析的基础上，根据生产经营任务的需要来明确相应的工作岗位和岗位上所需的员工数量。最快捷的需求分析方法是运用德尔菲法，比如召集人力资源部、施工生产部、项目经理部的负责人等，分别做出人员需求预测，然后交换预测数据，再各自做出预测，直到数据基本相符。另外一个科学方法是运用回归分析法，找出尽可能多的（最好在 15 年以上）各年各岗位的人员数量，以及与各岗位相对应的工作任务量，运用 EXCEL 电子表格中的回归分析工具，可以快速得到回归分析结果，该结果也可以近似为某岗位的企业劳动定额，为人力资源的需求预测提供了可靠的依据。

### 3. 做好人力资源供给与需求的平衡

在完成了人力资源的供给与需求分析后，把两者的结果进行比较，如果人员短缺，则考虑从企业内部其他分公司、职能部门、项目部等调剂，或者从外部人才市场上招聘；如果人员富余，则需要考虑对富余员工实行转岗培训，对不称职员工进行裁员等。如果企业的富余人员是具有相当工作技能的，说明人力资源这个生产要素充盈，企业应当考虑自己的生产规模可以进一步扩张，通过增强经营力度，拓展市场来扩大产能，使人尽其才，才尽其用。人力资源的供需平衡，是企业快速发展的基础。事实上，人力资源的充分平衡只能是一种暂时的状态，企业更多的是处于人力资源需求旺盛但供给不足，或者需求不足但供给过剩的状态中。作为企业的管理者就应当随着生产经营工作的开展随时进行调节，当企业处于快速扩张时期，那么人力资源需求巨大，员工在数量上、专业技能的掌握上出现短缺，急需进行员工扩招、培训工作。当企业出现员工富余时，可能是企业的员工专业技能溢出，需要进一步扩大生产规模；也可能是生产经营遇到了严重挑战，需要精简人员。另外，企业为了将来的发展，还需要在岗位上适当增加新进员工，使供应略大于需求，通过一定时期的培养，为生产经营规模的扩大做好准备。

### 三、人员与工作的结构配置工作

#### 1. 人员与工作结构配置分析

人员与工作的结构配置主要指一项工作任务的完成，需要多少种类不同的岗位组成，这些岗位之间的关系可能是互补的、协同的，也可能是并列的。一个具有良好结构配置的团队可以胜任项目部等很多部门的工作任务。做好人员与工作的结构配置工作，可以确保每项工作的实施，都有足够具备相称资质资格的管理、技术人员，避免一些关键岗位上因人员的缺失导致工作任务的失败。从建筑企业的人力资源基本配置来看，存在着土建、结构、给排水、电气、暖通与空调、深化设计等多专业并存的状况，因此，要顺利实施一个工程项目，就需要做好各类专业技术管理人员与项目施工之间的结构配置，选拔具备相应专长的人才去完成相应的工作，特别是应该注重把各类专业人才安排在最能发挥他们专长的岗位上，做到人尽其才，才尽其用。在实务操作中，为了获得现有人力资源的实际使用情况和使用效果，人力资源部门可以根据企业现有各类专业人员的能力、特点等进行分类，列出矩阵表，以考察每个岗位上员工的使用情况，以便在生产经营的推进过程中进行动态调整，发挥好每个人的最佳效用。

## 2. 合理应对结构配置的失衡

在理想的状况下，企业内各单位、各部门的员工所具备的专业技能与其所在单位、部门所需要的整体专业技能完全适配。这时候，企业的生产经营活动处于健康状况，企业可以尽可能地扩大生产经营规模，并为员工技能的提升提供舞台。但实际上，人员与工作结构配置完全相符是有一定难度的。在结构配置的实务操作上往往遇到人员与工作的结构配置失衡问题，主要表现为：一边是建筑企业缺乏各类专业技术人才，尤其是在全球化竞争的背景下，大量境外公司带来了设计、施工管理理念上的变化，施工总承包管理、工程总承包管理、项目总集成管理、深化设计管理、弱电智能化管理等专业人才稀缺，特别是具备多种专业知识、管理能力的复合型专业技术人才和管理人才的缺乏，令众多建筑企业焦头烂额；另一边是建筑企业中存在很多人员的滞留，或者现有的很多员工勉强应付工程管控需要，或者是有些员工因自身的技能不足而待岗等，劳动力供需不协调。要化解这些问题，除了合理搭配各专业工程师、各专业管理人才的比例外，还要对各岗位上所需人才的培养做通盘考虑，特别是对一些紧缺型专业技术、管理人才要做前瞻性培养，注重人才知识与技能结构的协调。针对中高层管理人员，要加强现代管理知识的培训，加强管理技能的拓展，拓宽知识面；针对部门管理人员，要加强对企业整体管理知识的补充，加深对项目管理的了解；针对项目经理，要开展房屋建筑、机电安装、装饰等一体化培训；对于项目上各专业技术人员，要开展设计施工一体化、施工预算一体化培训，客观有效地应对建筑市场上更为激烈的人才竞争。

## 四、人员与工作的质量配置工作

### 1. 人员与工作的质量配置分析

通常的理解，人员与工作的质量配置是指一项工作的难易程度与具体岗位上员工能力水平之间的关系。当员工完全胜任一个岗位上的工作要求时，质量配置基本上是成功的。在质量配置中，一般会存在两种情况，即现有专业技术管理人员的综合素质和能力高于现任岗位的要求，或者他们的综合素质和能力低于现任岗位的要求。这里需要把握的一个重要尺度就是量才适用、适才适用。现有专业技术管理人员的素质过分低于岗位的要求，则会造成企业生产经营工作的正常开展无法得到保证。在很多传统的建筑企业中，大量的施工技术人员是从曾经的劳务作业人员转变而来，他们有比较丰富的建筑安装作业技能和经验，但由于学历低或缺乏再学习的能力，要满足企业实现一流总承包的战略目标，就需要对这些施工技术人员加强相关技术、管理知识的培训。如果遇到是境外业主投资的项目，外语的应用对这些由劳务作业人员转变而来的技术人员来说难度就更大了。另外，有些建筑企业缺乏对所需人才的特征界定，只把学历高低作为评价人才优劣的标准。还有些建筑企业一味地认为，只要有了一定数量的大学生，乃至更高学历的研究生，就能立足于市场而不败。但事实上，这些企业往往缺乏科学的人力资源管理办法，缺少有效的工作分析、绩效考评、培训、职业发展等办法，缺少对各岗位人才的具体界定，形成了人才泡沫。虽然现有专业技术管理人员的素质大大高于岗位的要求，但不能使人员与工作的质量适配，无法从根本上留住人才。最终，人才的相对高配置和人才的流失给企业带来很多的损失。

## 2. 做好质量配置工作的方法

要做好人员与工作的质量配置工作，需要抓好以下五个方面：一是对现有员工做一个真实的技能与能力评价。比较简单的办法就是看员工拥有多少证书，有什么样的学历、执业资格、工作经历、以往的工作业绩、曾经获得的荣誉等，这也是很多管理者采取的评价方法。更进一步的是进行岗位实务操作，比如让专业工程师根据图纸做实物量清单计算，既考核准确性，又考核工作效率，这是比较客观的评价方法。二是做好各岗位的工作分析。工作分析的方法有很多，比如观察法、访谈法、关键事件法、职位描述法等，方法各有千秋，可以整合几种方法一起使用，以提高工作分析的效果。各岗位职务说明书是工作分析后的常见输出内容。三是岗位配置实践。根据员工的技能与能力评价结果，以及具体岗位职务说明书的要求，进行员工与岗位的配置，让员工在实践中施展身手。四是实施绩效考评。通过关键指标的设置与考评，结合该岗位有关各方的评价等，对具体岗位的质量配置工作做出客观评价。五是注重员工道德与信用水平的测试和评价。诚信可以有效提高交易速度，减少交易成本，为实现人力资源的有效配置提供支持。如果管理者只重视员工的学历、执业资格、资历等，忽略员工道德、诚信的价值，则会造成诚信与价值相背离，导致整个员工配置的效果极差。

# 五、人员与工作的负荷配置工作

## 1. 人员与工作的负荷配置分析

人员与工作的负荷配置是指一个员工在具体岗位上能承担的工作任务的强度、难度、数量等负荷。如果负荷适当，那么员工在该岗位上能很好地发挥作用，工作任务也能很好地完成；如果负荷过重，那么员工会感到压力重重，或者难以胜任工作要求，导致工作任务无法保质保量完成；如果负荷过轻，则员工的工作过于轻松，工作效率低下，工作氛围也显得不足。通常，新员工特别是应届毕业生刚到岗工作，会感到负荷强度、难度较大，有难以胜任岗位的感受，所以需要有经验的老师傅来带教。而员工在相同岗位上工作较长时间以后，由于对岗位的任务需求掌握比较清晰，加上熟能生巧，在任务不变的情况下会感到负荷减轻，因此，此时可以胜任更多工作任务。在建筑企业的实际工作中，会存在一个常见的问题，即人员要么人浮于事，要么不堪重负。在同样规模的不同项目部上，有些项目班子人员配置相当齐全，比如对于一个产值一亿元的机电安装项目，配置给排水、电气、通风各三个专业人员，则显得技术管理人员绰绰有余；而如果每个专业只配置一个专业人员，又显得捉襟见肘，显然，这就是缺乏科学的负荷配置，既没有科学分析一般专业人员的平均工作能力、接受任务的强度，又缺少对个体专业人员专业技能的了解、掌握，造成项目上人员相对闲置、任务不足，甚至是相互扯皮；或者造成人员工作过于抽紧，工作质量下降，对于培养人才和留住人才都不利。

**2. 负荷配置的原则**

负荷配置的原则是：要让各类专业技术、管理人才在工作岗位上，有与个人的专业技术能力、管理能力、综合能力相称的工作任务强度、难度、任务总量等，在工作中形成一定的压力和动力，同时要保证他们的身体和心理健康。这就需要把握好工作的数量、负荷等是否与专业技术管理人员的承受能力相适应。在实务操作上，可以运用在总量配置中的回归分析方法，通过分析单个专业技术管理人员历年来的工作负荷，最终求得群体专业技术管理人员的工作负荷平均值来作为具体岗位上专业负荷配置的基础。另外，负荷配置应当与员工的绩效考评工作结合起来，并运用 ERG 理论（Existence,Relatedness and Growth），充分考虑员工的生理安全、情感尊重、个人成长等需要，让员工"跳一跳，能摘到桃子"，这样一来，既让员工的负荷适当超过他的平常承受力，又可以让员工有更好的绩效表现，还可以提高企业总体的劳动生产率，在部门和项目部人员配置上保持"精兵、精简"，推动企业的快速发展。

## 六、相关人员的使用效果分析

### 1. 检验人力资源配置的效果

通过前述的员工与工作之间的总量配置、结构配置、质量配置、负荷配置等实践后，人力资源的使用效果究竟如何，需要做人员的使用效果分析，以验证人员配置工作是否真正满足企业生产、经营的需要，以及是否真正满足了企业为将来可持续发展所必需的人才储备。在比较分析人的使用效果过程中，可以把各类专业技术管理人员群体用坐标分类法简单分为四类，即高素质与高绩效、高素质与低绩效、低素质与高绩效、低素质与低绩效。第一类群体是企业的核心人才，大学本科及以上学历毕业，现场施工五年以上，有大型项目的现场施工经验，工程合同履约良好，项目效益佳。对这些人，在配置过程中，要注重给予他们最好的资源配给，并给予高回报。对于第二类群体，要分析具体原因，如虽然是大学本科毕业，但长期只从事单一专业工作，成绩平平，这就需要帮助他们分析工作中遇到的困难，是个人不思进取还是项目施工缺少挑战性等，管理者可以调整他们的岗位设置，或调整资源配置，让这些员工发挥出高绩效，向第一类群体转化。第三类群体，虽然学历底子薄，但工作经验丰富，且善于接受新知识，能够解决大量现场实际难题，就要加强培训，不断培养开发他们的专业技能、管理技能，使他们向第一类群体转化。对于最后一类群体，如果不思进取，一般可以考虑清退，以免影响其他人的正常工作，影响团队的工作绩效。在使用效果分析中，不妨考虑一下群体的相容性，尽量形成人员性格互补的群体，以组成良好的工作团队，共同推动高效产出、高质量产出，避免无谓的内耗。

## 2. 衡量使用效果的人力资源边际产值

建筑企业可以通过建立数学模型来衡量人力资源的使用效果，比较直观且方便的方法是计算人力资源边际产值。某一项生产要素边际产值的计算是经济学中常用的一种衡量要素使用效率、效果的科学方法。这里提出的人力资源边际产值计算公式是：一个企业在一段时间内（通常指一年及以上）增加了的产值除以该时间段内企业增加了的员工数量。可以建立以时间为横轴、以产值为竖轴的坐标，当人力资源边际产值不断上升时，在坐标上显示的人力资源边际产值曲线是开口向上的抛物线，表示在此期间人力资源得到了充分利用，而且效用不断增加，对企业来说是一段生产经营快速发展的黄金时期；当人力资源边际产值下降时，在坐标上显示的人力资源边际产值曲线是开口向下的抛物线，表示在此期间人力资源的使用效率、效果不好，提醒企业的相关部门要重新考虑人力资源的各项配置情况，以期达到重新提升人力资源使用效率、效果的目标，让企业的生产经营工作重新走上快速、健康发展的轨道。

## 3. 将人力资源配置工作做到更好

每个企业都希望有相当出色的人力资源配置和相应使用效果。企业的人才配置工作如果能够按照前述的人员配置要求去做，那么基本上是能够达到较好的配置效果的。企业还可以考虑以下几个因素，使得人力资源的配置工作锦上添花。如：企业高层建立正确的人才使用观，使所有员工、各类人才都能在企业找到用武之处；在企业内部弘扬良好的企业文化，让员工树立正确的价值观，摆脱官本位思想的影响，打造工匠精神，真正立足于岗位成才；在企业内部实行人才的职业生涯设计，使得用功、用心的员工有上升机会；企业内部要克服平均主义思想，把报酬流向企业的核心资源，留住企业的核心人才；企业要引入人员退出机制，规避不思进取的人，使企业保持适当的人员流动率，吐故纳新，保持企业强大的发展后劲。

# 第二节　人力资源管理分析

企业的人力资源管理工作包含了很多内容，大多数是一些基础性工作，主要涉及对人员的管理，若管理得当，对企业的发展有很好的推动作用。人是具有复杂感情的，因此对人力资源的管理是最难控制的。以下主要对人力资源管理中的编制职位说明书、培训、绩效考评等工作进行分析。

## 一、编制职位说明书

### 1. 编制职位说明书的必要性

编制职位说明书是企业人力资源管理的基础工作。一份基于工作分析的科学、合理的岗位说明书，可以提供有关岗位的任务、职责、权限、工作环境等比较详尽的信息，有助于企业人力资源管理的各个方面正常开展，切实提高企业的内部管理质量。很多建筑企业在管理实践中都会遇到一个问题，就是各职能部门之间、部门与项目部之间、部门内部的员工之间发生管理扯皮现象。当事人或旁观者往往会找借口，说这不是自己的事情，有的员工也可能一本正经地讲，是大家的管理职责没厘清。发生这样的事，其实质是缺少科学的工作分析，且没有进行编制职位说明书。从理性的角度思考一下，没有一套科学的岗位说明书，对整个企业的各方面的管理都造成了不必要的麻烦，甚至是影响员工的积极性和企业生产经营活动的正常开展。

### 2. 做好工作分析

先谈一下编制职位说明书的前奏，即怎样开展科学的工作分析。工作分析是指对与工作有关的信息，如职务设置的目的、职务的隶属关系、该岗位的主要职责与权限、所需的知识技能与能力、工作条件等，有一个全面了解的过程。工作分析的方法有很多，例如问卷调查法、观察法等。结合建筑企业人员素质与管理水平的现状，建议采用面谈法，这样还可以节省很多经费支出。面谈的内容主要是上述与工作有关的信息，其中的核心内容是工作的性质与范围，如某个具体职位在企业中的位置、与上下级岗位职能的关系、所需的专业技术管理知识、能力等。面谈的方法可采取个人面谈、集体面谈以及该岗位人员的上级面谈等，把三个面谈方法结合起来运用，效果会更好。如果工作分析可用的时间比较充裕，也可以采用观察法，通过仔细记录某个岗位上员工在一段时间内的工作内容、工作状态、工作输出、与其他相关人员发生的工作关系等，来得到比较真实的分析结果，再比较分析其他相同岗位上员工的相关记录，使一个具体岗位的工作分析切合企业的实际需要。

### 3. 编制职位说明书实例

这里以质量工程师为样本举一个工作分析的实例。在开展工作分析的过程中，着重获取以下信息：一是该岗位的基本信息，如年龄、职称、工龄等。二是工作概要，该岗位的相关职责及完成任务的时间要求，主要有：严格执行国家有关施工规范、规程及建设工程强制性条文；围绕企业的质量方针、目标，对项目的工程质量进行全过程监视；负责对项目部的产品进行监视与测量，负责对施工过程质量记录资料进行监督、检查与指导；负责对项目部施工过程的质量进行监控，及时对重要分项、分部工程进行监视与测量；负责施工过程中不合格品（项）控制的管理及监督实施工作；实施质量否决制，对于不合格的分项、分部工程，监督项目经理部返工整改，使之满足规定的要求并对其有效性进行验证；参与竣工工程的质量验收工作；做好上述各类工作的资料记录工作；完成领导交办的其他任务；等等。三是对于该岗位来说所必需的受教育程度、专业知识、应具备的职业（执业）资格等。四是任职者以往的相关工作经验和工作业绩。五是工作关系，包括与岗位相关的横向和纵向关系。六是岗位的关键能力要求，如指导能力、计划能力、协调能力、分析能力、思维能力、表达能力、控制能力等。在完成了上述工作步骤后，工作分析的输出结果——岗位说明书也就出来了。在岗位说明书中，可以直观地看到以下岗位基本信息：工作的性质、任务和责任，工作活动的内容及相应权限，任职者的工作职责，任职者的上下级关系，任职资格说明，工作环境等要素。

通过科学的工作分析，制定出岗位说明书后，可达到以下目的：一是明确了岗位的工作要求，确定了员工录用与上岗的基本条件；二是确定了有关工作之间的相互关系，为员工岗位之间的调动、员工的职业生涯设计、绩效考评的开展等提供了依据；三是为制定人力资源规划提供了直接的帮助；四是容易发现导致员工工作不满、工作效率下降等的原因，便于及时调整；五是有利于把人力资源管理与企业管理的其他环节有机统一起来，方便沟通联系。当然，当岗位说明书编制完成以后，并不代表一劳永逸，而是应该每隔一定的时间做一次企业内部所有职位说明书的评估和调整，这样才能避免给员工一个错觉，似乎岗位的定性和内涵是一成不变的，也确保职位说明书跟得上企业发展的步伐，更好地切合企业的实际情况。

## 二、培训管理

### 1. "智猪博弈"对于培训工作必要性的启发

在现代建筑企业中，随着科技的发展、建筑科技水平的提高，对员工的个体素质要求也是越来越高，因此，很多建筑企业就把有序、科学、合理的培训工作提到了议事日程上。基本上每个建筑企业对于抓好培训工作，有利于职工技能的提升及企业的发展是认同的。但也有一些企业对于培训工作有一些担忧，主要是怕自己的企业抓好了培训，但由于各种原因，一旦人才成熟后，有些人才会流失。这样的话，企业就成了培训教育基地，从而对培训产生了困惑。这里暂且不论人才的流失是否因为企业的人力资源管理出了什么问题，单就是否要进行高质量的培训这个困惑，运用"智猪博弈"理论来分析。

"智猪博弈"讲的是这么一个故事：有大猪和小猪各一头，都待在一个房间的同一头，它们的下方有一个猪槽，里面装满了食物，但是猪槽上有盖。如果要打开盖子，那么，就必须跑到房间的另一头去摁一下开关才行。现在它们面临的情况是如果小猪去摁开关，那么，在小猪回到猪槽前，大猪已经把食物吃光；而如果大猪去摁开关，那么，在大猪回到猪槽前，小猪已经吃饱，剩下的食物才留待大猪去吃。那究竟谁去摁下开关呢？最终的博弈结果是只能大猪去按开关，如果是小猪去开，那么，小猪只能饿死。这个"智猪博弈"的故事给建筑企业的培训工作带来启发。作为一个具备一定竞争力的建筑企业，面临着相似的情景：自己去摁下培养人才的开关，纵使有的人才可能会流失到其他较小企业去，让小企业花了相对较低的成本而拥有了人才，但毕竟大型建筑企业还是留下了一批人才。相反，如果较大的建筑企业不去开发、培养人才，幻想其他小企业会培养人才，那么最后的结果就是无法拥有合适的人才。事实上，现在的建筑企业不论大小，都在员工培训上下了功夫，差别可能是在培训的内容、师资和形式上。

### 2."汲水原理"对于培训资金投入的启发

运用"汲水原理"可以解决培训工作上的另一个困惑，那就是培训中要不要花费数量不菲的资金来确保培训的正常开展。"汲水原理"原本属于经济学范畴，是国家实行宏观经济调控的一个手段，讲的是这么一个原理：水泵抽水时，如果是空泵运转是很难抽出水来的；而如果在水泵里面先灌满水，那水就很容易抽上来了。现在企业遇到的两难问题是没有足够的资金来保证培训的正常开展，结果员工的综合素质、专业技能等无法得到很好的提升；如果员工素质和能力不高，又往往造成企业生产经营困难，从而导致效益低下，企业效益一低，就更难以划拨足够的资金来保证培训需要了。如此下去，企业的生产经营管理在下坡路上愈走愈远。不妨把"汲水原理"用在培训工作上，情形可能就不一样了：企业先投入一笔较大的资金用于培训，提高员工的综合素质和专业技能，以跟得上市场竞争的需要，并由此推动生产经营工作质量的提升，在此基础上获取较好的效益。企业有了好的效益，再提出一定的比例用于培训工作，让员工素质更上一层楼。这样一来，就打破了前面所讲的怪圈，让企业与员工充分享受培训所带来的乐趣和收益。

### 3. 培训内容和形式的多样性

培训已经成为各建筑企业人力资源管理的必要工作内容。每个建筑企业培训都是为了提升员工的专业知识和技能。在培训的内容上，每个建筑企业都各有侧重，有些企业是为了满足企业申请资质的需要，培训建造师等职业资格；有些企业是为了满足生产运营管控需要，培训大量施工一线的专业技术管理人员；有些企业是为了留住人才，对一些有潜质的员工给予学历培训；有些企业是为了自身战略发展的需要，对各层次的员工进行复合型知识和技能培训，拓展管理知识；有些企业是为了走出去的需要，对员工进行专门的外语、专业技能培训；等等。

培训的形式主要有四种：一是企业内部专业机构培训，如建立企业的教育培训中心，有针对性地对各类专业技术人员进行授课，授课的内容根据企业的生产经营需要而定，有房屋建筑、机电安装等专业知识，有深化设计知识，有质量、环境、职业健康安全"三合一"管理体系知识等。企业内部培训中还有一种比较灵活的内部阶段性培训，这种培训可以由企业人力资源部门和相关职能部门等直接发起，主要是针对岗位技能提升和复合型知识的培训，比如是某个职能部门的具体岗位操作培训、施工设计一体化知识培训、专业工程师业务技能提升等，这种班级形式灵活，时间可根据生产经营的节奏进行调节。二是开办企业大学。通常这样的建筑企业有相当的实力，建立正轨的大学来给予企业内相关管理人员深造的机会，这种培训的周期比较长，培训内容由企业大学根据建筑企业的特点和发展需求而设定。企业大学的师资可以是行业内的专家、总部部门经理等，也可以是外聘的高校教师等。三是企业委托培训。建筑企业把需要培养的管理人员送到知名的高等学府去深造，有些甚至是脱产培训，培训周期可能在一至两年或以上，这些接受培训的人员往往是企业的栋梁。四是网络培训，也有很多是移动端培训。这种形式最大的优点是员工可以利用大量的碎片化时间来完成系统的培训，接收到大量的信息和知识。培训的内容由企业根据实际需要来委托社会上的专业培训机构制定，也可以由企业内部职能部门来制定。

### 4. 培训需求的获取

培训需求的准确获取是开展培训工作的基础。每个建筑企业都有不同的培训目的，其实这就涉及培训的需求问题。培训的需求可以来自五个方面：一是职位说明书。一份完整而科学的职位说明书明确地告知了有关部门岗位的重要信息，如该岗位人员必须具备的知识、技能、能力等。在实践操作中，往往会发生有些上岗人员未达到有关标准、要求，如还不具备相应的学历、缺乏有关职业资格、实际经验不足等，这就需要有针对性地去培训相关知识、提升学历、获取职业资格等。二是绩效考评的结果与工作要求的差异。在一个考评周期结束后，通过对照某岗位人员的实际绩效与该岗位必须完成的任务、职责，就能分析该岗位人员的工作差距，从而找到培训的方向。三是员工的职业生涯发展。根据某个员工的职业发展计划，去衡量该员工在未来时期内应该努力的方向，对比现有的水准，来分析和发现该员工今后接受培训的目标。四是企业的生产经营需要。如企业急需经营人才和施工管理人才，在人才市场上一时又难以找到相应的人才，就可以在现有员工队伍中寻找潜在人才去培训。五是企业的战略调整。市场竞争是激烈的，有些建筑企业面对现实，不得不做出重大战略调整，甚至偏离原来的发展路径，那么，很多员工就得尽快接受转岗培训，以适应新的竞争需要。一般来说，通过上述五个方面信息的整合，培训需求获取的准确性就很高了。

### 5. 培训过程的实施

培训过程实施的质量是一次成功培训的重点内容。培训的实施过程牵涉面很广，首先要明白为什么要培训，培训什么内容，哪些对象需要培训。接下来就要关心培训采用哪些教材，教材之间有怎样的关系，是购买现存的书本教材还是组织企业内部的管理专家或外部行业的专家来编撰教材。还有一个重要事项：师资从哪儿来，由谁来评价师资的整体教学水平？这些问题确定以后，接着就要关心培训实施的地点。一些大型的建筑企业本身就有培训中心或培训基地，一些中小型企业就要依靠外部的培训力量来解决这个问题。培训的周期也应该有一个明确的说法，成人教育不同于全日制教学，而且还要考虑生产经营的实际状况，因此，对于培训周期的设定必须慎重，不能太随意，既要满足培训教学质量的要求，又不能耽误正常的生产经营工作。培训对象的选择也需要认真安排，对于高层次的管理人员、专业工程师、普通的技术管理人员等可以分类培训。培训的方法和手段应该有所创新，尽量在传统的教学方法上，力争有一些较为新颖的教学工具和手段，以增强教学的效果。

### 6. 培训的考核与评估

考核与评估是培训环节中的难点。一次成功的培训，离不开一个成功的培训后的考核与评估。培训后的考评，可以视作一项任务完成以后对其进行的绩效评估。一般地，培训考评的方法可以采用书面考评和口头评估两种方式。评估的内容主要有三个方面：一是培训过程中的质量、效果，这可以由授课老师和学员共同完成；二是学员对于本次培训内容的消化、吸收程度，这可以通过书面测验、现场测试、工具操作等方式来验证；三是本次培训的后续效果，这可以通过学员在实际工作中对培训知识的应用与绩效提高程度来验证。在评估中，应该再做一个培训考评信度与效度的测评。培训考评信度，是指本次考评方式的设定，是反映考评真实性的一种度量；培训考评效度，是指考评的结果反映被考评者掌握培训知识，以及本次培训成功与否的一种度量。信度与效度的测评工作，需要测评者设计一定的测评问卷，结合实际管理工作中的业绩、工作结果等来做出完整的评价，过程中还需要收集大量的测评数据，经过科学的统计分析后得出结果。

### 三、绩效管理工作

#### 1. 绩效管理和绩效考评

可持续发展，现在已成为众多建筑企业追求的目标。无论是国有建筑企业还是民营建筑企业，抑或是外资建筑企业，都在追求基业常青。其中，绩效管理工作就起着很重要的作用。然而在管理实践中，令各层级管理者头痛的是，明知道绩效管理不可或缺，但由于缺乏科学有效的绩效考评方法，很多企业视绩效管理如鸡肋，使其成为食之无味、弃之可惜的边角料，更不要奢谈绩效管理在企业可持续发展中的重要性了。

严格来说，绩效管理和绩效考评看起来差不多，实际上还是有区别的。绩效管理是个大概念，而绩效考评则是绩效管理中的一项工作。绩效管理是从战略层面来考虑企业整体的管理工作，在获取企业内部的有关单位、员工的绩效考评数据后，还要考虑怎么利用好这些考评结果，如何与企业的持续发展相联系，尽量达到考评结果与企业发展正相关；绩效考评是属于战术层面的，它是直接面向员工、内部单位的一个考评过程，呈现的是一个考评结果。

#### 2. 绩效考评工作的一些方法

绩效考评是绩效管理中的核心工作。怎样做好绩效考评工作，仁者见仁，智者见智。从考评方法上说，有目标管理法、强制分布法、关键事件法等。各种方法各有所长，也均有所短，执行考评的管理者把各种方法结合起来使用，考评效果更佳。有很多建筑企业实行的是月度考评加年度责任状考评，这种方法的优点是目标明确，考评实施细则内容丰富，具有很强的可操作性，不足是考评频率过高，而且在实际操作中很容易流于形式。一旦考评结果与收入直接挂钩，有时考评者难以真实打分，或者碍于情面而高抬贵手。有些建筑企业实行季度考评，根据每季度设定的目标进行打分，同时还结合强制排名的办法，对于名列前茅者嘉奖，对于落后者扣奖。这种办法是一种强制分布法，优点是不因外界的干扰而对被考评者进行绩效排序，但如果处理不当，又极易挫伤相对落后者的积极性。还有的建筑企业更多地关心项目效益，实行项目责任制，只要项目人员完成各项指标或超额完成，就给予奖励。这种方法的优点是确保了企业的经济效益，但在实际操作中，管理者过多地考虑了效益指标，从企业的可持续发展角度来看，缺少对于人才培养、后续经营等方面的考评，还是有不少值得改进的地方。

把不同的考评方法结合在一起，会收到很好的效果，这里推荐目标管理法加关键事件法。建筑企业经常使用的分公司、项目部管理责任制，可以视为目标管理法。在实务操作中，根据建筑企业的战略目标和当年各项管理目标，分解为被考评分公司、项目部的年初目标。在具体考评过程中实行计分制，并预先设定绩效评定区间，在绩效评定区间设立缓冲区域，一般地按满分100分记，则70分至85分可设定为缓冲区，嘉奖、扣奖的幅度预先设定好。对于达到缓冲区域者，不嘉奖也不扣奖；高于该区域者，给予嘉奖，达不到该区域者，则予以扣奖。考评中同时配合实行关键事件法，不论被考评者处于哪个区域，只要出现事先设置的关键事件，就实行嘉奖或扣奖；如果出现未能预计的关键事件，则由考评委员会进行审定。在考评的频率上，目标管理法可以半年一次或全年一次考评，关键事件法则随时记录。若考虑激励或处罚的时效性，建议关键事件出现时，即时兑现奖惩。

### 3. 做好绩效考评应注意的事项

为了使绩效考评更具科学性，建筑企业应该注意以下七个方面的事项：一是做好科学的工作分析，对每个岗位的人员应具备的知识、技能、能力和应完成的任务、承担的责任和管理的权限等有比较科学的描述。二是正确地设置关键绩效指标（key performance index），如各单位的经营指标、产值指标、质量创奖目标、绿色施工目标、效益目标、培养人才目标等，关键绩效指标可以由企业的高层管理人员与人力资源部门、相关职能部门负责人等共同商定、设置。三是建立考评者与被考评者的沟通渠道。在考评开始时先让被考评的员工收集考评相关数据，考评者收集综合信息和数据，两者探讨有异议的信息和数据，以消除由于信息不对称而造成的不必要误会，使考评者与被评者达成共识。四是绩效考评结果可以经过考评双方的认可后公开，体现考评的公正性、公平性。五是验证绩效考评指标。当考评信息和数据基本出来后，可以由企业内的相关人员进行验证，以避免单方面的错断。六是实行多元化的考评模式，正如设置关键考评因素时由多部门、多层级的人员组成一样，考评者也应当由企业的领导、部门负责人、管理行家等组成，必要时可以加入被考评者的下属、业主、供应商等方面的意见。七是对考评者进行必要的考评管理培训，绩效考评是门科学，应当加强对考评者的责任心、公正性、考评方法的科学性、收集信息数据的客观性与时效性、不同考评时段执行考评标准的一致性、排除考评干扰等方面的培训，使考评结果具有权威性，有利于员工的绩效提升和企业的发展。

### 4. 绩效管理中的面谈沟通工作

很多建筑企业建立起了绩效管理机制，其中做得出色的企业，还有专门的考评面谈沟通机制。面谈沟通是考评中的一大难点，因为考评工作的绝大部分内容是考评者、被考评者面向客观的事实、数据、信息等，连考评工具都是客观的，而面谈沟通则是面向"人"的，人是具有情感思维的，有时又会受到各种环境、情绪的影响。所以，很多企业在实践操作中，会遇到一个不容回避的问题，那就是面谈沟通信息的真实性、有效性。信息沟通的不真实，会直接影响绩效考评中的效度和信度，从而导致绩效管理的失败。我们不能否认大量的员工在面谈叙事时实事求是，但也的确存在某些员工在与考评者或者上级主管沟通的过程中，刻意夸大某些事实，美化自己的形象，或者是刻意回避某些不好现象，或者不愿意对他人做出客观的评价等。如何来改进这一现象呢？博弈论中的"纳什均衡"或许能给出一些启发。

"纳什均衡"中有一个"囚徒困境"的故事：有囚徒甲和囚徒乙两个人，审问人员在提审时告知两人，若两人均招供，则两人都判刑5年；若一人招供，另一人不招供，则招供者判1年，不招供者判9年；若两人都不招供，则都判9年。最后博弈的结果是，甲乙两人都招供。这也是著名的"纳什均衡"。类似地，在绩效面谈过程中，可作为一种参考方法。具体在进行绩效面谈时，可以运用多人交叉面谈的方法，即面谈的对象不能仅限一人，尤其是针对同一件工作的描述上。可以在面谈前规定：甲乙两人在做工作描述时，如果两人都做客观、公正的评价，那么，两人各得5分；如果一人做公正评价，另一人不做公正评价，那么，做公正评价者得9分，做不公正评价者得1分；若两人均不做公正评价，那么，两个人都只能得1分。根据"纳什均衡"理论，两个人都做公正评价为上上策。做好这项工作的一个重要前提，就是事先一定要把面谈的规则、个人陈述后得到的评分、需要承担的责任等清楚地告知被考评者。

## 5. 绩效管理结果的应用

当绩效考评结果出来后，无论是对员工还是对企业来说，只是完成了对员工或者某个单位的一个阶段性的评价，这个评价结果可以用作奖惩的依据。与绩效管理相比，绩效考评是其中的一块主要内容。绩效管理是主动管理员工的绩效，要通过适当的途径让员工做出好业绩，对于考评结果较好的员工，要给予激励，实行正向引导；对于考评结果不理想的员工，除了必要的惩罚外，还需要与他们一起分析原因，帮助他们在以后的工作中调整状态，干出业绩。在绩效管理的过程中，管理者还要结合企业的发展战略和工作规划，主动引导员工向企业的发展目标靠拢，推动企业快速发展。因此，当一次绩效考评完成以后，不能简单地把考评结果仅与一次性奖励挂钩，还要把考评结果应用于员工的职业生涯规划、系统性的培训、来年的薪酬管理和员工岗位调整等管理过程中。考评者还需要结合群体的绩效评价结果，比照企业的发展目标，对生产经营活动做出动态调整，并对下一步的管理活动做出科学的决策。

　　建筑企业的绩效管理是需要在实践中不断总结、不断发展、不断提升的，而且要特别注重把绩效考评的过程和结果与企业的可持续发展结合起来。以项目管理责任状为例，建筑企业可以把项目部必须履行的合同目标（一般包括质量、工期、安全、绿色施工、进度等指标）、效益目标等设定为主要考核目标。在项目履约的过程中，建筑企业可以根据自身的实际需要，来调节合同目标与效益目标之间的权重。对于项目完成后，项目部所获得的超效益指标部分，企业应当给予奖励，具体可根据超额累进的提成方法来计算。在实际兑现时，可以把奖励额度乘上一个系数 $k$，这个系数 $k$ 是必须明确地与企业的可持续发展挂起钩来，具体可以由以下内容组成：一是项目部实现企业战略目标的能力，包括正确处理与社区、政府部门、项目部各相关方之间的关系；二是项目部的二次经营能力，认真服务好业主，切实开展客户关系管理，并争取续接项目；三是项目的科技应用与发展能力，通过在项目的成功实施过程中，取得一定的科研成果，包括项目技术管理人员申请的专利、项目施工过程中进行的 QC 活动及成果、项目部通过工程实践并总结归纳出的工法与作业指导书等；四是项目的资源提供能力，在施工过程与项目竣工后，项目部能够为企业提供高质量的人才资源、资金资源，培养出高素质的劳务作业队伍，并通过项目管理实践来获取知识资源；五是项目部的自身建设能力，包括项目管理班子的学习力培养、综合素质的提升、团队精神打造等。这样的绩效管理与企业、员工的发展紧密联系在了一起，也是具有生命力的绩效管理。

## 四、正确面对"凿墙洞"危机

### 1."凿墙洞"危机

在日常生活中，凿墙洞是一个很普遍的现象。比如刚搬了新居，如果不是精装修建筑，业主免不了在一番思索之后，就开始在大兴土木的过程中凿墙洞了。同一栋公寓中的很多人也自然会担心，这楼会不会倒下来？不过，至今还鲜有听说有哪栋楼房因为众多居民的凿墙洞行为而倒塌。个中原因，其实也简单，主要是墙体之间有一个相互支撑与牵制的力量，而且，往往人们在凿完墙洞之后，会把洞补上。在建筑企业的日常人力资源管理中，也存在类似的现象：有的员工跳槽了，有的员工在暗中捣鬼，也有一些竞争对手"挖墙脚"……对于这些存在的或是潜在的人力资源流出危机，不妨把它们叫作"凿墙洞"危机。企业内部偶尔发生一些"凿墙洞"现象，还不足以对企业构成很大的伤害，但如果是发生群体性的员工跳槽事件，特别是某一个部门或项目部的主要骨干集体出走，对于企业的生产经营活动会造成很大的影响。因此，建筑企业对于人才队伍中的"凿墙洞"危机应该尽早预防，积极应对，确保企业的各项管理工作正常开展。

### 2."凿墙洞"危机出现的显性表象及处理方法

"凿墙洞"危机的表现，有的是显性的，有的是隐性的。显性的

"凿墙洞"现象的主要表现形式是企业内部的各类员工流失，并达到一定的数量。这是一种最为常见的"凿墙洞"现象。在现在的市场经济环境中，市场竞争的实质就是人才的竞争，因此，员工的流失几乎在每一个企业都会发生。一般来说，企业的领导层大可不必为了员工的流失而费尽思量，因为每一个企业可以有一个合理的员工流动率。毕竟是流水不腐，户枢不蠹。如果是企业内部的关键员工流失，尤其是骨干员工的流失达到一定的数量，那么，对于企业的打击将是可怕甚至是致命的。至于多少的员工流动率是合理的、科学的，应该根据各企业的实际情况来定，不能很机械地认为一定百分比以内的员工流动率就是合理的，关键要看企业自身的管理免疫能力、团队互补能力、人才塑造能力。有的企业管理比较规范，风险防控能力强，团队补位能力高，人才再造的功能强一些，那么 5% 以内的员工流动率或许也是可以的。

针对这种显性的"凿墙洞"危机，作为企业方可以有很多主动的作为，关键是让员工认可企业的核心价值观和发展理念，让员工对于未来有憧憬和信心，觉得自己有发展平台和施展身手的地方。很多企业为了留住关键员工，也是动足了脑筋，比如提供高薪、高福利、宽松的工作环境等。另外，建筑业作为一种比较辛苦的行业，应当在员工的工作、生活质量的提高方面多动一些脑筋，给予员工必要的休息休假，关心员工和家属的身体健康，关心员工子女的成长等，这将会对留住关键员工、核心员工起到较好的作用。当然，建筑企业也要多注意竞争对手的信息，不要轻易地将关键人才拱手让人，另外，企业也要下功夫在关键人才对企业忠诚度的培养上，有的企业提供年功工资，有的企业给予长期股权激励等。

### 3."凿墙洞"危机出现的隐性现象及处理方法

"凿墙洞"危机还会出现隐性的现象，有些员工虽然没有离开企业，但已经"身在曹营心在汉"了，这也会直接或间接损害企业的利益。

隐性现象有很多，比如一次重要培训项目的失败；绩效考评系统不合理，挫伤员工的积极性；企业的薪酬系统设置不合理等。由于这些现象一时半会还不至于让企业立即感到危机，因此也不会马上引起管理者的警觉，更谈不上预防危机了。隐性的"凿墙洞"危机可以有很多种表现，如绩效考评、薪酬设置等管理内容，企业是可以通过日常的细致管理来达到比较规范的程度。下面着重就两个比较常见的或者是容易引起"凿墙洞"危机的现象进行分析。

第一种隐性的"凿墙洞"现象是企业没有建立员工申诉系统或员工申诉系统不畅。可能很多建筑企业还没有意识到员工居然需要申诉系统，但事实的确如此。因为所有的员工，包括领导，都是吃五谷杂粮的，都有七情六欲，在工作中遇到磕磕碰碰的事情、在管理上觉得受到委屈等实属正常。员工内心不舒服了，要是有一个宣泄的地方发泄一下，倒也过去了。但是，在很多的建筑企业里，怎么可能有轻易让员工发泄情绪的地方呢？在这种背景下，员工申诉系统的建立就很合时宜了。建立员工申诉系统，要有一个覆盖所有员工的申诉组织架构，要有一套比较规范的申诉管理制度，要有工作作风踏实、细致认真、具备心理学知识、了解企业各方面管理的工作人员，还要有监督或督导人员。申诉倾听是一门学科，一些好的建筑企业会聘请懂得心理学的专家来担任工作人员，解开员工心结、理顺各项管理，这也是申诉系统存在的主要目的。有些人会觉得建立一套这样的员工申诉系统并不难，其实建立一套科学的申诉系统很难、很烦琐，而耐心细致、持之以恒、坚持到底是难上加难。

还有一种隐性的"凿墙洞"现象是企业文化与员工本来的价值观发生严重冲突。这种现象特别容易出现在新员工进来之后的一段磨合期。对建筑企业来说，招进来的新员工要么是刚从学校毕业的学生，要么是成熟的各类专业技术人才。对于成熟人才，企业要倍加珍惜。他们原来工作过的企业，其企业文化与现在的企业文化必然存在很多的不同，处理不好就会发生冲突。如何尽快减少这种不适呢？关键是多沟通、多了解。没有绝对好的企业文化，也不存在绝对差的企业文化，文化冲突的产生关键在于核心价值观上的不同，在于员工的恋旧情结。那就需要建筑企业多关怀员工并为其提供适应期，不否认员工本人及其原来供职企业的长处；员工本人也要学会"扬弃"，尽可能快地融入新的环境。

不得不提的是，"凿墙洞"危机是建筑企业必须正面面对的一道坎。建筑企业本身要加强管理，强筋壮骨，增强各职能之间的相互协调性、相互支撑性，同时要真正关心员工，视员工为企业的重要资源，倾听员工的意见和建议，那么一旦"凿墙洞"危机真的出现，只要及时补上，企业还是会有充满生机的明天。

# 第三节　员工能力管理分析

市场竞争主要是人才的竞争，人才可以推动企业在生产经营各方面健康快速发展。员工的能力是企业发展的重要基石，员工能力的高低，直接决定了企业的发展质量。员工的能力是需要企业花大力气去培养的，也是需要员工个人努力去提高的。这里重点分析员工如何提高自己的综合能力和学习力，以适应市场竞争、个人与企业发展的需要。

## 一、提升员工的综合能力

在人力资源管理中，如何提高人的综合能力是非常重要的。在人的成长过程中，要不断地学习，一步一个台阶地上升，然后在工作岗位上逐步积累经验，慢慢地有了各种知识的综合应用能力，工作技能越发突出，成为能手。那么，如何提升一个人的综合能力呢？简单地，我们可以把提升人的综合能力归到四个"历"上，分别是：学历、资历、经历、阅历。

## 1. 不断提升自己的学历

学历是自己学习，并在这个过程中学出来的。学历是在学习他人的经验和研究成果，是相对快速达到一个目标的良好方法。在小学、中学阶段是打基础阶段，是奠定人的良好学习习惯、培养解决问题能力的初始时期。在这个阶段，不要单纯地去追求好分数，而是要追求解题的思路和能力，提高理解能力、感知能力、归纳能力和演绎能力，提高自己与外界接触、表达自己思想的能力，逐步培养自己的社交能力。随着学历的提升，一个人的学习能力将不断得到同步提升，知识面也将会不断扩展。

大学阶段，是一个人全面、快速发展的时期。这时候，人的求知欲旺盛，吸收知识达到高峰时段，对任何新鲜事物接受程度高，是人生观、世界观、价值观形成的重要时期，为将来在职场上的拼搏打下扎实的基础。大学阶段，不仅是学生快速学习的时期，而且是提高对外交往能力的重要时期，可以加入各类社团，不断扩大自己的社交圈子；各种实习的到来，可以让自己对未来的兴趣所在有充分的认知。

如果还要继续学习，那么攻读研究生就是一个不错的选择。在这个时期，可以对某个专业领域进行深入的研究，通过博览群书以及大量调研得到的第一手资料，通过统计分析，达到自己的研究目标。这个时候，人既是理性的，也是感性的。作为理性者，对于专业领域的已有知识、已经存在但还未被发现的知识有了丰富的理解，可以发表独到的见解；作为感性者，由于大量知识的积累，厚积薄发，各学科知识融会贯通，各种新颖的观点喷薄而出，乃至会出现前所未有的观点和研究结果，为世人瞩目。

### 2. 慎重看待自己的资历

资历是坐出来和做出来的。怎么理解资历？举个例子，一个员工在某个企业的某个部门待一年，就有一年的资历，待十年就有十年的资历。以前总看到某些趾高气扬的人，对着那些年轻人骄傲地摆谱，说自己如何辉煌过，在某企业某部门有过怎样的成就等，这就是那个人的资历了。资历有深有浅，年轻人也不要着急，因为，那是岁月留给你的特殊礼物，自己争也争不来，别人抢也抢不走。假设一个员工刚参加工作，那么这个人的资历就比较浅。中国是特别讲究资历的，无论是多么厉害的一个人物，刚到新的地方总得要向当地的主人表示恭敬，再就是要向众乡亲讨个好，因为他们在本地的资历深，要不然初来乍到的新人就可能吃大亏。这是特有的"资历"文化。资历太浅，在单位过日子，自然就是缩着头，不能冒冒失失的，若是在一干人等面前不知天高地厚地显摆自己，那就离吃苦头不远了。

随着年龄的不断增长，一个人的资历就不断得到提升。那些原来比你资历深的，可能跳槽了，可能离岗了；那些新进单位的员工对着老员工们充满着敬畏。这个时候，人也不要太高傲。毕竟，也就是个资历。若真有本事，应该拿出自己的看家本领，能够在本专业本岗位上做出一番成就，那样的资历，年轻人才服气。如果你在某个单位做了一辈子，那么你的资历就足够深了，哪怕领导职务再大，资历也大不过你，那个时候，你是"一览众山小"。年轻人看见你都是很尊敬的样子，那是年轻人有涵养。可也不要忘了，到了这个时间点，应该是一个人进入休息的临界点了，离自己的职业生涯告一段落已经不远了。所以说，资历再深，资格再老，还是应该靠自己的真本事吃饭，如果真感觉自己资历深了，或者浑身洋溢着资历深的得意，也会给人很肤浅的感觉。

给年轻人一点忠告，不管自己处于何种阶段，都要慎重看待，因为，人是不能靠资历吃饭的。但有一点，看到资历比自己深的，一定要实实在在地尊敬他们；而看到资历比自己浅的，也要真真实实地尊重他们，特别是信息化时代，年轻人的功底可厉害着呢。真要认真下去，那么应当尊重他人的资历，忘记自己的资历。

### 3. 持久丰富自己的经历

经历是要靠自己去摸索、去闯出来的。年轻时在"经历"过程中，磕磕碰碰、栽个跟头、被人嘲笑是家常便饭，同时也是自己不断提升能力的宝贵时期。经历是要靠自己做出来的，如果一个人有很多心思，有很多好的主意，乃至有很多远大的理想，但如果不去实践，那么也只是大梦一场。大胆去做事情，是经历的最好诠释。年轻人不去经历更多，年纪大了就只能缺少经历了。

要想丰富自己的经历，就要敢于闯难关。如果只是做一些稀疏平常的事情，原地踏步，也算是一种经历，但这种经历太浅薄、太平常了，算是稳稳当当过日子，不求上进罢了。若要使经历丰富，一定要勇于面对困难和挑战，调整自己的心态，做好足够的准备去迎战。难关固然是难闯的，但这种经历，无疑是人生道路上的良师益友。每个人肯定都要经历一段青涩的痛苦时期，哪怕是失败的经历，也是宝贵的，于人于己都是有用的，是人成长道路上的必需品。在成长的过程中，不要忘记创新。没有创新，就没有未来，创新是推动发展的最好法宝。在经历中，一旦加入了创新的元素，就会迸发出火花，让自己感到价值所在。

在经历各种不同的工作、岗位，体会多姿多彩的人生的同时，要善于帮助别人，要尽量多帮助年轻人。随着岁月流逝，一个人经历多了，思维活跃，做事利索，业绩显著，而能够帮助别人一起获得经验，让年轻人快速成长，这种经历更显宝贵。同时，也不要忘记向社会奉献自己的智慧和力量，我们的社会需要每个微不足道的个体一起奉献，把智慧奉献出来，促进社会的前进，把力量奉献出来，推动社会的发展。有了这样的经历，人生是丰富多彩的。

### 4. 努力扩大自己的阅历

在平时的工作生活中，总会听说某一个人的阅历是如何广泛和丰富。的确，阅历对一个人的能力来说太重要了。阅历是一个人走出来、看出来和悟出来的。他以自己的资历，经历了一段时期或一件事情，以其所学到的知识进行理解、消化、吸收其中的得失，得到自己的见解，这大概就是一个人的阅历了。阅历要丰富，就需要读万卷书、行千里路。读万卷书，可以与高人对话，用他人的理解来丰富自己的知识，拓展自己的眼界和境界，以一个微小的个体，来获取无数人实践后的真知。行千里路，可以直接增加自己的感性认识，充分利用现代科技，到达地球的各个角落，去触摸，去感受，去领悟，去达到一个更高的境界。在丰富阅历的同时，要知晓不同的学科，能融会贯通地去理解不同学科之间的知识。大自然本就是浑然一体的，人们为了研究、探索方便，分出了很多学科，有数学、语文、物理、化学等，或者说有自然学科、工程学科、医药学科、农业学科、人文学科、社会学科等，而所有这一切，都是我们这个世界的自然构成。所以，如果不能有跨界思维的勇气，怎能谈对这个世界的了解，又怎么说自己阅历丰富呢？

在有了学历、资历、经历后，能够很好地反思、反省，能够沉下心来，吸收实践后的经验教训并传给他人，乃至上升到理论的高度，这样的阅历，是令人尊重的。这四个"历"，其实也是相互影响、相辅相成的。有了高的学历，就更加有经历的冲动，有跨界思维与实践的可能，也成就更多的阅历，提升个人的综合能力。而资历，就隐藏在其中。

## 二、提升员工的学习力

学习力是一种能力，是一个人专注于新知识的学习，捕捉学习要点、快速理解学习内容、学以致用、推陈出新、解决工作难题，完成工作任务的一种能力。在如今知识爆炸的时代、在知识获取渠道众多的背景下，学习力是一个人获得各类知识、提升综合能力的重要技能。

## 1. 培养对学习的专注力

一个人如果要具备较好的分析问题、解决问题的能力，能够不被外界的打扰而做出独立的判断，那就不仅需要一定的专业知识，更需要广博的知识面。面对世界上如此浩瀚的知识，怎么去学是个大问题。有的人说，如果对一门知识有兴趣，那就多学点；如果没兴趣，那就少学点甚至不学。其实不然。对于现有的各类知识，关键要培养学习的专注力。当一个人注意力非常集中的时候，学习效率会非常高，哪怕只有短暂的一刻钟，都可以学到非常多的知识。培养学习的专注力需要做好以下几件事：一是思想上清空其他思维，人不是机器，一心二用是效率极低的，在进入学习状态之前，一定要收住心思，把其他思维清空。二是在意识上提醒自己进入学习状态，以充分唤醒自己的眼、手、脑等进入学习阶段。三是提前预习，为将要学习的新知识列出提纲，为接纳新知识做好准备。四是学习过程中要积极思考，当学习模式一旦启动，充分调动主观能动性，使专注程度不断提高。五是及时记录知识点，在学习时用手记录一下，回顾自己学到了什么知识点，加深专注度。六是带着问题学，在学习中多问为什么，使新知识点深深刻入脑海。

## 2. 拓展自身的知识面

拓展自身的知识面，是个滚雪球模式。初期的知识积累是个非常缓慢的过程，就像手掌心里刚刚揉起了一点点的雪花，攥紧了也不过是一小块冰雪。知识积累慢的原因有很多，主要是学习者本人的知识面有限，对于每个知识点的理解能力有限，对于各类知识的融会贯通能力有限。随着一个人所学知识的增多，对于每个新知识点的理解、接受能力就会增强很多，容易梳理起一门新课程的知识脉络，能够抓住重点，记住要领，就像小块冰雪一样不断滚动，逐渐形成一个像样的雪球。随着自身知识的不断积累，知识面不断丰富，理解力不断加深，学习新知识的能力不断提高，这时候一个人对于未知世界是感兴趣的，各类知识之间开始融会贯通，不再局限于所谓的一个专业，而是成了一个博学之人，对于工程、管理、经济、金融、天文、地理等各类知识都有所涉及。外界看这个人，以为他只是某一方面的人才，其实他早已是一个通才，脑子里装满了知识，达到了满桶水不响的境界。这时候学知识还是像滚雪球一样，雪球已经很大了，每向前滚动一步都要付出很大的力量，但每一步都会吸收到更多的知识。

### 3. 在建筑行业提升学习力的途径

建筑行业所涉及的知识是相当丰富，仅仅建筑业本身就有地下工程、结构工程、给排水、电气、通风等大量学科，而且建筑行业所面向的业主更是来自各行各业，所以，在建筑行业里提升学习力，有非常好的平台。在建筑行业中提升学习力，最好的途径就是学习，无论是新进企业的员工还是已有多年工作经验的员工，都要把学习当成贯穿自己整个职业生涯的重要事项。身处建筑行业里，抓好学习有七个方面：一是向经验丰富的师傅学习，特别是一些上了年纪的师傅，他们可能不懂太具体的理论知识，但他们的实践经验可以拿来借鉴。有些人是终其一生在琢磨一个施工方法，他们是真正的工匠，得到他们的真传是提升学习力的重要途径。二是向各种类型的项目经理、项目专业工程师等学习，建筑业涉及所有类型的建筑，有房屋建筑、市政、道路、机电安装、装饰装修、港口、桥梁、机场、核工程、古建筑等，一个项目经理或专业工程师，肯定精通本专业的各类施工管理，而一旦学习到其他类型项目管理的知识，对自己原本专业能力的提升是大有裨益的。三是跨学科学习，项目负责人要学习管理知识、相关专业知识；专业工程师们要学习项目上其他专业的知识，要熟悉设计施工一体化的内容，熟悉施工预算一体化的内容，成为复合型人才。四是向业主学习，为了更好地提升业主的投资价值，提高服务业主的能力，企业管理层和项目人员需要知晓业主的相关专业知识，用融合管理的思路去面向业主，真正践行客户关系管理。五是在建筑行业中学习整个产业链的运作，企业的各管理层都要学习建筑产业链的运行方式，从投资、设计、采购、施工、运营维护等，都要有所掌握，拓展自己的视野。六是到高校回炉深造，特别是有一定工作经验的管理者，设法到企业大学或者高校去学习，拓展自己的理论知识，汲取当今最新的各类管理知识、专业知识，使建筑施工管理跟得上时代的步伐。七是广泛实践，在前面大量学习的基础上，积极实践，达到知行合一的境界，并广泛收集、整理各类管理、施工的案例，不论成败与否，都要认真总结、提炼，实现从实践到理论、从理论到实践的上升和飞跃，也使学习力达到更高的境界。

## 4. 学习力提升之后的优势

当一个人的学习力得到很大提升之后，那么他的学习效率会相应提高，知识边界会不断扩大，而且对周边的新鲜事物充满了兴趣，不断地吸收新知识、探究未知世界成为习惯，也善于解决问题。主要优势表现在以下七个方面：一是在工作中能够清晰地看到存在的问题，并有独立的思考，不会人云亦云，对于各类管理问题能够提出自己的见解，有解决问题的能力。二是具备了战略和战术双重管理能力。在战略上能够结合国际形势、国家相应政策法规、行业发展趋势等，冷静分析企业的发展路径、存在瓶颈、努力方向等，在战术上不只是做好本岗位工作，取得好的绩效，更重要的是能够引导本岗位以及周围同事向企业的战略发展方向靠拢，甚至影响企业的发展战略。三是成为提高企业竞争能力和个人竞争能力的法宝。企业由于拥有学习力极强的员工而在各类管理上占据有利地位，从而取得各类成绩；个人也因为自己综合能力的提高，增强了团队的综合能力，又因为团队竞争力的提高而再次提高个人竞争力。四是员工具备复合型知识结构，有一定数量的员工可以成长为本专业的行家，对于建筑行业所涉及的大量专业知识有所掌握，可以引领行业的发展。五是提高员工和团队的创新能力，通过知识面的拓展、洞察问题能力的提升，对于管理、专业等未来的发展有更清晰的见解，由此而不断提升创新能力，对于固有的思维、模式等敢于突破、勇于创新。六是具备提炼各类成果的能力，能够通过本岗位的实践，熟悉工作流程，掌握工作内容和规律，及时提炼与本岗位相关的科技成果和管理成果。七是随着个人知识边界的不断扩大，反而感觉未知的内容越来越多，会激发起更多的学习动力，形成学习的良性循环。

# 第四节　人才价值管理分析

人力资源管理中有很多基础性的管理工作，包括招聘管理、薪酬管理、绩效管理、培训管理等，而且很多企业的人力资源部门都有对这些职能岗位的设置。随着企业的不断发展，有一项不容忽视的工作要引起企业管理者的重视，那就是人才的价值管理。人们都承认人才是有价值的，但真正把人才的价值进行系统管理，不仅需要管理理念上的变化，还需要在实践中不断摸索、发展。

## 一、发现人才价值

### 1.人才的内涵

几乎没有人不承认人才是有价值的，但在现实的建筑企业中，很少听说有哪个企业会对于人才做专门的管理，毕竟人才是与广大普通员工一样，在企业里面从事着各种专业技术、管理工作；也没有听说过哪个员工个体，在工作中将自己称为人才的。因为在建筑企业中，从领导到基层一线的所有员工都是普通劳动者。专门用"人才"两字来作为员工的标识，与企业内大众的价值观是有点不一样的。但人才又是恰恰存在的，建筑企业的发展离开了各类人才，那将是很困难的。大家对"人才资源是第一资源""尊重知识，尊重人才"等话语耳熟能详，也高度认可。因此，人才的概念在建筑企业里面是肯定存在的。

那什么样的人是人才？在建筑企业中一直没有统一的定义，很多企业对于人才的概念是模糊的，因为很难界定谁属于人才，谁不属于人才，搞得不好还会徒增矛盾和烦恼。而不管怎样，所谓的人才与普通的员工还是有点区别的，普通员工是属于"人力资源"中的人力，通过努力学习、努力工作，掌握了专有技能后可以成为人才。这里尝试把可以归类为人才的员工加以分析：一是各个领域的领军人物。无论是管理上、专业技术上的，这些人在自己的领域有独到之处，能够发现问题、解决问题，保持企业在该领域的竞争力。二是领导资源。领导层具有战略洞察力，有很好的带领团队能力，对于工作任务进行控制、协调、管理，并出色地完成任务。三是中级职称以上的管理人员、中级技工以上的劳务作业人员，这些人对于自己的专业岗位有非常深的了解，在自己的工作岗位上直接完成各项管理、作业任务，离开了这群人，企业的生产经营工作可能会处于停顿、空置状态。四是掌握核心技术的人，他们能帮助企业解决各类高难问题，并保持在行业中的领先地位。五是为企业创造价值的人，比如有的人能够为企业创造经济效益，有的人能根据工作经历、经验，从特殊事件中找出一般规律，提炼成为标准、成果、制度等。六是复合型员工，他们熟悉国家法律法规和方针政策、知晓国际规则、拥有全球化的视野、外语熟练，能开展国际谈判，维护企业利益。

七是企业内部各岗位上的先进、劳动模范、受过嘉奖的人，他们的工作业绩和能力已经被企业和社会认可。八是能发现人才、指导他人的人，千里马常有而伯乐不常有，伯乐也是人才，而能够慧眼识人后把他人推上舞台的更是稀缺人才。

### 2. 人才的价值

人才的价值在于及时发现企业发展的机遇，赢得业主和社会的信任，推动企业生产经营工作的开展，推动行业技术的提升，推动各项管理、技术成果在企业和行业中的推广，规避企业在发展过程中的风险，为企业创造更多的价值。具体表现在以下十个方面：一是有战略洞察能力，在市场上能敏锐地捕捉战略机遇，对竞争对手有充分的了解，对自己企业有清晰的认知，明确企业的发展目标，带动企业朝着正确的方向前进，这些人往往是企业的战略研究者或是企业的高级管理人员。二是有能力为企业拿到订单，在市场经营过程中可以充分展示企业的综合竞争力、品牌实力，对本企业的生产运营环节了如指掌，对业务流程非常清晰，在竞争平台上与业主平等互动，并致力于提升业主的投资价值，这些人往往是企业的营销精英。三是有确保项目履约、优质服务业主的能力，他们具备对各类项目的工程承包、施工管理能力，确保工程的进度、质量、安全、环保等受控，为业主提供建筑精品，这些人包括项目经理、各专业工程师、设计工程师、各管理岗位上的能手、各专业的工匠等。四是能够为企业创造效益，通过设计采购施工一体化来降低成本，增加效益，通过优化各类施工方案来获取效益，熟悉开源节流的管理之道，这些人包含了项目上的管理好手，也有职能部门的管理能手等。五是掌握企业的核心技术，甚至是掌握行业的核心技术。他们熟悉行业的科技发展规律，深入研究企业的科研技术，切实解决项目施工中的各项技术难题，能够在生产管理过程中总结各类成果，出工法、出专利，这些人往往是企业的技术专家、项目工程师或行业科技领军人物。六是在行业中有话语权，通过自己的专业知识和能力，积极参与企业制度、行业标准、规范等的制定，在同业竞争中设置一定的门槛，切实维护企业的利益，这些人基本上是企业技术、管理上的佼佼者。七是有能力为企业培养人、塑造人，把自身的专业知识和管理技能传授给他人，根据企业的发展需要，培养符合企业生产经营需求的相关人才，这些人基本上是各岗位上的资深员工。八是在企业中能够凝聚员工，精心打造企业各管理层的团队，在团队中具有号召力，有独特的人格魅力，言行代表着企业管理发展的风向标，这些人多是企业的中、高层管理者。九是能保持企业的稳健生产运营，无论是企业正处于顺风顺水时期还是处于逆境时期，都能够保证各类生产要素的集聚供应，并保证生产要素的市场竞争力，他们往往是企业各生产要素采购部门的重要管理者。十是具备规避风险能力，能及时发现企业生产经营过程中的各类风险，及时化解风险，提出纠正和预防措施，防微杜渐，他们往往是企业的资深员工。

### 3. 每个人都是人才

把合适的人放到合适的岗位上，那么每个人都是人才。所以，因才适用、人尽其才是对人才最好的褒奖。有些员工在能力上是相对显性的，如果性格外向，那么很容易向外界表露自己的技能和能力，而有些员工在能力上是相对隐性的，如果不善言辞，那么刚接触时是很难感受其能力有多大的，特别是有很多高技能人才，往往在表达上是内敛、含蓄的，作为管理者要能够识别这些人才。平时看似内向的员工，如果碰到了本专业的其他同行，在讨论起专业领域的知识时可能就像换了一个人似的，长谈不止，因为找到了相同的群体，说到一起了。管理者若是冷静观察，仔细分析，那么几乎每个员工都有自己的所长，放到了合适的岗位上会更好地发挥自己的才能。尤其是高素养的员工，一定要放在适当的工作岗位上，给他们以舞台，回报企业以精彩。在各类人才中，有些人是实用型人才，能马上解决问题，做出工作业绩，企业理当重视这些员工；有些人是创新型人才，特别是在研发岗位上的，不见得能立即出业绩，他们的业绩是需要时间来沉淀的，这就需要管理者慧眼识才、真心惜才，给创新型人才多一些时间和空间，让他们在实践中创造价值。

## 二、开发与管理人才价值

### 1. 开发人才价值的方法

对于人才价值进行开发是需要建筑企业下功夫去探索和实践的重要事项，其主要任务是让人才的价值充分发挥出来。对建筑企业来说，可以通过一系列的方法来做好人才价值的管理与开发工作：一是构建具有竞争力的人才管理体系，人才是企业的宝藏，对于各类人才的管理要有针对性、可行性，要结合企业的实际情况，让各人才充分感受到本企业在管理上的先进性，在情感上的真诚性，增加人才的归属感，使人才更好地为企业发展服务。二是在人才管理上实行"教练制"，很多企业是实行老师傅来带教年轻人的"师徒带教"方式，这的确有其传统优势，但教练制是根据被带教人员的具体情况精准制定带教方案，使人才经过带教后充分展现出价值。三是对各类人才加大培训工作，加大智力投入，利用多种培训途径和实践机会，拓展他们的知识广度、思考问题的深度、完成工作任务的效度，在工作中体现价值。四是提升对各类人才的价值认可度，聘请各专业的人才担任企业内部讲师，让人才的价值在传道授业中得到升华。五是企业要做到待遇留人、事业留人。通过多种形式的、有市场竞争力的薪酬、福利来厚待人才；搭建各类人才工作的舞台让人才发挥潜能。六是促成各类人才之间的合理流动，多岗位交流，增加人才的知识交互面，通过多岗位的历练来提升人才的多专业技能和综合管理能力。七是在工作中要充分调动人才的工作积极性，顺应人才的工作节律来开展相关管理工作，使人才在工作中展示最佳状态，获得最好价值。八是要合理为各类人才减负，各类人才在企业的实际工作中会面临各类琐碎事情的干扰，要创造为人才服务的良好环境，减少一些事务性工作的负担，减少工作相对简单且容易让其他员工完成的工作任务，使人才的价值用在企业发展的关键点上。九是要创造条件实现人才的人生价值，尊重人才的意愿，让人才在工作中体现价值的升华，同时又进一步提升企业的发展质量。

## 2. 管理人才的核心是管理价值

对于怎么进行人才管理，每个建筑企业都有自己的方法，有的企业注重为人才创造轻松的工作环境，有的企业注重对人才进行绩效考评，有的企业任各路人才在生产经营过程中驰骋，有的企业通过各种约定让人才为企业更好地服务等。从综合方面来考虑，管理人才的核心是管理价值，企业要通过适当的方法让人才的价值效用最大化。对建筑企业来说，主要抓好的工作有：增进人才的价值交流，每一个人才都是宝贵的资源，结合建筑企业的特点，要鼓励人才之间、人才与外界之间价值的交流，价值交流就是让每个人才的能力在行业中起到作用，形成人才的集聚效应。推动人才价值回归，让每个人才在自己的专业特长上发挥出最佳水平，这就需要建筑企业建立科学的人才评价机制和选拔机制，在慧眼识才的同时，要把人才放到最合适的岗位上，防止人才错位，避免人才价值的隐性浪费。促成人才价值增值，如果一个人才在工作中只能维持原有的工作水平和状态，那么过一段时间其价值可能会下降，因此要通过适当的方式让人才的价值增值，激发人才的工作动能和创新激情，在价值增值的同时带动企业整体管理能级的提升。推广人才价值的使用，使各类人才的价值在工作的进行中、在具体岗位的实践中、在解决难题的过程中、在市场的激烈竞争中体现出来，也有企业通过成立人才的相关工作室，使人才的价值辐射到企业群体，带动群体价值提升。让各类人才的相关成果转化为现实生产力，很多人才在工作中付出巨大心血获得了有关成果，企业要创造条件让这些成果在生产经营活动中体现更多的价值。

## 三、人才俱乐部制管理

提出人才俱乐部制管理，是适应企业发展的需要，表现出企业认可人才的价值，特别是认可一个单位或组织对于人才培养所付出的价值。现在很多企业在用人时，特别是在调动人员时，往往是采取命令的方式，直接把某些人才从一个部门调到另一个部门。这还好，若是从一个单位调到另一个单位，往往就忽略了原单位对于人才的培养过程，原单位的付出就得不到有效体现。

### 1. 人才俱乐部制的总体构思

人才俱乐部制是把一个单位或组织视为一个独立的"俱乐部单元"，在人才的培养模式上，依照俱乐部制的形式开展，确切地说，是用学习俱乐部的运作方式来进行人才管理。俱乐部单元中的所有人才，视为相对固定的俱乐部成员。俱乐部负有培育、提携所有成员的责任，对于成员在成长过程中所面临的困难给予支撑、所面临的困惑给予指导、所面临的机会给予支持、所面临的发展给予帮助，创造条件让所有成员能够在自己擅长的领域内成长，有机会成长为专业人士或高级管理人才。作为俱乐部中的一员，要主动勉励自己成长，积极汲取各类知识，提高自己的综合技能，把握各类发展机会，克服各类不利因素，提高自己的职业素养，共同塑造自己和俱乐部的品牌，维护俱乐部的形象，当发展机会降临到自己的头上时，要胸怀感恩之心，回报俱乐部和社会。要推行人才俱乐部制管理，可以从建立人才成长库、建立人才的培养投入档案、建立"转会"制度、建立人才品牌库等方面入手。

### 2. 建立人才成长库

人才成长库是人才俱乐部制的基础性工作，它包含了俱乐部所属人才的各类信息。就某个具体的个人而言，信息有基本情况、受教育程度、接受培训记录、岗位变化情况、工作业绩、职务晋升、职称变化、社会或行业地位与评价、对本企业的贡献程度等。具体包括：进单位时间、学历深造情况、职称的评聘、再学习的能力评估、所经历的各种岗位、在每一个岗位上的业绩、每年的述职、每年的考评结果、晋升与嘉奖的具体事项、降级与惩戒的具体事项、员工的综合素养、每个单项技能的级别、在本企业本行业中的职业地位、社会的认可程度、在社会上的兼职聘用情况、担任某行业与类别专家的具体事项、为所在团队取得业绩的贡献程度、所在单位的社会地位评价、所在单位的业绩、所在单位培养人才的基本信息等。人才成长库是对每个人才所具有价值进行评估的重要依据。

### 3. 建立人才的培养投入档案

这是每个组织或单位对于一个人才的全部培养投入情况记录。可以分应届毕业生和社会招聘人员两大类。应届毕业生的培养投入内容主要有：校园招聘投入、实习期间投入、带教老师的投入、对外考察投入、岗位培训投入、学历深造投入、职业资格评审与职称评定投入、岗位待遇投入、职务晋升投入等。社会招聘人员的培养投入主要有：引进人才投入、猎头投入、岗位待遇投入、福利投入（如住房、车辆及相关补贴）、对外考察投入、岗位培训投入、学历深造投入、职业资格与职称评定投入、职务晋升投入等。对于培养投入档案要做好两件重要工作：一是培养投入档案的维护。需要相关职能部门随时掌握对人才的各类投入，并做好相应数据维护工作。充分利用互联网时代的实时数据库优势，做到数据维护的正确性与及时性。做好相关数据库的异地备份工作。二是培养投入档案的使用。根据每个员工的实际情况，在转换岗位时，可将其作为重要参考。

培养投入的总费用是该员工"身价"的重要组成部分，是重要参考因素。

### 4.建立"转会"制度

"转会"制度是保障员工原先单位培养付出的重要措施，也是保障员工权利的重要举措。当培养单位收到新单位的转会费后，可以视为一次对员工投资、培养的回报，是合情合理的资产增值手段。当员工进入转会市场后，通过市场的手段以及行业合理的评估，对于自身的价值有了明晰的认可，是人才价值得到肯定的具体表现，人才价格基本真实地体现出人才的价值。当转会市场真正成熟以后，人才的流动便有了合理的平台，人才的价格便有了科学的调节渠道。从某种程度上说，某个员工个体的流动，不必背上对原企业"背信弃义"的包袱。一个人"是骡子是马"，公平、公正的人才市场，自然会给出合理的答案。

在认可人才价值的基础上，转入人才的一方，除了给予人才相应的薪酬、福利待遇等之外，还应当给予转出人才的一方以转会费，这笔转会费等同于肯定了转出方对于人才培养的诸多付出，也包含了转出方在培养人才后以及转出方品牌对外辐射的溢价收益。为确保转会制度的顺利实施，建筑企业的行业主管部门、行业协会等还应当搭建转会平台，让转会市场公开化、公正化、公平化。

### 5.建立人才品牌库

人才品牌库是人才俱乐部制的重要组成部分。人才品牌库可以按不同的管理类别进行分类管理，比如，结合建筑企业的特点，分成项目管理、综合管理、企业管理、经营管理、商务管理、运营管理、财务管理等不同类别。之所以称之为品牌库，是把具有一定市场品牌的人才，给予价值肯定。同时，也鼓励其他人才一起提高自身的品牌含金量。为了使人才品牌库能充分发挥效用，应建立人才品牌及其价值的评估机制，定期发布人才品牌价值，使人才俱乐部的运行得到保证。

人才品牌库的效用，可以体现在几个方面：个人的成长过程认可、人才的价值认可、企业对人才的培育认可、品牌的溢价认可、行业的支持认可等。这样的人才品牌库是真实的、权威的，可以得到社会的广泛认可。品牌库的效应，可以应用到很多地方，包括品牌价值的提升、企业对外的展示窗口、人才转会的基础资料等，尤其重要的是对于人才本身价值的客观认可，也为人才的合理流动创造了公正的评价机制。

## 6. 建筑人才的俱乐部制管理

建筑企业的人才从属于哪一个单位或组织，就由哪一个单位或组织实施人才培养计划，促进人才增值。在培养过程中，单位对于所有人才进行绩效考评、晋级等工作，并且对于人才的价值进行评估。要搭建转会市场，可充分利用现有的人才市场，为人才的转会提供条件。现在的建筑企业还不能像足球俱乐部那样从容接受外部的转会，那么，要注意建立内部的转会市场，使企业内部的人才流动体现出单位的培养价值和员工个人的价值。在俱乐部制管理实施过程中，要适时开启转会窗口，在公正的机构监督下，正式实施人才的转会，一般这样的机构可以由政府部门、行业协会及企业的代表组成。在转会过程中要处理好相关事宜，如怎样的状态下可以转会或不可以转会、报到时的注意事项、对原单位和新单位的保护机制。在实施的初期，可能会遇到一定的困难，如人才初始价格谁来决定；培养的过程中，除了物质上的投入可以计价，无形的品牌价值怎么估算与评价；转会的通道由谁来负责；转会出现障碍时怎样解决；跨行业转会时，由哪个部门来进行行业之间人才价格系数的计算；主管部门对于人才价格转会制的支持力度；行业协会在转会市场上扮演怎样的角色等。另外要考虑的是，当单位与单位之间、单位与员工之间发生冲突时如何解决，对俱乐部制的监管、调解与仲裁如何实施等。

# 第五节　时间价值管理分析

　　一个人只要进入了建筑行业，那基本上意味着忙碌是常相随的，而忙碌就意味着对时间的尊重，因为时间是具有价值的。一个人如果有效地利用时间，那么可以在一生中做成很多事情。但时间又是最容易流逝的，无数文人墨客感叹光阴易逝，一去不返。时间是容易把握住的，如果用心去做事情，那么时间的主动权在自己手上；时间也是最难把控的，如果没有目标，那时间就白白浪费掉了。一生的时间即生命时间，包括工作时间、生活时间、娱乐休闲时间、教学时间、体育锻炼时间等。要尽量避免负向时间，用正确的管理思路来进行时间管理，包括做事有目标、放弃不必要的事情、利用碎片时间、高效工作等。在有限的时间里，要持续学习，客观认知世界，保持乐观情绪，积极承担社会责任等，以实现时间价值的增值。

## 一、时间的价值

### 1. 公平的时间

　　时间在不知不觉中流逝，其价值最容易被人疏忽，但又是极其宝贵的。这个世界上有各色人等，从事着不同的职业，贫富不均，肤色不同，学历各异，地位悬殊，然而只有一样是绝对的公平，那就是时间。上苍赋予每个人的时间几乎都是一样的，只是每个人的境遇不一样，才感觉时间的长度不一样。一个人一生的时间基本上是这样分配的：幼儿暑期，在玩的上面花费的时间多一些；儿童至青年时期，是求学的黄金时段，是知识的快速积累阶段，在学业上所花时间极多；进入职场，竞争激烈的工作、各种职业技能的学习、社会交际的往来等又让人付出大量时间；中年一过，到了职业生涯的尾声，无限感慨"时间去哪儿了"；等到退出职场，发现光阴荏苒。在整个职业生涯中对时间的把控是何其重要，而真正做成的大事也是屈指可数。在公平的时间面前，每个人都需要认真思索。

2. 时间价值的体现

每个人的生命周期都在一个被限制的范围内，很难随着自己的美好愿望而延伸。对生命而言，时间的价值无限珍贵，不论你在当下的感受如何，时间终将一秒一秒地消逝。"莫等闲，白了少年头，空悲切""一寸光阴一寸金，寸金难买寸光阴""少壮不努力，老大徒伤悲"等词句，都体现了时间的宝贵，以及时间的易逝性。因此，从一定意义上说，人们都在通过各种手段、方法来争取更多的时间。这种时间，可能是工作时间，也可能是闲暇时间；可能是自由支配的时间，也可能是履行职责的时间。所以，时间的价值主要体现在每个人所真正把握住并做好的每一件事情上。同时，时间的价值又是一种机会成本，一个人本可以充分利用原有的时间去做成某一件事，但这段时间花在了别的事情上了，那么没有做成的事情则反衬了时间的珍贵。在建筑企业内，同年进入职场的若干员工，在经过较长的一段时间后发现，有的人已经在事业上大有起色，有的人在平凡岗位上体现着匠心，这些都是时间价值的具体体现。

## 二、时间的主要构成

有首诗是这么说的："生命诚可贵，爱情价更高。若为自由故，两者皆可抛。"这首诗，说的是自由的价值，其实是人有了自由，可以去赢得更多的时间，去做自己想做的事情。

生命时间是一个人所拥有时间的总长度，是一个人"活着的时间"。毫无疑问，生命是宝贵的。古今中外，有多少人在为了延长生命而寻遍各种方法。古时候很多皇亲贵族求长生仙丹，实质是一种本能的求生欲，毕竟生命就只有一次。现在职场上有很多人玩命拼搏，有人开玩笑说是"年轻时用生命换钱，年老时用钱换生命"，也证明了生命时间的宝贵。客观地说，一个人理论上的生命时间，是由其基因决定的，但由于身处的环境不同、饮食的差异、工作强度的高低、作息规律的迥异等，造成了生命时间的不同。所以说，科学而健康地生活，是一个人向理论生命时间靠拢的最好方案。

### 1. 工作时间

工作，可能是在做事，可能是在思考。当一个人在做具体的事务性工作时，这项工作任务是可以察觉的、度量的，那么工作时间的利用也是可测量的。比如，建筑工人在一天内完成了具体的实物量施工任务，是可计量的。而一个人在思考时，看上去似乎没有在做什么事，其实大脑是在高度运转的，比如，项目管理人员在思考如何进行施工方案的编写时，需要消耗大量时间。有些国家的学校里设有"meditation"课程，就是冥思的意思。思考是脑力劳动者的一项重要工作，辛苦程度往往要高于体力劳动者。工作时间是一个人体现自己价值的重要时段，也是一个人最充实的时间。在这个时间，人们可以发挥自己的所有技能、发挥自己的主观能动性，为企业、为社会创造价值。有些人到退休年龄就基本离开工作时间了，但也有人会终身工作，特别是一些思想家、音乐家、艺术家、画家等，几乎都是"鞠躬尽瘁，死而后已"；建筑企业中也有很多专业工程师退休后还在不断发挥余热。这样的工作时间为社会、为人类创造了财富，是令人敬佩的。

### 2. 生活时间

生活是紧挨着工作的。这里的生活时间主要是指过平常日子，是"油盐柴米"这些琐碎之事，又是必需之事。生活时间占据了生命时间的很大一部分，开门七件事已经让人忙得团团转了，虽说现在有了各种外卖，但是靠外卖过日子毕竟不如自己动手。在日常生活里，人们还要安排时间去赡养老人、培育孩子，还要承担一定的社会责任等。

因此，往往小孩和年轻人会感到日常生活轻轻松松，生活得很潇洒；而很多中年人会感到压力重重，甚至有些压抑，负重前行的每一分钟都是不容易的；而老年人又会返璞归真，毕竟是过了知天命的阶段，对于时间有了一种新的认识，潇洒地度过每一刻光阴。但就在这稀松平常的生活时间里，也有人能够让时间增值，比如挤出时间去学习、去帮助他人、去做自己认为有意义的事情等。

### 3. 娱乐与休闲时间

娱乐是人类从最初依托想象力而开展的放松活动。娱乐有很多形式，比如看电影、听戏曲、看演出等。休闲是人们放松自己的好办法，比如旅游、喝茶、做手工等。娱乐与休闲是利用另一半大脑，使工作时使用的大脑得到休息，是使大脑积极休息的良策。人们通过娱乐与休闲，来体会别人的人生感受、接受新颖的教育、放空大脑、左右脑更替等，以更好的状态去迎接新挑战。因此，娱乐与休闲的时间是人们的一项重要时间。但做事都有个度，如果娱乐与休闲占据了太多的时间，或者沉湎于放松而不思进取，那这个时间就花得不值了。

### 4. 教学时间

教学时间是人的一生中最值得投入的时间，是让人持续增值的重要时间。教学可以分为两种情况：一是有能力去教别人，二是有机会接受教育。对年轻人来说，接受教育的机会更多些，因此，求学时光是年轻人所花费的主要时间。对初入职场者来说，还得接受各种职业技能教育，建筑企业中的新员工都得接受各种岗位培训。对于有一定工作经验的人来讲，就有机会去传授别人知识，这时，"传道、授业、解惑"等教学工作占用了一定的时间，比如生产经营各职能管理部门的负责人去承担本企业相应职能管理的培训教学工作。当然，作为学校的老师则另当别论，教学本身就是老师的主要工作内容。对职场人而言，需要终身学习，因此，"学"占据的时间是相当长的，也是最值得的。

### 5.体育锻炼时间

这个时间是与健康强相关的因素，因此，合适的体育锻炼是延长物理意义上生命时间的最佳方法。现在很多学生被沉重的学业给压住了，花在体育锻炼上的时间真的有限；而很多职场人，由于从小没有养成习惯，或者缺少体育锻炼的场所，花在体育锻炼上的时间也非常有限。如今建筑企业中开车上下班的、接送孩子的多了，花在电子产品上的时间多了，体重增加了，身体的健康指标下降了，因此"加强体育运动，增强人民体质"十分重要。

### 6.社交时间

这是职场人必不可少的时间，社交可以增进人们之间的友谊，相互加深了解，解决一些分歧，促进共同目标的实现等。如今，将较多时间花在社交上的人很多，用在社交上的时间多了，用在学习上的时间可能就少了。所以时间的机会成本时刻提醒着职场人，把握好一个合适的度是相当的重要。当然，也有些人会利用娱乐、休闲的时间开展社交，或者利用体育锻炼的时间来社交，这是很巧妙的时间综合利用方式。

## 三、负向时间

负向时间，主要是指一个人的时间不是花在个人价值的提升上面，那么这样的时间消耗，只能导致一个人精力涣散、情绪低下、工作和学习的效率降低、对周边人士产生消极影响，不仅拖自己和别人的后腿，而且还造成个人价值的负向增长。

### 1.生病时间

客观地讲，不注重自己的身体就是浪费时间价值。有句话说，身体是革命的本钱，其实是指身体是一个人工作、学习、生活的重要基石。身体垮了，对自己不利，对企业和家庭也是一种负担。虽说人总是要生病的，但我们还是要尽量通过科学的锻炼、适当的饮食、适度的休闲娱乐、良好的社交等手段来保持健康，这是对时间价值的最大贡献。有些人即使生病了，还要坚持带病工作，精神可嘉，但如果由此使身体状况变得更差，那么所造成的时间价值损失是非常可惜的。现在的建筑企业普遍推行的质量、环境、职业健康安全"三合一"管理体系，对减少员工职业疾病、增强员工体质是有很大促进作用的。

### 2. 吵架时间

吵架是指两个及以上的人之间，为了某个或多个议题各持不同意见，而发生的冲突性争执，而且往往会丧失一定的理智。吵架真的属于浪费时间的典型，因为单纯吵架几乎没有很好的解决方案，吵架的双方或多方似乎只是在表明自己观点的正确性，而完全没有从理性的角度去思考问题，或者根本没有从对方的立场上思考问题，从而失去解决问题的良机，导致时间价值的无谓消耗。而且，吵架往往会伴随着个人情绪的变化，甚至对身体健康不利。在一线施工现场，不同单位、部门之间的争执是客观存在的，关键是双方要有礼有节。

### 3. 闹情绪时间

闹情绪时间是一个很无奈的时间段，因为没有人不会发脾气，只是有些人表现得更隐蔽、沉稳些，而且，往往表面上很平静的人，内心却充满了冲突。偶尔有些情绪，无伤大雅，不会对时间价值造成很大的伤害或损失。但如果闹情绪时间长了，甚至是大发雷霆，那么，工作效率肯定会大打折扣，也会影响人与人之间的感情，更会对身体健康造成危害。从时间价值的角度看，闹情绪不仅使工作低效，无法解决问题，而且浪费时间。

### 4. 恶意窝工时间

"磨洋工"就属于恶意窝工，表现在当事人对工作根本提不起精神，脑子里满是其他事情，或想入非非，消极地对待工作，工作效率低，工作质量差，甚至有的人还寄希望于通过此类手段来引起关注，或者增长薪资等。发生这样的事情，是对自己时间的极不负责任，工作上也得不到锻炼和提升，时间价值也慢慢地折旧、消失。现在建筑企业里面竞争激烈，恶意窝工的现象已经很少出现，但作为管理层还是要有所管理和防范。

## 四、时间的管理

对于时间的管理，看似简单，其实是一门学问。既然是学问，那就得学习、练习，一直到熟练掌握管理时间的方式为止。一个人能够很好地管理自己的时间，那么他的职业生涯、事业、生活等各方面应该都收获颇多。

### 1. 做事有目标

树立一个目标，是时间管理中非常重要的内容。当一个人的工作、生活等有明确目标时，他的相关时间就会被充分调动起来，以积极配合这个目标的完成。经常听人说"要经过一番奋斗，才能到达成功的彼岸"，其含义就是做事情要有目标，如果不知道彼岸在哪儿，失去了奋斗方向，奋斗的过程就变成了瞎忙乎。因此，凡做事一定要有目标，而且尽量把目标量化，把大目标再分解为一个个小目标，以不断增强做事与收获的喜悦，增添前进的动力。在这样的状态下，时间管理是有序推进的。比如要成为一个优秀的项目经理是个大目标，那么，做好专业工程师、精通商务管理、熟悉设计工作、掌握人力资源管理、知晓综合管理等就是一个个小目标，当每一个小目标都纷纷实现后，离大目标的实现就不远了。

### 2. 舍得放弃不必要的事情

人没有三头六臂，在一定的阶段能够集中精力去做好一件事情就是一次完美的时间管理过程。有的人在具体从事某一项工作时，会同时做一些不太重要的杂事，造成个人精力上的分散，工作效率下降，甚至工作任务也难以完成。其实做事情就是要紧盯一个目标，不要三心二意。草原上的雄狮在捕猎时，猛追一个猎物，哪怕在过程中遇到了另一个猎物，也不会轻易改变目标，直至成功捕获猎物。人在工作、生活中会遇到各种各样的事情，各种诱惑也多，要想取得成功，必须割舍不必要的事情。这样的时间管理是有方向性的，而且效率也高。在建筑企业里，一个人潜心于管理，就要放弃很多社交上的时间；很多人为了做好项目管理，要舍弃很多休闲娱乐时间。放弃一些东西也是会有回报的，很多人因专注于某个领域而成为管理上的好手。

### 3. 利用碎片时间

一天时间里，除去睡觉时间，大概有16个小时左右的时间在醒着，再扣除工作时间，那么剩下的就是上下班、休息等时间了，碎片时间主要集中在这些看似凌乱、没有效率的状态中。一个人利用好碎片时间，可以做很多事情，比如早晨醒来及早餐时间可以听听新闻，上班路上如果坐地铁则可以整理一些简单的当日工作要点，上班间隙可以适当运动一下，出差候机、候车时间可以处理公务、回复邮件，下班时间可以做当日简要回顾等。要学会管理各种琐碎事务，使很多事情可以齐头并进或按序进行，这也是对运筹学的一种运用。这时的时间管理是紧凑而高效的。在建筑企业中，也有大量碎片时间存在，比如从事施工的专业技术人员可以利用工作间隙学习一些设计、商务、法务等知识和技能；职能部门中的管理人员可以利用碎片时间学习管理程序、制度等，不断提升自己的能力。

### 4. 积极放松自己

这是一种积极的休息方式，是在繁重体力和脑力劳动以后，让自己的压力得以释放、身心得到舒展、精力得到补充的良方。有的人放松自己的方式是吃饭、喝酒、豪饮等，也有的人采取另外的积极放松方式，可能是饮一杯茶、喝点咖啡、吃点小点心、听听音乐、与好友聊聊、与知己互动、到户外走一下、去异地旅游一次等。积极的放松方式还有很多，比如在动脑后运动一番，在体力劳动后阅读一本好书，在紧张的工作之余与同事沟通，适度呼吸一下清新空气等。此时的时间管理是张弛有道的。当一个工程项目完成以后，项目班子成员可以出去短暂度假，可以为大脑补充一些新的知识，可以与亲人一起做一件有意义的事，在积极放松以后可以迎接新的挑战。

### 5. 发动左右脑的交叉工作

每个人在持续一段时间的工作以后肯定会疲劳，工作效率就会降低，时间的效用随之下降。要改变这种状况，如果能够开展左右脑交替工作，那么会收到意想不到的效果。一个人可以在进行完逻辑推理的工作后，进行发散性思维的工作；在进行高强度策划工作以后，进行一般性的资料整理工作等。比如：在开展检查、分析原因等工作后，不妨做一些客户接待等工作；在紧张工作后不妨下下厨房，可以得到新鲜的灵感；在项目上进行了一天的高强度施工管理后，可以与同事聊聊寻常事，做一些文案策划等。由于左右脑的交叉接续工作，此时的时间管理是充分的。

### 6. 高效工作

在时间长度一定的条件下，高效工作是时间得到相对延长的好办法。每个人高效工作的时间段与方法是不一样的，有的人早上办事效率高，有的人则晚上效率高；有的人工作条理清晰，不拖泥带水，而有的人却得过且过，难以产出；有的人由于能力强、责任心强，一个人的工作数量及质量可以抵几个人，而有的人却是工作不出成效。一个人随着自己对于工作内容的熟悉、工作技能的提升，从而获得质量较好的高效工作时间，是工作输出的黄金时间段。当高效工作能保持一定的时间时，时间管理是高效的。

## 五、时间价值的增值

时间是如此的宝贵，而上苍给每个人的时间又是如此的短暂。每个人在做好时间管理的基础上，还需要探索适合自己的、让时间价值增值的方法。概括起来，就是拓展时间的维度、增加时间的厚重感、提升利用时间的效率、提高存续时间的质量，让时间价值散发出独特的魅力。

### 1. 持续学习

学习，是可以让一个人的时间价值保持增值的良好途径，持续学习能够让人在整个职业生涯期间乃至全部生命周期里，一直让其时间价值保持饱满的状态，保证了增值的持续性、有效性。学习，是需要花费较长时间的，但学习的结果能够让人更高效、更全面地吸收各类知识，正确地知道自己在自然环境、社会环境中的地位和作用，能够很好地解决生活、工作中的各类问题，更好地提升和奉献自己的价值。伴随着整个生命周期的持续学习，是让时间价值增值的最佳良策。现代的建筑企业由于总承包总集成管理的需要，大量新知识不断涌现，持续学习是每个建筑员工的常态。

### 2. 客观认识世界

世界如此之大，亦是非常的奇妙，一个人穷其一生也难以掌握世界上的所有知识，知晓世界上的所有秘密。"人从哪里来，又到哪里去"，这样的命题反映出人在其短暂的生命里所面临的困惑，以及对于生命短暂的不甘。因此，一个人应当客观认识这个世界，尽量在相对短暂的职业生涯内领略自己所在领域工作的奥妙，利用好各种时间来汲取各种知识，探索世界的精彩，摆正自己的心态，让时间价值增值，让生命之花绽放。

### 3. 保持乐观的情绪

有这样一种说法：当一个人在从事自己喜欢的事情时、与自己喜欢的人在一起时，时间会过得特别快，这意味着时间效率的极度提升。

每个人都身处自然社会中，必然存在喜怒哀乐，在遭遇挫折或者身处逆境时，应当保持乐观的情绪，加强与周围同事的协同管理，这样可以提高正向办事的效率，还可以把乐观情绪传递给周围的同事，使团队的时间价值共同得到增值。在建筑企业中，为了完成上级、业主、各相关方的各项要求，工作压力巨大，因此要保持乐观情绪、保证正向工作是十分重要的。

### 4. 延长生命

延长生命几乎是所有人的梦想，通常人们通过积极的锻炼、保持良好的心态，来保持健康的身体，促进自然生命的延长。另外，人们可以通过模仿他人的生命状态，来达到时间价值的增值。比如在西式教学中非常重视"戏剧"课程，这是有一定道理的，戏剧课程能让参与者很好地体会其他各种角色的人生，能够很好地拓宽一个人的生命象限，是生命延长的特殊方式。

### 5. 做慈善与承担社会责任

如果一个人实现了自己的人生价值，这是非常可贵的；倘若能够再向他人伸出援手，让他人共享其价值，则他的生命价值又是非常高尚的。在这样的状态下，其时间价值达到了一个非常高的高度。一个人所做的慈善与承担的社会责任，恰恰是这个人能够让时间价值充分延伸与增值的宝贵方法，因为这样的行为不仅升级了自己的心智模式，而且也美化了他人的心灵，使整个社会的价值得到提升。

### 6. 拥有长远眼光

当一个人把眼光伸向远方时，他将清晰地知道自己每一步需要做什么，每一个阶段需要完成怎样的目标，每隔一段时期将进行一次反思，通过不断地积累、循环，他终将会达到自己生命价值的顶峰。当他把奋斗过程的每一阶段都做了精心安排并努力实践时，其时间价值得以充分提高。所以，当一个人拥有长远眼光、树立明确目标并不断践行时，其时间价值会不断增值。

## 六、时间价值的升华

宇宙是神奇的，她孕育出了生命。地球上的生命各有不同，而人类是其中的高度智慧者。大自然给了人类很多启发，让人类不断提高文明程度，也让人类不断悟出很多真谛，但其中有一条很容易被人所忽略，那就是生命总会有绽放的那一刻，那是一个人时间价值的升华时刻。

### 1. 生命绽放的必然性

生命绽放是顺应自然规律的，生命绽放也是对于生命价值的高度肯定。生命诞生之初，几乎没有什么特别的宣言，悄无声息，无所畏惧，但顽强有力。初生的生命就是未来，就是希望。每个生命都被寄托着无限的美好祝愿，人们憧憬着某一天这个初生的生命会长成一棵大树，为家庭、为社会做出贡献。生命刚来临，的确是充满了生机，但初期的生命又是那样的柔弱、不起眼。然而，至柔者至刚，恰恰是刚诞生的生命，却是顽强无比，能经得起各种严酷的考验，经得起摔打、经得起各种极端环境的考验，不顾各种抨击、打击，拼命地生存下来，不辜负上苍赐予的生命机会。只要有一丝机会，生命就会焕发生机，怀着对未来的无限期盼而努力成长，期待着绽放的那一刻，以表达对奋勇前行的礼赞。因此，每个生命的绽放都具有必然性，只是绽放的时间各有不同，而且需要经过努力成长、遭遇挫折、低调蛰伏等一道道关口的考验。

### 2. 时间价值升华的过程

#### （1）成长时期

成长时期，是拼命吸收营养、奋力健全自己体格、为时间价值增值、为生命绽放而积蓄能量的时期。一个人的成长时期主要涵盖了少年、青年、壮年三个阶段。在少年阶段，每个人的求知欲最旺盛，对周遭事物充满了好奇，对未知世界满是探索和寻求真知的冲动。在这样金贵的时期，满目的生机勃勃，韧性十足，不怕摔打，不怕风雨，只知道前行再前行，只感受生命的珍贵。在雄姿英发的青年时期，指点江山，无所畏惧，激扬青春，锤炼意志。初生牛犊不怕虎是年轻人的最好写照，青年人吸收各类知识和营养，不断丰富自己，让自己强大起来，逐渐地担当起重任，个人的专业技能在这一阶段也开始得到提升。壮年阶段是一个人逐步从青涩走向成熟的时期，此时个人的专业方向基本确定，专业知识和综合技能有了很大提高，能够为家人遮风避雨，能够为社会做出贡献，这个阶段是大多数人的时间价值处于高峰的宝贵阶段。

（2）理性看待遭遇的挫折

不经一番寒彻骨，哪来梅花扑鼻香，整个生命的成长过程就是一个遭受挫折的过程，每个人概莫能外。没有风雨的洗礼，怎么见彩虹？关键是当一个人遭遇挫折的时候，要有竹子一般的韧性，不要轻易被大风给吹折了，当风力越来越强的时候，最好的办法就是不断地顺势而为，可以弯腰，也可以被吹去枝条末叶，可以忍辱负重，但是要有对未来的信心，不能被连根拔起，也不能被拦腰折断。可是，往往有的人在遭遇挫折的时候，不能忍受这般委屈甚至是屈辱，有的遭遇挫折后就一蹶不振，似乎对未来不再抱有希望。其实，风雨一过，阳光依旧，在挫折后面到来的是新的希望。重要的还是要有信心，要有生活的勇气，要有对理想的憧憬，要有对未来美好生活的向往，并且要继续读书，继续奋斗，继续工作，继续前行。时间价值在经过挫折的洗礼后会愈发珍贵，所以一定要坚持挺住，信心在则前景在，在布满荆棘的道路上负重前行，去体验不一样的人生。

（3）蛰伏时期是生命绽放的前奏曲

蛰伏时期将在什么时候到来、会持续多久，真的不好说，但每个人都会经历这么一段似乎很低迷的时光。在这段日子里，每个人的感觉是不一样的，但又似乎雷同：好像脑子不好使了，好像学不进知识了，好像不能取得进步了，好像各类事物、关系的处理显得平淡无味，的确，那是一个人进入了生命绽放前的一个蛰伏期。在这个蛰伏期，不是生命失去了希望，不是个体不思进取，不是被社会所遗忘，不是被周遭所抛弃，而是这个人需要积蓄力量，需要反思以往的所有得失，需要重新编排生命的结构，需要找到力量喷薄而出的口子，需要探寻前进的方向。当蛰伏时期刚刚来临的时候，有些人会彷徨，有些人会失去意志，有些人会浑身乏力，有些人会丧失斗志，有些人会难寻真理，有些人会畏畏缩缩。但不要着急，不要失去希望，因为蛰伏是每个生命所必需的宝贵经历，那是把拳头握紧、手臂向内后拉、期待着向前奋力一击的等待，虽说可能要等上很长的一段日子，但还是充满了希望。如果一个人在蛰伏期一蹶不振，那就辜负了时间价值。

### 3. 时间价值升华的表现形式

生命绽放是时间价值升华的最好表现形式。时间价值极其珍贵，能够让员工在有限的时间里使自己的生命价值得到升华，是每一个管理者必须慎重思考和面对的一项重要命题。蛰伏期是个体的时间价值在升华前的一段煎熬时期，蛰伏期过了，员工将迎来职业生涯中的绚烂时刻。而很多员工没有意识到这样的规律，在面临重大挑战或挫折时就停顿了。建筑企业的管理者应当积极鼓励下属员工，特别是甄别出有志向的员工，为他们指明方向，帮助他们度过职业生涯中的艰难时期，给予他们必要的支持。作为员工，应当明确自己的奋斗目标，珍惜每一次宝贵的工作机会，不轻易放弃每一个细小的职业目标，锤炼自己的品格，积少成多，厚积薄发。生命绽放没有固定的形式，有的人取得了专业成就，有的人提升了业务绩效，有的人与企业同成长，成为业界翘楚，有的人自己开启了事业，等等。在建筑企业里，有的人成长为优秀的项目经理，有的人参与了重大知名工程的建设，有的人成了自己所在领域的佼佼者，有的人把自己的职业经验传授给了年轻一代。每一个生命个体的绽放，是如此的宝贵，虽然有的持久、有的短暂，但她会用刚劲有力的语言、优美的姿态、丰硕的成果等来告知世人，绽放是对生命最好的礼赞，是对时间价值的高度认可，而且绽放一定会到来！

# 后 记

从 1990 年开始工作至今，我在每个工作岗位工作时都养成了仔细观察、记录过程、理性思考、解决问题、总结提炼的习惯，所以在每一段工作时期都撰写了相应的文章，一番坚持，大致有了 50 多篇。虽然现在回头看当年落笔的第一篇文章略显笨拙，但蹒跚学步摇摇晃晃，却是如此珍贵。不积跬步，何以至千里，一年又一年的坚持，自己在建筑企业的管理分析上积累了 20 多万字的素材。其中有很多内容曾经在各种杂志上发表过，真的非常感谢给予我支持的各位编辑，是他们给了我笔耕不辍的信心。也衷心感谢本书的各位编辑，他们严谨、细致的工作作风深深感染了我。

回首过去，一路走来，其中的求学、工作等经历给了自己成长的机会：同济培养了我理性思考的能力，这为我的职业发展打下了扎实基础；复旦拓展了我思维的广度和深度，每一个同学、每一位老师身上焕发出的管理智慧，给予我很大启发，帮助我提高了对管理信息数据的收集能力、独立思考能力、理性分析能力；自己所在的企业直接给了我管理实践的机会，管理中存在的各类现象给了我思考的空间；在住房和城乡建设部、上海市住房和城乡建设管理委员会任企业资质评审专家，给了我审视管理的独特视角；担任中国建筑业协会质量管理与监督检测分会、上海市工程建设质量管理协会质量管理小组成果评审成员的经历，进一步锻炼了自己管理分析、逻辑思辨的能力；家人对我工作的支持和鼓励，成为我对管理活动分析、探索的不竭动力。

2020 年 5 月，把众多素材整理成了完整的一稿，其中的艰难、期盼、高兴，各种心情难以言表，然后继续艰辛的攀登过程，不断地修改，不断地打磨。如今，小心翼翼地捧出来，让建筑业同行和社会各界评判。建筑企业管理知识之浩瀚，非一人就能全取，而且管理内涵是持续发展、与时俱进的。众多高校、企业的老师及管理前辈、大师们，其对于前沿管理理论的探索、对于当代管理的实践等，会不断丰富建筑企业的管理内涵。我的建筑企业管理分析是自己的一点心得，是企业管理中的沧海一粟。借用乔布斯的那句话"Stay foolish, stay hungry"，即"求知若饥，虚心若愚"，以此勉励自己。